O TERROR VERMELHO

AS ATROCIDADES DA REVOLUÇÃO RUSSA

SERGEI PETROVICH MELGUNOV

O TERROR VERMELHO

AS ATROCIDADES DA REVOLUÇÃO RUSSA

São Paulo | 2025

LVM
EDITORA

Título: *O Terror Vermelho – As Atrocidades da Revolução Russa*
Sergei Petrovich Melgunov
Copyright © 2025 – LVM Editora

As opiniões e os comentários feitos nesta publicação são pessoais e não representam necessariamente a opinião das instituições às quais os autores estejam vinculados.

Os direitos desta edição pertencem à LVM Editora, sediada na
Avenida das Nações Unidas, Nº 18.801, 4º Andar, Sala 407
Jardim Dom Bosco – São Paulo/SP – CEP: 04757-025
contato@lvmeditora.com.br

Editor-Chefe | Marcos Torrigo
Editores assistentes | Geizy Novais e Felipe Saraiça
Tradução | Equipe LVM
Revisão ortográfica e gramatical | Regina Oliveira
Preparação do original | Adriana Alevato
Produção editorial | Marcos Torrigo
Capa e Projeto gráfico | Mariângela Ghizellini
Diagramação | Décio Lopes

Impresso no Brasil, 2025

Dados Internacionais de Catalogação na Publicação (CIP)
Angélica Ilacqua CRB-8/7057

M469t	Melgunov, Sergei Petrovich
	O terror vermelho : as atrocidades da Revolução Russa / Sergei Petrovich Melgunov ; tradução de Equipe LVM. - São Paulo : LVM Editora, 2025.
	288 p. : il.
	ISBN 978-65-5052-273-5
	Título original: *The Red Terror in Russia*
	1. Revoluções - Rússia - História - Séc. XX I. Título II. Equipe LVM
25-1035	CDD 947.0841

Índices para catálogo sistemático:
1. Revoluções - Rússia - História - Séc. XX

Reservados todos os direitos desta obra.
Proibida a reprodução integral desta edição por qualquer meio ou forma, seja eletrônica ou mecânica, fotocópia, gravação ou qualquer outro meio sem a permissão expressa do editor. A reprodução parcial é permitida, desde que citada a fonte.
Esta editora se empenhou em contatar os responsáveis pelos direitos autorais de todas as imagens e de outros materiais utilizados neste livro. Se porventura for constatada a omissão involuntária na identificação de algum deles, dispomo-nos a efetuar, futuramente, as devidas correções.

SUMÁRIO

Para o leitor da edição em inglês 7

Prefácio da edição em inglês 8

Introdução à edição em inglês 12

CAPÍTULO 1 **Reféns** 15

CAPÍTULO 2 **O terror imposto a nós** 34

CAPÍTULO 3 **Estatísticas de sangue** 51

    O ano de 1918 53

    O ano de 1919 56

    O ano de 1920 65

    O Norte 76

    Após a saída de Denikin 81

    A Crimeia após a partida de Wrangel 88

    O ano de 1921 94

    Os anos de 1922 e 1923 108

    O ano de 1924 119

CAPÍTULO 4 **A Guerra Civil** 123

CAPÍTULO 5 **Terrorismo de classe** 138

CAPÍTULO 6 **A tirania da Che-Ka** 159

    Insensibilidade nas execuções 160

    Violência física e tortura 171

O valor da licença concedida aos executores 208

Os condenados 223

Tratamento bolchevique às mulheres 229

"Espremendo a burguesia" 234

CAPÍTULO 7 **Exílio e prisão** 243

CAPÍTULO 8 **O orgulho e a alegria do Partido Comunista** 262

Referências bibliográficas 284

Para o leitor da edição em inglês

Embora o profissional que, cuidadosa e conscientemente, traduziu a maior parte desta obra para o inglês deseje permanecer anônimo por razões boas o suficiente, algumas passagens foram traduzidas por mim, e as folhas do manuscrito como um todo foram confiadas às minhas mãos para revisão. Portanto, se alguma falha for percebida (como sem dúvida será), ela deverá ser atribuída somente a mim.

Quanto ao restante, peço ao leitor que se lembre, quando encontrar passagens no tempo presente, que a maior parte deste texto foi escrito durante os anos de 1923 e 1924.

C. J. Hogarth

Prefácio da edição em inglês

Sergei Petrovich Melgunov, autor desta obra, nasceu em 25 de dezembro de 1879[1]. Filho do conhecido historiador de mesmo nome, ele também é um descendente direto de um proeminente maçom do reinado de Catarina, a Grande.

O senhor Melgunov formou-se na Faculdade de História e Filologia da Universidade de Moscou e, em seguida, passou a dedicar-se ao estudo dos movimentos sectários da Rússia e a escrever muitos artigos sobre o assunto que, reunidos em forma de livro, apareceram sob o título de *The Social and Religious Movements of Russia during the Nineteenth Century* [Os movimentos sociais e religiosos da Rússia durante o século XIX] e constituem uma continuação de dois volumes anteriores sobre movimentos sectários durante os séculos XVII e XVIII.

Quando jovem, contribuiu para o conhecido periódico *Posledniya Vedomosty* [As últimas notícias] e, em suas colunas, opôs-se apaixonadamente à perseguição religiosa. Posteriormente, publicou os artigos em um volume intitulado *Tserkov i gosudarstvo v Rossii* [Igreja e Estado na Rússia]. Suas pesquisas sobre o sectarismo colocaram-no em contato e associação com Tolstói – cujas opiniões, no entanto, o senhor Melgunov não compartilhava – e com a filha deste, a condessa Alexandra Lvovna, ao lado de quem, na época da tomada do poder pelos bolcheviques, estava empenhado em preparar uma nova edição das obras de Tolstói com o objetivo de incluir algumas composições ainda não publicadas.

---

1. À época, a Rússia adotava o calendário juliano. No gregoriano, o nascimento do autor se deu em 6 de janeiro de 1880. Em 14 de fevereiro de 1918, por decreto de Vladimir Lênin, o país passou a adotar o calendário gregoriano (à frente 13 dias). Sendo assim, o dia seguinte ao dia 31 de janeiro de 1918 foi 14 de fevereiro de 1918. As datas mencionadas nesse livro respeitam os calendários vigentes à época. (N. T.)

Outra obra do senhor Melgunov é um volume intitulado *Men and Deeds during the Alexandrian Period* [Homens e feitos durante o Período Alexandrino], uma tentativa de resumir o que foi realizado no estudo dessa época e de considerar alguns novos pontos relacionados a ela. Além disso, foi sob a direção do senhor Melgunov que um grupo de especialistas produziu, coletivamente, *The Great Reform of February 19th, 1861* [A Grande Reforma de 19 de fevereiro de 1861]; *The Patriotic War of, and Russian Society in, 1812* [A Guerra patriótica e a sociedade Russa em 1812]; *The Past and Present Outlook of Freemasonry* [Perspectivas passada e presente sobre a maçonaria] e *A History Reader of Modern Times* [Um leitor de história dos tempos modernos] – sendo, este último, uma obra de 7 volumes editada por Sir Paul Vinogrado, projetada para seguir o *Reader* em linhas semelhantes, mas lidando com a Idade Média.

Em 1913, o senhor Melgunov juntou-se ao senhor V. I. Semevsky (notável historiador do campesinato russo como classe), no lançamento da revista histórica *Golos Minouvshago* [Voz do passado], voltada principalmente para o estudo da história dos movimentos sociais. Com algumas interrupções inevitáveis, o senhor Melgunov levou a revista até o ano de 1923, mesmo após a morte do senhor Semevsky, em 1916.

Anteriormente, em 1911, o senhor Melgunov havia sugerido a criação de uma editora sob o nome de *Zadrouga*[2] e desempenhado um papel de liderança neste empreendimento, que era uma iniciativa progressista e democrática destinada a agir mais como uma sociedade cooperativa de escritores do que como um negócio puramente comercial. E, nem é preciso dizer, os bolcheviques a suprimiram quase que imediatamente. Entre seus membros estavam o escritor Korolenko e mais de seiscentos outros; sua produção chegava a várias centenas de obras. Possuía duas

---

2. *Zadrouga* é um termo de origem eslava que se refere a uma forma tradicional de comunidade rural, caracterizada pelo modelo familiar patriarcal e cooperativo (N. T.)

prensas de impressão, e seus funcionários eram todos membros da sociedade em questão. Quando a Revolução chegou, a *Zadrouga* também publicou milhões de panfletos para o esclarecimento dos camponeses e dos trabalhadores industriais, apresentando principalmente os pontos de vista do *Narodnicheskoye Dvizheniye* [Movimento do povo], em consonância com aqueles defendidos pelo próprio senhor Melgunov. Desde o início, ele havia sido um dos principais organizadores do partido conhecido como Socialistas do Povo, fundado pelos senhores Miakotin e Peshekhonov, que baseava sua ideologia nos interesses comuns dos sujeitos como personalidades individuais e não na luta de classes, na conquista conforme a ocasião e em ideias utópicas, ou seja, na evolução ao invés de em revoltas políticas.

Embora durante o agitado período revolucionário – quando apenas a demagogia era ouvida – o partido pouco atraísse novos adeptos, ele havia, por meio de sua incansável defesa dos interesses do Estado e do povo, divulgado sua perspectiva verdadeiramente democrática e atraído para si tudo o que havia de melhor na *intelligentsia* russa. Como vice-presidente do comitê central do partido, o senhor Melgunov foi apresentado como candidato à Assembleia Constituinte e continuou a editar o *The People's Word* [A palavra do povo] e o *The Popular Socialist* [O socialista do povo], e o órgão das sociedades cooperativas, *The Rule of the People* [A regra do povo], mesmo depois que os bolcheviques dispersaram ilegalmente a Assembleia.

A Revolução de Outubro de 1917 não impediu o senhor Melgunov de permanecer na Rússia, pois ele desejava combater a tirania bolchevique e estava preparado para sofrer por sua franqueza sob o novo regime, assim como havia sofrido sob o antigo. Foi preso oito vezes e teve sua casa e seus documentos revistados 23 vezes. No entanto, foi libertado mais de uma vez graças à mediação de revolucionários não bolcheviques mais antigos, como a senhora Vera Figner e o príncipe Kropotkin.

Em 1920, ele e muitos outros literatos e homens públicos de Moscou foram presos e julgados sob a acusação de terem participado das atividades da associação conhecida como *Vozrozhdeniye* [Regeneração], um grupo político que, formado por todos os partidos democráticos, tinha como ideal uma frente nacional unida contra os bolcheviques. Embora condenado à morte, teve sua sentença comutada para dez anos de prisão, e depois de cumprir um ano dessa sentença (a maior parte sob o sistema denominado "confinamento solitário"), foi libertado por intercessão da Academia de Ciências. Foi preso novamente no outono de 1922 para servir como testemunha no julgamento dos Revolucionários Sociais de Direita, e condenado a ser deportado para a província de Perm.

Por fim, um ano depois de ter sido autorizado a deixar a Rússia com a condição de nunca mais retornar, ele foi privado, na sua ausência, de seus direitos civis e teve seus arquivos e biblioteca confiscados e entregues à Academia Socialista. Esta última ação por parte dos bolcheviques deveu-se aos seus artigos denunciando o Terror Vermelho, ao qual ele se opôs veementemente do ponto de vista da retidão ética, e como um defensor de longa data dos princípios imortais de justiça e liberdade.

O tradutor da edição em inglês

Para economizar espaço e trabalho, o tradutor utilizou a abreviatura *Che-Ka* em vez do título completo em inglês *Extraordinary Commission* [Comissão extraordinária]. A expressão Che-Ka é formada pelas letras iniciais do título russo *Chrezvychainaya Komissia*. Originalmente, existia apenas uma *Che-Ka* – a Comissão Extraordinária de Toda a Rússia (*Vserossiiskaya Chrezvychainaya Komissia*, Всероссийская Чрезвычайная Комиссия, V.C.K.) –, mas, posteriormente, surgiram ramificações locais e ocupacionais.

Introdução à edição em inglês

> Em países onde a liberdade pessoal torna possível a controvérsia política honesta e sincera [...], o uso do assassinato político como arma de combate é uma manifestação de despotismo.
>
> — O executivo do Narodnaya Volya, ou Partido da Liberdade Popular.

Eu estava na Rússia durante os primeiros cinco anos do regime bolchevique, mas consegui deixar o país em outubro de 1922. Mal havia terminado minha viagem a Varsóvia quando me deparei com uma questão que envolvia um dos problemas psicológicos, sociais e éticos mais complexos de nossos dias. Enquanto eu estava sentado em um café cooperativo administrado por algumas senhoras polonesas, aquela que me servia o café me perguntou:

– O senhor é um russo direto da Rússia?

– Sim, eu sou russo – respondi.

– Então, por favor, me diga como é que ninguém lá parece disposto a assassinar Lênin e Trotsky?

A pergunta inesperada e direta me pegou de surpresa, especialmente porque, nos últimos cinco anos, eu perdera o hábito de expressar uma opinião abertamente. Enfim, consegui responder que eu mesmo me opunha a todos os atos terroristas, os quais considerava sempre um fracasso em atingir seus objetivos. E ela refletiu:

– E pensar que a morte de um homem pode salvar a vida de milhares que estão destinados a perecer nas câmaras de tortura desses facínoras! Como é possível que, embora durante o czarismo muitas pessoas estivessem prontas a sacrificar suas vidas por outras, até mesmo a matar para que o mal pudesse ser punido, agora nenhuma alma se dispusesse a vingar sua honra ultrajada? No entanto, toda vítima tem um irmão, ou um filho, ou uma filha, ou uma irmã, ou uma esposa. Como é que eles não o vingarão? Oh, eu não consigo entender!

Deixando de lado a questão ética do direito ou do erro da força física[3], respondi que, embora as coisas na Rússia tivessem chegado a um ponto em que a vida humana havia deixado de ter valor, qualquer pessoa que estivesse pensando em cometer um ato terrorista deveria se lembrar de que a vingança, mesmo que por motivos patrióticos, acarretaria milhares de mortes inocentes. E, embora no passado apenas o próprio criminoso político – ou, no máximo, ele e seus associados – fosse executado, as coisas agora eram diferentes, como demonstraram os últimos cinco anos.

---

3. Na notável carta que, em 1906, Sagonov enviou a seus pais da prisão de Butyrka, onde estava preso pelo assassinato de Plehve, o escritor disse: "Cometi o mais terrível de todos os atos. Matei dois seres humanos e manchei minhas mãos com sangue. Mas foi somente devido à luta e ao sofrimento horríveis, somente devido ao nosso confronto com as tristes realidades da vida, que tive de pegar a espada. [...] Mesmo assim, não fomos os primeiros a empunhá-la. [...] Ah, eu não podia me recusar a assumir minha cruz! O senhor tente entender isso e me perdoe. Que as pessoas falem de mim e de meus companheiros – daqueles que foram executados e daqueles que ainda estão vivos – como meu advogado falou. Ele disse: 'A bomba que esse homem jogou não era uma bomba cheia de dinamite, mas uma bomba carregada com a dor e as lágrimas de um povo inteiro. Ao lançar mísseis contra seus governantes, esse povo esperava pelo menos dissipar de seu peito o terrível fardo do pesadelo'".

CAPÍTULO 1

Reféns

> O terrorismo é uma crueldade desnecessária praticada por homens aterrorizados.
> — [FRIEDRICH] ENGELS

Uritsky, Comissário do Povo da Comuna do Norte e um dos principais líderes da Che-Ka de Petrogrado, foi assassinado em 17 de agosto de 1918 por um ex-estudante socialista chamado Kannegiesser que, durante a guerra, havia sido um cadete militar. No relatório oficial sobre o assassinato, foi dito:

> Leonid Kannegiesser afirma que matou Uritsky apenas por sua própria vontade, em vingança pela prisão de certos oficiais do exército e pela execução de seu amigo Peretzweig, mas em nenhum caso em obediência a ordens de qualquer partido ou associação política.

Em 28 de agosto, outro socialista – nesse caso, a senhora Kaplau – tentou assassinar Lênin de forma semelhante. Como o governo soviético reagiu a esses atos terroristas? Um comunicado semioficial foi publicado na edição da *Weekly* de 20 de outubro informando que, por decreto da Che-Ka, quinhentos reféns haviam sido fuzilados! Ainda não se sabe o número real de vítimas ou as suas identidades; provavelmente nunca saberemos. No entanto, sabe-se que excedeu – e muito – o divulgado, e que o original do relatório nunca foi publicado

No dia 23 de março seguinte, o reverendo B. S. Lombard, capelão militar britânico, escreveu ao lorde Curzon:

> Em agosto passado, duas barcaças carregadas de oficiais russos foram afundadas no Golfo da Finlândia e alguns dos corpos foram parar nas margens de uma propriedade pertencente a um amigo meu – amarrados com arame farpado em pares e trios[4].

Seria um exagero? Em Moscou e Petrogrado ainda há pessoas que poderiam confirmar os fatos. Outra fonte nos disse que, já no ano de 1921, os bolcheviques ainda se desfaziam de seus oponentes políticos da mesma maneira bárbara. De outra testemunha ocular dos eventos em Petrogrado do período, temos os seguintes detalhes:

> No que diz respeito a Petrogrado, é comum estimar em 1.300 o número de execuções no ano de 1918. É verdade que os bolcheviques admitem apenas quinhentas, mas isso é porque eles tomam o cuidado de não incluir na estimativa as centenas de oficiais, funcionários públicos e indivíduos que foram fuzilados em Kronstadt e na Fortaleza de SS. Peter and Paul – fuzilados não por ordem real das autoridades centrais, mas por ordem dos sovietes locais. Só em Kronstadt, quatrocentos foram fuzilados em uma noite, depois de serem colocados diante de três enormes sepulturas cavadas no pátio da fortaleza[5].

Entrevistado por um correspondente de jornal nesse período, Peters, um dos chefes da Che-Ka de Toda a Rússia, descreveu o Terror como "simples histeria". Em seguida, ele prosseguiu:

> Apesar dos rumores populares, não sou tão sanguinário quanto dizem que sou. Tudo o que aconteceu foi que alguns revolucionários excessivamente excitáveis perderam a cabeça e demonstraram excesso de zelo. No que diz respeito

---

4. *A Collection of Reports on Russian Bolshevism*, edição resumida. British Parliamentary Paper. *Russia*, n. 1, p. 69.
5. *A Collection of Reports on Russian Bolshevism*, edição resumida, em: British Parliamentary Paper. *Russia*, n. 1, p. 25 e 26.

a Petrogrado, não houve tiroteio antes do assassinato de Uritsky, embora tenha havido muitos desde então, algumas vezes indiscriminados. No que diz respeito a Moscou, sua única resposta ao atentado contra Lênin foi a execução de alguns ex-ministros monárquicos. "Mas", acrescentou o *misericordioso* Peters, "gostaria de dizer que todo esforço por parte da burguesia russa para levantar a cabeça novamente será recebido com tal rejeição, com tal castigo, que jogará até mesmo o Terror Vermelho na sombra"[6].

Por ora, deixemos de lado a declaração mentirosa de que nenhum caso de pena capital ocorreu em Petrogrado antes do assassinato de Uritsky, e não comentemos o fato de que Moscou fuzilou um grupo inteiro de ex-ministros monárquicos porque um socialista solitário – e mulher! – fez uma tentativa contra Lênin. De modo algum Peters se atentou ao fato de que mal havia se passado uma semana desde que, na edição de número 6 do *Weekly*, fora publicada uma lista resumida de pessoas baleadas em represália ao ato.

Dez meses depois, outra lista (de noventa nomes) foi publicada[7], incluindo nomes de ex-ministros da Coroa, de oficiais militares, de funcionários de sociedades cooperativas, de advogados, de estudantes e de clérigos. Mesmo assim, não sabemos realmente quantos foram baleados, pois nada mais foi veiculado. Tudo o que sabemos é que, durante o mesmo período, Moscou matou mais de trezentas pessoas[8].

Aqueles de nós que foram detidos na Prisão de Butyrka naquela época terrível, onde as pessoas eram jogadas aos milhares sem distinção de *status* social, jamais esquecerão a experiência dilacerante. Aquele período foi adequadamente descrito por uma

---

6. *The Outro Moskvy*, em *Morning Post of Moscou*, n. 21, de 4 de novembro de 1918.
7. O número de nomes originalmente dado foi quinze.
8. Ao prestar depoimento perante o Tribunal de Lausanne, P. Artibashev estimou o número em quinhentas.

testemunha ocular como "uma bacanal de loucura e terrorismo vermelhos"[9]. Especialmente horrível, e dolorosa, era a necessidade de ouvir – e às vezes ver – todas as noites, os prisioneiros sendo levados para execução. A todo momento chegavam veículos para levá-los embora. Nenhum prisioneiro conseguia dormir – apenas deitava e tremia a cada toque de buzina. De vez em quando, alguns guardas entravam em uma cela e gritavam para que um ou outro prisioneiro os seguisse e "trouxesse seus pertences consigo". E, assim, eles iam para a Câmara das Almas, o local onde os condenados eram amarrados com arame farpado antes da execução[10]. O horror de tudo isso! Eu mesmo fui prisioneiro na Butyrka e tive de passar por essa terrível sucessão de pesadelos.

De outra testemunha ocular, temos o seguinte relato:

> Na maior parte do tempo, esqueci os nomes daqueles que compartilharam meu cativeiro na época do atentado a Lênin e saíram para ser fuzilados; mas as imagens angustiantes ainda estão diante de mim – nunca desaparecerão de minha memória. Veja aquele grupo de cinco oficiais presos durante uma das rondas que foram realizadas após o atentado contra Lênin. Até então, supunha-se que não seriam condenados à morte, mas apenas a uma pena de prisão; no entanto, agora chegou a convocação para a Câmara das Almas, e gritaram para eles: "Do outro lado do pátio, para a Câmara das Almas, os senhores e seus pertences!"
>
> Os oficiais ficaram pálidos como lençóis. Mecanicamente, começam a recolher seus poucos pertences. Mas um dos cinco não pode ser encontrado, e não respondeu quando seu nome foi chamado! Um guarda deixa a sala, e retorna com o superintendente da ala e alguns oficiais da Che-Ka, e a lista é chamada novamente. O quinto oficial

---

9. Consulte a seção *In the Days of the Red Terror*, na compilação conhecida como *The Che-Ka*.
10. Na época do czarismo, essa sala era um local de desinfecção para os condenados recém-chegados.

é encontrado escondido sob um beliche. Arrastado pelos calcanhares, seus gritos frenéticos enchem a cela enquanto ele luta para se libertar e repete: "Por que eu deveria ir? Eu não quero morrer!" Ele é dominado; é levado para fora da ala, e todos desaparecem. Quando os vemos novamente no pátio do lado de fora, nenhum som é emitido pelo quinto oficial, pois a essa altura ele foi amordaçado[11].

Um subtenente chamado Semenov foi jogado no Butyrka simplesmente porque, enquanto observava as chamas consumirem alguns caminhões na estação ferroviária de Koursk, foi ouvido comentando que, muito provavelmente, os bolcheviques haviam disparado nos próprios caminhões para encobrir seus saques. Seu pai e seu irmão foram presos com ele. Três meses depois, ele foi interrogado por um "promotor popular" e informado de que seria novamente colocado em liberdade. No entanto, para ele, assim como para tantos outros, veio a convocação: "Do outro lado do pátio, o senhor e seus pertences!" Alguns dias depois, seu nome constava em uma lista de fuzilados. Somente quando se passou mais um mês e o pai do falecido estava sendo interrogado, o "promotor do povo" admitiu que, "devido à grande quantidade de condenados, seu filho foi baleado por engano".

Mais uma vez, aconteceu de um rapaz de cerca de dezoito anos, preso durante as apreensões em massa realizadas perto da igreja de Cristo Salvador em julho de 1918, foi retirado de nosso corredor inesperadamente e, de forma igualmente abrupta, devolvido à cela. Ao retornar, ele nos contou que, acordado algumas noites após seu exame perante a Che-Ka, havia sido colocado em um carro a motor, como se estivesse sendo levado para a execução (naquele período, os prisioneiros ainda eram fuzilados fora da cidade – só mais tarde passaram a ser mortos no porão do Butyrka), e levado embora. No caminho, no entanto, o oficial encarregado

---

11. Da seção "The Hungry Guillotine" [A Guilhotina Faminta] em *The Che-Ka*, p. 49 e 50.

descobriu por acaso que as ordens recebidas não eram para fuzilar o rapaz, mas um homônimo de meia-idade. Então, ao investigar, descobriu-se que havia dois prisioneiros com o mesmo nome de batismo e sobrenome, embora com patronímicos diferentes, e que o homem designado para ser fuzilado tinha quarenta e dois anos, enquanto o rapaz tinha apenas dezoito. Ao acaso, portanto, ele deve a sua vida!

Além disso, havia milhares de prisioneiros sobre cujas cabeças o Terror Vermelho manteve a espada de Dâmocles[12] suspensa por tanto tempo, e tão constantemente, que até se recusavam a sair de suas celas se lhes dissessem que seriam libertados, já que o anúncio parecia apenas uma armadilha para induzi-los a ir silenciosamente para a execução; em outros casos, os prisioneiros que deixaram as suas celas acreditando que seriam libertados, que receberam sorridentes as felicitações de seus companheiros de prisão, estavam entre os fuzilados, ou assim o foram sem que seus nomes tivessem sido publicados. Petrogrado e Moscou também não foram as únicas cidades onde a vingança pelo caso Lênin foi feita com o fuzilamento de centenas de vítimas: a onda de matança varreu toda a Rússia Soviética, e submergiu cidades grandes e pequenas, vilarejos e aldeias. No entanto, a imprensa bolchevique publicou pouquíssimas informações sobre as execuções nas províncias. Apenas o *Weekly* ocasionalmente mencionava os fuzilamentos sob o título "As seguintes pessoas foram fuziladas em represália ao atentado contra Lênin", enquanto o órgão da Che-Ka de Nizhny Novgorod, por sua vez, dizia:

> O ataque criminoso ao Camarada Lênin, nosso líder espiritual, nos obriga, renunciando aos sentimentos, a fortalecer nossas mãos na promoção da ditadura proletária. [...] Chega de palavras! A Comissão atirou em 41 pessoas do campo inimigo.

---

12. Referência à lenda narrada por Cícero sobre um cortesão da corte de Dionísio II, da Siracusa. A expressão faz referência a um perigo iminente. (N. T.)

A essa declaração, o jornal anexou uma lista que incluía oficiais, padres, funcionários públicos, um guarda florestal, um editor, um vigia e assim por diante. E, no mesmo dia, mais setecentas pessoas foram presas em Nizhny Novgorod e mantidas como reféns, sob o argumento – segundo o *Rabochy-Krestiansky Nizhgorodsky Liest* [Jornal dos trabalhadores e camponeses de Nizhny Novgorod] – de que "todo assassinato e toda tentativa de assassinato de um comunista devem ser respondidos com fuzilamentos de reféns selecionados entre a burguesia, agora que já temos o sangue de mortos e feridos clamando por vingança".

E a Che-Ka do cantão de Soumy (província de Kharkov), por sua vez, ordenou que "o assassinato do Camarada Uritsky e o atentado contra o Camarada Lênin sejam vingados com a aplicação do Terror Vermelho" a três aviadores. A Che-Ka de Smolensk ordenou a aplicação do Terror Vermelho a 38 proprietários de terras da região oeste. A Che-Ka de Novorzhev fez o mesmo ordenamento a uma família composta por Alexandra, Natalia, Eudoxia, Paul e Michael Rosliakov. A de Poshekon, a 31 pessoas, incluindo cinco de uma família chamada Shalaev e quatro de uma família chamada Volkov. A de Pskov, a 31 pessoas. A de Yaroslavl, a 38. A de Archangel, a 9. A de Seboshsk, a 17. A de Vologda, a 114. E a de Briansk, a nove (que, no entanto, são descritos como "ladrões").

Com essas represálias ordenadas pela Che-Ka de Toda a Rússia pelo atentado contra "o líder do proletariado mundial", foram executados um comissário bolchevique por roubar 400 mil rublos; dois marinheiros por um crime semelhante; um comissário por "tentar vender um revólver a um miliciano"; dois falsificadores; e outros, com os nomes publicados na terceira edição do semanário da Che-Ka. Na verdade, dezenas de listas semelhantes poderiam ser citadas, assim como outras que nunca viram a luz – não havia uma única localidade onde os fuzilamentos "por causa de Lênin" não tivessem sido realizados.

Um bom exemplo de uma "tentativa de Lênin" proferida pela imprensa é o de uma folha que, emitida pela Che-Ka de Morshansk "para combater a atividade contrarrevolucionária", dizia, entre outros comentários sobre eventos atuais:

> Camaradas, uma de nossas faces recebeu um golpe. A esse golpe, vamos responder com uma centena de golpes desferidos contra o rosto do inimigo em todas as suas características. A Che-Ka já ordenou que a inoculação preventiva com o Terror Vermelho seja aplicada. Que essa inoculação seja administrada ao país em geral, mas especialmente à nossa cidade de Morshansk, de modo que o assassinato do Camarada Uritsky e a tentativa de assassinato do Camarada Lênin possam ser vingados com fuzilamentos de [seguem quatro nomes]. E se houver qualquer outro atentado contra a vida de um líder revolucionário ou de um trabalhador responsável, que se recorra à crueldade e que ela continue, para que cada golpe do inimigo possa ser revidado com um golpe dez vezes mais forte.

Até onde eu sei, essa é a primeira alusão *oficial* a reféns, ao sistema de reserva local de cidadãos para serem "fuzilados no caso de novas manifestações de atividade contrarrevolucionária". Da mesma forma, a Che-Ka de Torzhok anunciou aos "habitantes de nossa cidade e distrito" que "pela cabeça e pela vida de qualquer líder nosso, centenas de cabeças de burgueses, tanto de diretores quanto de dependentes, devem cair". Então, a Che-Ka propôs uma lista de reféns que incluía engenheiros, comerciantes, um padre e um grupo de social-revolucionários de direita – ao todo, vinte pessoas. Em Ivanovo-Vosnessensk, 184 pessoas foram apreendidas para serem mantidas como reféns, enquanto a vingança de Perm por Uritsky e Lênin foi o fuzilamento de cinquenta reféns[13].

---

13. Veja o *Severnaya Communa,* de 18 de setembro de 1918.

Esses fatos, pelo menos, refutam as declarações omissas que citei, pois provam que os casos de Uritsky e Lênin levaram à morte milhares de pessoas que não poderiam ter nenhuma ligação com essas tragédias, mas que, mesmo assim, foram capturadas como reféns.

No que diz respeito ao que aconteceu com outros, um exemplo típico é o caso do general Roussky. Após ter sido confinado em Essentouky, juntamente com Radko, Dmitriev e outros 32, para citar o comunicado oficial, ele foi

> informado, por ordem do Camarada Petrovsky, Comissário do Povo do Interior, que ele e seus companheiros seriam executados imediatamente caso houvesse a menor tentativa de um levante contrarrevolucionário ou o menor atentado contra a vida de um líder proletário[14].

Reféns também foram apreendidos em Kislovodsk (33) e em outros lugares. Em 13 de outubro de 1918, no campo de concentração de Piatigorsk, onde, em determinado momento, o número de reféns chegou a 160, o comissário-chefe da Che-Ka, Sorokin, teve a ideia de provocar um levante "para emancipar o poder soviético dos judeus", o que o levou a prender e a executar membros até mesmo de sua própria Che-Ka. Para justificar essa ação, ele apresentou documentos que supostamente provavam que os oficiais executados estavam "mantendo comunicação com o Exército Branco". Infelizmente, as evidências fornecidas posteriormente à Comissão Denikin mostraram que a verdadeira intenção de Sorokin era se proteger, obtendo de um "congresso extraordinário de deputados do soviete de Piatigorsk, de representantes revolucionários e de Soldados Vermelhos", que ele convocou para se reunir com ele em Nevinomiskaya Stanitza em reconhecimento de que havia agido corretamente e com a devida autoridade. Antes que Sorokin pudesse

---

14. Veja o *Izvestia* e o *Severny Kavkaz,* edição 138.

se apresentar ao congresso, seus inimigos o haviam marcado com "fora da lei" e "traição à Revolução", prendendo-o e executando-o imediatamente[15]. Mas um dos resultados dos atos de Sorokin foi selar o destino da maioria dos reféns que haviam sido jogados no campo de concentração local e, na edição de número 157 do *Izvestia* local, encontramos publicado um decreto (assinado por Artabekov, chefe da Che-Ka local) que dizia:

> Uma vez que, em 21 de outubro, as vidas de certos líderes do proletária nesta cidade de Piatigorsk foram tiradas, nós cumprimos tanto a Ordem n. 3, de 8 de outubro deste ano, quanto o nosso decreto já aprovado, ordenando que os seguintes reféns e membros de organizações contrarrevolucionárias sejam mortos em retaliação a esses assassinatos diabólicos de estimados membros de nosso Comitê Executivo Central.

A este decreto foi anexada uma lista de 59 nomes, incluindo os do general Roussky, de um ex-senador, de um empresário e de um padre, entre outros. A declaração de que, mais tarde, esses homens foram "fuzilados" é uma mentira, pois a verdade é que foram cortados em pedaços com espadas[16], e seus bens foram convertidos em "propriedade da comuna".

Em todos os lugares, o mesmo sistema de reféns floresceu. Uma testemunha confiável declarou que, quando um certo P., estudante, matou um comissário na província de Chernigov, o pai, a mãe e os dois irmãos de P. (o mais novo tinha apenas quinze anos) foram executados imediatamente, juntamente com a governanta alemã da família e sua sobrinha de dezoito anos, embora só mais tarde o próprio P. tenha sido encontrado e preso.

De fato, naquele ano, o Terror assumiu dimensões tão espetaculares que jogou na sombra qualquer fenômeno semelhante conhecido pela história. Durante esse ano, também, um grupo de

---

15. Veja os materiais coletados pela Comissão Denikin.
16. Os horrores quase inacreditáveis desse massacre são descritos em uma página posterior.

anarquistas e social-revolucionários de esquerda, que inicialmente apoiaram os bolcheviques e os ajudaram a organizar as Che-Kas, vingaram a morte de alguns de seus companheiros executados como reféns pelos bolcheviques, cometendo um ato terrorista por conta própria. O caso começou quando Latzis, líder da Che-Ka ucraniana, emitiu, em 15 de junho de 1919, a seguinte declaração:

> Visto que certos membros do Grupo Social-Revolucionário de Esquerda (Internacionalista ou Ativista) têm enviado cartas ameaçadoras aos principais trabalhadores soviéticos e os ameaçado com um Terror Branco, nós, a Che-Ka de Toda a Ucrânia, declaramos por meio desta que, se no futuro for feita até mesmo a menor tentativa de molestar trabalhadores soviéticos, todo Ativista Social-Revolucionário que agora possa estar na prisão, tanto aqui quanto na Grande Rússia, será fuzilado, e a mão castigadora do proletariado cairá tão pesadamente sobre o Guarda Branco com sua comissão de Denikin quanto sobre o Ativista Social-Revolucionário que escolhe chamar a si mesmo de "Internacionalista"[17].

A resposta dos anarquistas a essa declaração foi uma explosão premeditada no próprio prédio da Che-Ka Central, situado no Leontievsky Pereoulok, que foi parcialmente demolido, e mais de um comunista importante que estava lá no momento foi morto ou ferido. Por sua vez, a imprensa oficial moscovita publicou, no dia seguinte, uma nota assinada por Kamenev. Dizia a nota: "Os Guardas Brancos que perpetraram essa afronta serão verdadeiramente submetidos à mais terrível das penas!"

E um outro aviso no *Izvestia* acrescentou: "O governo vingará adequadamente as mortes de nossos assassinados".

---

17. Ainda antes disso, ou seja, no dia 1º de março anterior, Dzherzhinsky havia escrito na edição de Kiev do *Izvestia*: "seria bom se todos os social-revolucionários atualmente sob custódia fossem convertidos em reféns e obrigados a servir como garantia do bom comportamento de suas respectivas alas do Partido Social-Revolucionário".

A partir daí, outra onda de terrorismo sangrento varreu a Rússia quando o governo, "apropriadamente", se vingou em pessoas que não poderiam, de forma alguma, ter tido algo a ver com a explosão, e alcançou esse objetivo pelo simples fato de atirar em qualquer pessoa que estivesse na prisão, mesmo que apenas os anarquistas (como seu partido reconheceu posteriormente no panfleto publicado em Berlim, em 1922) tivessem cometido o terrível ato. Em Saratov, a mesma bomba dos moscovitas foi vingada com o fuzilamento de 28 pessoas, desde membros do Partido Democrata Constitucional e ex-candidatos à Assembleia Constituinte até um ex-membro do grupo Narodnaya Volya e vários agricultores e padres[18]. Pelo menos esse foi o número oficial apresentado – na verdade, a quantidade de pessoas fuziladas foi a necessária para que a cota de Saratov na contribuição para o "imposto de sangue de toda a Rússia" chegasse ao total de sessenta, conforme especificado pelo telegrama enviado anteriormente por Moscou. De um ex-detento da prisão de Butyrka recebemos ainda mais informações sobre os métodos de Moscou (pois, a essa altura, essa cidade havia se tornado o centro do governo, no lugar de Petrogrado) para compilar suas listas de mortes:

> Zacharov, comandante da Che-Ka de Moscou, depôs que, quando Dzherzhinsky retornou do local da explosão, estava extremamente pálido e excitado, e ordenou imediatamente que todos os cadetes, gendarmes, representantes do antigo regime, condes e príncipes sob custódia na época, tanto em Moscou quanto nos campos de concentração locais, fossem fuzilados na ordem em que se encontravam nos registros de detenção[19].

Assim, o mero comando verbal de um indivíduo deu o sinal para mortes inocentes aos milhares! O número exato de vítimas fuziladas às pressas naquela noite e no dia seguinte ainda não é

---

18. Veja o *Izvestia* de Saratov, 2 de outubro de 1919.
19. Na seção "A Year in the Butyrka Prison" [Um ano na prisão de Butyrka] em *The Che-Ka*, p. 144.

conhecido. Tudo o que se pode dizer é que até mesmo a estimativa oficial mais moderada situava o número em centenas, e que somente na noite seguinte a ordem foi revogada.

Quando se passou mais um ano, as autoridades centrais instituíram *oficialmente* o sistema de apreensão de reféns, pois, em em 30 de novembro de 1920, proclamaram que, "como certas organizações da Guarda Branca decidiram perpetuar atos terroristas contra líderes de nossa Revolução Operária e Camponesa", todos os representantes dos partidos não comunistas então sob custódia deveriam ser apreendidos e segregados. Tal era o teor desse decreto que o velho anarquista, o príncipe Peter Kropotkin, sentiu-se obrigado a protestar contra ele e a escrever:

> O senhor não tem um único membro suficientemente honesto para lembrar a seus Camaradas que tais medidas constituem um retorno aos piores períodos da Idade Média e das guerras religiosas, e rebaixam um povo que está se empenhando em construir uma nova ordem social e em conduzir essa ordem de acordo com os princípios comunistas? Chegamos ao ponto em que um homem pode ser preso não como punição por qualquer crime definido, mas apenas para que o senhor possa manter a ameaça de sua morte sobre seus oponentes políticos. "Mate um dos nossos e nós mataremos tantos dos seus". Isso não é como se todas as manhãs o senhor levasse um homem para o cadafalso e depois o levasse de volta para a prisão e dissesse "Espere, hoje não"? O senhor não percebe que essas coisas são um retrocesso ao sistema de tortura, não apenas do prisioneiro, mas também de seus parentes? [20]

Kropotkin, no entanto, já estava idoso, doente, afastado da vida. Ele não viveu para contemplar toda a enormidade da forma de expressão da força física dos bolcheviques. Reféns? Ora, eles

---

20. Ele fez isso na edição número 3 da revista (russa) publicada em Berlim pelo autor, *Na Chouzhoi Storonyé* [Em partes estrangeiras].

foram capturados e mantidos desde os primeiros dias do Terror, e especialmente durante o período da guerra civil – Norte, Sul e Leste. Particularmente, com relação ao grande número de detidos em Kharkov, Kovy, chefe da Che-Ka local, escreveu: "A víbora burguesa precisará apenas levantar a cabeça para que as cabeças dos reféns caiam"[21]. E caíram. Em Elizabetgrad (1921), 36 pessoas foram executadas por causa do assassinato de um único funcionário da Che-Ka local. Temos a confirmação do fato (que se tornou conhecido pela primeira vez por meio do jornal de Bourtsev, *Obstchoyé Dielo* [A causa comum][22]) a partir de itens análogos citados mais adiante neste trabalho. Em resumo, o ditado "Sangue por sangue" recebeu ampla aplicação prática e, já em 10 de novembro de 1918, encontramos o senhor H. B. Lockhart, cônsul britânico em Moscou, escrevendo para Sir George Clarke:

> Os bolcheviques estabeleceram a prática odiosa da tomada de reféns. Não, pior ainda: eles passaram a atacar seus oponentes políticos por meio da gentileza desses oponentes. Recentemente, uma longa lista de reféns designados foi publicada em Petrogrado e, quando os bolcheviques não conseguiram encontrar a todos, confiscaram as esposas dos desaparecidos e as mantiveram na prisão até que seus maridos se entregassem[23].

Sim, mulheres, e até crianças foram presas. Às vezes, também baleadas. Por exemplo, os trabalhadores da Cruz Vermelha em Kiev nos contaram que um grupo de senhoras foi preso no lugar de seus maridos que, forçados a entrar no Exército Vermelho, escaparam e se juntaram às forças brancas. Elas foram mortas no lugar deles. Em março de 1919, os parentes de todos os oficiais do

---

21. O *Izvestia* de Khakov, edição 126, de 13 de maio de 1919.
22. Na edição 345 desse jornal [o *Izvestia* de Khakov].
23. Veja o British Parliamentary Paper, *Russia*, n. 1, de 1919, p. 15.

86º Regimento de Infantaria foram fuzilados quando eles desertaram para os Brancos[24]. Um memorando endereçado ao Comitê Executivo de Toda a Rússia por Madame U. Zoubevich – conhecida Social-Revolucionária de Esquerda – conta, sobre certas execuções de reféns em Kronstadt durante 1919, que os oficiais em cujo lugar esses reféns foram fuzilados eram meramente suspeitos de planejar transferir sua lealdade para os Brancos[25].

Outro plano, bastante fácil, era transferir os reféns de sua categoria como tais para a categoria de "contrarrevolucionários". Veja este trecho do *The Communist*:

> Em 13 de agosto, o tribunal militar-revolucionário do 14º Exército analisou o caso dos dez cidadãos de Alexandria que haviam sido feitos reféns e declarou que eles não eram mais reféns, mas sim contrarrevolucionários, e decretou sua execução[26].

E a sentença foi executada no dia seguinte.

Durante as revoltas camponesas na região de Tambov, mulheres e crianças camponesas foram feitas reféns centenas de vezes, forçadas a passar mais de dois anos na prisão em Moscou, em Petrogrado e em outros lugares. Em 1º de setembro de 1920, o "quartel-general interino" determinou que as famílias camponesas rebeldes deveriam "ter sofrido o implacável terrorismo vermelho, e todas as pessoas com mais de dezoito anos, independentemente do sexo, deveriam ser presas, para que, se os bandidos continuassem suas atividades, pudessem ser executadas".

Da mesma forma, foram exigidas das aldeias "contribuições especiais", com confisco de terras e outras propriedades em

---

24. Veja o *Rousskaya Zhizn*, de 11 de março de 1919.
25. Como resultado dessa declaração desconcertante, a senhora Zoubevich foi exilada em Orenburg.
26. Órgão da Che-Ka de Toda a Ucrânia. Veja no *The Communist*, n. 134 do ano de 1918.

caso de não cumprimento da exigência[27]. A maneira exata do cumprimento oficial dessas instruções pode ser vista em alguns comunicados oficiais publicados no *Izvestia* de Tambov, que dizem: "Em 5 de setembro, cinco aldeias foram incendiadas", "Em 7 de setembro, mais de 250 camponeses foram fuzilados", e assim por diante. Ficamos sabendo também que, durante os anos de 1921 e 1922, o campo de concentração de Kozhoukov, perto de Moscou, fez 313 reféns camponeses, inclusive crianças de um mês a dezesseis anos. Embora o tifo tenha assolado o país durante todo o outono de 1921, os prisioneiros seminus e famintos não tinham direito a roupas de inverno. Por fim, em uma edição do *Krasny Voin* [O Soldado Vermelho] de 12 de novembro de 1919, encontramos longas listas de reféns apreendidos por desertores do Exército Vermelho. Eles constituem a primeira instância da categoria conhecida como "condenados *condicionalmente*".

Pais foram baleados com seus filhos – fatos oficialmente certificados e registrados. Crianças foram baleadas na frente de seus pais. Pais foram baleados na presença de seus filhos. E a Seção Especial da Che-Ka de Toda a Rússia, sob o comando de um maníaco chamado Kedrov[28], fez um trabalho especialmente sanguinário dessa forma, pois de seu posto "na frente" ele enviava, para a prisão de Butyrka, ou fuzilava no local lotes de "jovens espiões" – em outras palavras, crianças entre oito e quatorze anos de idade. Eu mesmo tive conhecimento de muitos desses casos enquanto ainda estava em Moscou.

Quanto às torturas espirituais que Peter Kropotkin denunciara em vão, além da habitual crueldade física, estas eram praticadas tanto pelas Che-Kas provinciais quanto pelos metropolitanos. A voz dele era apenas "a voz de alguém que clama no deserto", e

---

27. Veja o jornal *Revolutsionnaya Rossia*, n. 14 e 15.
28. Ouvi dizer que esse senhor está agora em um manicômio.

em qualquer localidade onde as execuções de reféns não ocorressem por um tempo, o fracasso significava apenas que aquele distrito em particular não havia testemunhado recentemente um assassinato político.

Assim, mais um ano se passou, até que o levante de Kronstadt viu novos reféns serem apreendidos aos milhares e detidos na nova categoria, assim como os social-revolucionários condenados à morte no famoso julgamento daquele partido – todos foram mantidos (até bem pouco tempo atrás) sob uma ameaça permanente e indefinida de execução condicional.

A única explicação possível para o fato de o assassinato de Vorovsky não ter sido seguido por fuzilamentos em massa (ou, para ser mais preciso, por publicações oficiais sobre fuzilamentos em massa) é que o crime ocorreu em solo suíço e teve ampla publicidade. De fato, nunca se sabe o que acontece nos locais secretos do órgão executivo pelo qual a Che-Ka russo foi substituída. No entanto, assim que os assassinos de Vorovsky foram absolvidos, toda a Rússia passou a sofrer novas ameaças de terrorismo contra os reféns, e os jornais alemães *Dni* e *Vorwaerts* da época afirmaram que Stalin havia informado ao seu Che-Ka de Moscou que

> As massas trabalhadoras do país estão exigindo unanimemente a punição daqueles que provocaram o monstruoso crime de Vorovsky, [acrescentando que] os verdadeiros assassinos não foram Polunin e Konradi, por mais desprezíveis que fossem esses mercenários, mas os traidores socialistas que, desde então, fugiram da ira do povo para lugares onde ela não pode alcançá-los, mas onde podem preparar novos atos agressivos contra os líderes de nosso proletariado, esquecendo completamente a magnanimidade demonstrada por eles em 1922, quando frustramos o desejo popular e suspendemos o decreto que o Supremo Tribunal havia pronunciado contra os traidores. No entanto,

que essas pessoas tenham em mente que o decreto ainda permanece em vigor e que, se necessário, podemos atribuir a responsabilidade pela morte do Camarada Vorovsky aos amigos das pessoas que ainda estão à nossa disposição[29].

"Reféns são capital de troca", comentou certa vez o notório Latzis. Mas o significado do termo "refém", aplicado a súditos estrangeiros capturados durante uma campanha militar no exterior, não tem relação com súditos russos capturados na Rússia – esse último recurso era puramente uma forma de intimidação mental que resumia toda a base da política interna e do sistema governamental dos bolcheviques.

Como é notável ver os bolcheviques tentando, em vão, levar adiante uma política que os círculos reacionários consideravam impossível já no ano de 1881! A propósito dessa política, Chaikovsky escreveu certa vez:

> Não poderia haver expressão mais forçada de brutalidade – para ser mais exato, não poderia haver destruição mais arbitrária dos alicerces sobre os quais a sociedade humana se apoia – do que a tomada de reféns civis. Para poder aceitar a legalização de tal instituição, é preciso primeiro abandonar todos os valores sociais desenvolvidos ao longo dos séculos, concordar em dobrar os joelhos aos demônios da guerra, da maldade e da destruição, e desconsiderar todas as lutas dolorosas em direção a um alicerce seguro de direito social no qual a humanidade tem se empenhado há séculos.

Da mesma forma, em 1921, o apelo emitido pela União dos Publicitários e Jornalistas Russos Residentes em Paris afirmava:

> Não deve haver punição onde não houve crime; e quaisquer que sejam as paixões envolvidas na luta política que agora

---

[29]. Apenas recentemente, a Che-Ka da Geórgia capturou um grande número de reféns menchevistas (social-democratas).

se desenrola entre os partidos russos, consagrada nessas palavras está a primeira e mais importante verdade da civilização. Devemos sempre ter isso em mente. [...] Protestamos contra o massacre de pessoas inocentes. Protestamos contra a tortura delas por meio do medo. Sabemos que pais e mães russos estão passando dias e noites em agonia, privados de seus filhos. Sabemos o que os homens e as mulheres reféns estão sentindo ao serem forçados a aguardar a morte por atos que nunca cometeram. Dizemos que não existe justificativa para tamanha crueldade. Dizemos que o simples fato de que tal barbárie possa encontrar abrigo em uma comunidade civilizada constitui uma atrocidade.

Mas quem dá ouvidos a isso? Uma atrocidade – sim.

CAPÍTULO 2

O terror imposto a nós

> O uso da força em todas as suas formas, desde execuções até formas menos extremas, é o único método capaz de permitir que o proletariado desenvolva o Homem Comunista a partir do material humano da atual época capitalista.
>
> — BUKHARIN

Os porta-vozes bolcheviques declaram, com frequência, que o Terror foi o resultado da "indignação popular contra a contrarrevolução", e que somente em razão da pressão exercida pelas classes trabalhadoras é que o Partido Bolchevista recorreu a medidas terroristas. Com mais frequência ainda, afirmam que, pelo menos, o terrorismo – quando assumido como arma pelo Estado – "legaliza e normaliza" as atividades populares que, de outra forma, estariam fazendo justiça com as próprias mãos.

Não é fácil conceber uma atitude mais hipócrita. Mas, pelo menos, é fácil apresentar fatos ilustrativos do abismo entre tal atitude e a verdade.

Em 17 de fevereiro de 1922, Dzherzhinsky, Comissário do Povo do Interior e o verdadeiro criador e diretor do Terror Vermelho, disse em um memorando dirigido ao Conselho dos Comissários do Povo:

> Durante todo o tempo, meu objetivo foi sistematizar um governo revolucionário mal equipado com aparato punitivo. Desde o início, percebi que o ódio secular do proletariado por seus opressores poderia se expressar em episódios insensatos e sanguinários, que despertariam tais elementos de fúria

popular capazes de varrer tanto amigos quanto inimigos, seções úteis e vitais da sociedade, assim como aquelas que nos eram hostis e nocivas. Por isso, desde o início, a Che-Ka tem procurado apenas dar uma direção sábia à mão pesada do proletariado revolucionário.

Bem, deixe-me demonstrar o verdadeiro caráter da "direção sábia" ou "sistematização" de Dzherzhinsky de um Estado mal provido de aparato punitivo. Já em 7 de dezembro de 1917, sua organização de uma Che-Ka de Toda a Rússia, baseada em "pesquisas históricas de épocas passadas", foi elaborada e estava de acordo com as teorias bolcheviques. Durante a primavera anterior, Lênin havia observado que seria muito fácil realizar uma revolução social na Rússia, pois bastaria exterminar duzentos ou trezentos burgueses: "O inimigo precisa se tornar inofensivo. E, em tempos de guerra, isso significa que ele precisa ser destruído. Para isso, a arma mais potente é o terrorismo. Negar o seu poder é ser um hipócrita dissimulador". Naturalmente, Kautsky tinha, no mínimo, o direito de responder que o livro de Trotsky deveria ter sido intitulado "Um Hino de Louvor à Desumanidade". "Pois", acrescentou Kautsky, "apelos sanguinários são dignos apenas das piores e mais baixas fases da revolução".

Além disso, os bolcheviques desprezam os fatos a ponto de afirmar que recorreram ao terrorismo apenas porque foram feitas tentativas iniciais contra a vida de "líderes proletários". E em 1918, ao exaltar descaradamente a "humanidade excepcional" do governo soviético, Latzis, um letão e membro particularmente cruel da Che-Ka, declarou que, "embora milhares de nosso povo tenham sido assassinados, nunca fomos além de fazer prisões", embora Peters afirmasse que, até a época do assassinato de Uritsky, não havia ocorrido um único caso de pena capital em Petrogrado.

Bem, mesmo admitindo que os bolcheviques tenham iniciado seu governo abolindo (para fins de propaganda, é claro) a pena capital, não demorou muito para que ela voltasse a ser aplicada[30]. Já em 8 de janeiro de 1918, encontramos o Conselho de Comissários do Povo emitindo uma ordem para que batalhões "para escavação de trincheiras" fossem formados por homens e mulheres membros da burguesia e comandados por Guardas Vermelhos. E acrescentou: "qualquer homem ou mulher da classe burguesa que resistir a essa ordem será fuzilado, assim como [...] todos os agitadores contrarrevolucionários".

Assim, para todos os efeitos, a pena capital sumária, a execução sem julgamento ou inquérito, foi restabelecida.

Um mês depois (pois a Che-Ka precisava ganhar suas esporas), uma segunda ordem notificava que "todos os agitadores contrarrevolucionários, pessoas que fugissem para o país de Don[31] e pessoas que se juntassem ao Exército Contrarrevolucionário seriam fuziladas sem piedade por destacamentos autorizados pela Che-Ka". Com o tempo, essas ameaças passaram a ser tão difundidas, que fluíam como água da cornucópia de uma fonte. Os "*Sackmen* (?)[32] que resistirem serão fuzilados"; "as pessoas que afixarem propagandas não autorizadas serão fuziladas". Não havia limites[33].

Certa vez, o Conselho de Comissários do Povo enviou o seguinte telegrama urgente – um telegrama relacionado a um trem especial que, no momento, estava a caminho de Stavka para Petrogrado: "Se o trem que agora segue em direção a Petersburgo sofrer o menor atraso, a pessoa ou as pessoas responsáveis por esse atraso serão executadas imediatamente". E outro aviso dizia: "Qualquer pessoa encontrada tentando burlar as leis anteriores do país relativas a vendas ou compras ou atos de permuta, ou as

---

30. Um aviso nesse sentido foi publicado na edição de número 1 da *Gazeta Vremennago Rabochago i Krestianskago Pravitelstva* [Gazeta do governo temporário dos trabalhadores e camponeses].
31. Região do rio Don, no Sul da Rússia, historicamente habitada por cossacos. (N. T.)
32. A interrogação consta da edição em inglês. *Sackmen* pode se referir a saqueadores, ambulantes ou pessoas que carregava sacos de suprimentos. (N. T.)
33. O *Izvestia*, n. 27.

leis promulgadas para o mesmo fim pelo poder soviético, será punida com sequestro de propriedade e fuzilamento".

Portanto, as ameaças bolcheviques de pena de morte eram tão numerosas quanto variadas. Não era direito exclusivo das autoridades centrais o de proclamar sentenças de morte – os comitês revolucionários locais também podiam pronunciá-las, como de fato faziam. Na província de Kalouga, encontramos um aviso sobre a execução iminente de um cidadão abastado por não ter contribuído com uma taxa monetária. Em Viatka, registrou-se o caso de um homem que foi executado por ter "saído de casa depois das 8 horas da noite", e, em Rybinsk, outro foi morto porque "se reuniu em uma rua pública" – sem que sequer parecesse ter sido considerada a necessidade de um aviso prévio. As ameaças de morte também envolviam apenas tiros, pois lemos que o comitê bolchevique da cidade de Loniev afirmou, após fixar a taxa de contribuição a ser paga pelos cidadãos locais, que qualquer um que se recusasse a pagá-la "seria afogado no Dniester com uma pedra no pescoço".

E de forma ainda mais brutal agiu Krylenko em 22 de janeiro, o comandante-chefe dos bolcheviques (posteriormente, advogado-chefe do governo perante o Supremo Tribunal Revolucionário), aquele que, dentre todos os outros, deveria ter defendido a lei e a ordem na Rússia Soviética: "Eu sugeriria que os camponeses da província de Mohilev fossem deixados para lidar com seus opressores como acharem melhor". Por fim, encontramos o Comissário-Chefe da Região Norte e da Sibéria Ocidental proclamando, em um determinado momento, que, "a menos que os infratores sejam entregues, uma em cada dez pessoas, independentemente de culpa ou inocência, será fuzilada".

Essas foram algumas das ordens, decretos e anúncios emitidos pelo governo soviético sobre a questão da pena capital! Elas significam que, já em 1918, a pena capital havia sido restabelecida em uma escala que até mesmo o regime czarista jamais presenciara, como primeiro resultado da "sábia direção" de Dzherzhinsky do "aparato punitivo de um governo revolucionário" e do fato de, em 21 de fevereiro de 1918, quando as forças alemãs estavam avançando, o governo ter mostrado o caminho para desconsiderar os direitos humanos e a moralidade ao emitir um manifesto proclamando que "a pátria (soviética) está em perigo; portanto, de agora em diante, a pena de morte será aplicada a todos os agentes inimigos, espiões, saqueadores, aproveitadores, arruaceiros[34] e agentes contrarrevolucionários".

Mas o incidente mais revoltante de todos foi o julgamento do capitão Stchasny perante o Supremo Tribunal Revolucionário em maio de 1918. Anteriormente, ele salvara o que havia restado da frota russa do Báltico da rendição à esquadra alemã[35], trazendo-a em segurança de volta a Kronstadt; no entanto, assim que o fez, foi acusado de traição. A acusação dizia: "Embora ele tenha realizado o que parece ter sido um ato heroico, seu objetivo não era outro senão ganhar popularidade para uso posterior contra o governo soviético!" Trotsky atuou como testemunha principal – a única, na verdade – de acusação, e o resultado foi que, em 22 de maio, Stchasny foi fuzilado por ter salvado os navios de guerra de seu país no Báltico! De uma só vez, também, o veredito criou, para os bolcheviques, o precedente necessário para a concessão da sentença de morte por um tribunal legal. Daí em diante, a condenação à pena capital começou a ocorrer, seja em cumprimento de um veredito legal ou na execução de uma "ordem administrativa" (a arma judicial *ad hoc* da Che-Ka até setembro de 1918, quando foi proclamado oficialmente o Terror Vermelho), alcançando centenas de condenados. A isso devem ser acrescentadas tanto as execuções resultantes da repressão aos levantes camponeses quanto às consequências dos disparos militares contra manifestações

---

34. Em um contexto político-social, refere-se aos arruaceiros associados a atos de violência e vandalismo. (N. T.)
35. Episódio conhecido como "Travessia do Gelo". (N. T.)

de rua, além das inúmeras irregularidades governamentais, das quais massacre de oficiais na Finlândia e na Crimeia em outubro de 1917, os fuzilamentos de milhares de pessoas em localidades onde eclodiu a guerra civil e a plena implementação das ordens e dosdecretos da Che-Ka são exemplos.

Em 1919, no entanto, Latzis, estatístico do governo, forneceu alguns números oficiais de execuções que apareceram em uma série de artigos nas edições do *Izvestia* de Kiev e de Moscou antes de estes serem reeditados em forma de livro sob o título de *Two Years' Fighting on the Home Front* [Dois anos de luta na Frente Interna]. Os artigos afirmavam que, durante a primeira metade de 1918 (que constituía os primeiros seis meses de existência da Che-Ka), o número de fuzilados na Rússia Soviética (incluindo ainda apenas as antigas vinte províncias do centro) era de "22", e que uma moderação semelhante teria continuado a ser observada se o país não tivesse "sido varrido por uma onda de conspirações" e se "a burguesia contrarrevolucionária não tivesse recorrido ao Terror Branco"[36]. Uma declaração desse tipo só poderia ter sido feita em um país onde todas as fontes normais de informação social para a contradição da declaração tivessem sido varridas. Mas, naquele período (1918), eu também estava fazendo um esforço para manter um registro das execuções. Embora eu considerasse normalmente os números publicados pelos próprios bolcheviques, isso se aplicava, na maior parte, apenas ao centro do país, e apenas em menor grau às províncias, onde meus únicos recursos eram (1) os relatórios publicados em intervalos irregulares e incertos em um ou outro jornal local, e (2) as informações de outras fontes, sujeitas a verificação posterior. Ainda assim, mesmo esses dados casuais me permitiram compilar um fichário com 884 itens. Portanto, estou tão ciente quanto Latzis de que, embora a Che-Ka de Toda a Rússia não tenha sido *oficialmente* estabelecida até 7 de

---

36. O *Izvestia* de Kiev, de 17 de maio de 1919.

dezembro, suas atividades começaram muito antes dessa data. Durante a tomada do Palácio de Inverno, os bolcheviques lançaram o príncipe Toumanov, ex-assistente do Ministro da Guerra, no rio Neva. No dia seguinte à queda de Gatchina, Mouraviev emitiu uma ordem oficial para o linchamento de oficiais czaristas recalcitrantes. Além disso, os bolcheviques foram responsáveis pelas mortes de Doukhonin, Shingarev e Kokoshkin, enquanto Lenin ordenou a execução de dois irmãos estudantes, chamados Ganglez (?), pelo crime de estarem usando dragonas (insígnias militares) em seus ombros. Frequentemente, o Tribunal Militar-Revolucionário (precursor da Che-Ka de Toda a Rússia) utilizava "decretos extraordinários" para exterminar seus opositores

Então, quem dá crédito à declaração de Latzis de que "os executados até meados de 1918 pertenciam, em sua maioria, ao submundo do crime", ou à sua declaração adicional de que eram apenas "22"?

Além disso, as estatísticas de Latzis ignoraram as declarações feitas pelo próprio órgão da Che-Ka, o *Weekly*, que havia admitido que a Che-Ka dos Urais, sozinha, havia matado 35 pessoas durante o período especificado em parágrafos anteriores. As declarações dele pretendiam transmitir a impressão de que nenhuma execução havia ocorrido durante a segunda metade do ano mencionado? Em caso afirmativo, como podemos conciliar tal tolerância ao massacre com uma entrevista que, em 8 de junho de 1918, Dzherzhinsky e Zachs, os dois chefes da Che-Ka de Toda a Rússia, concederam a um representante do jornal de Gorky, *Novaya Zhizn* [A nova vida], na qual informaram que "a misericórdia para com nossos inimigos não é de nossa alçada" e falaram das execuções como "realizadas por decreto unânime de nosso Comitê da Che-Ka"?[37]

De qualquer forma, sabemos que, em 28 de agosto de 1918, o *Izvestia* moscovita emitiu uma informação oficial de que 43 pessoas

---

37. "The New Life".

haviam sido baleadas em seis cidades da província. Em outubro do mesmo ano, Bokii, sucessor de Uritsky em Petrogrado, relatou em uma conferência de Che-Kas da Comuna do Norte que, até 12 de março anterior, quando a sede foi transferida para Moscou, pelo menos oitocentas pessoas haviam sido presas. Como o número de reféns estimado em setembro era de apenas quinhentos, pelo menos trezentos devem ter sido fuzilados nesse período[38].

Além disso, devemos desacreditar a entrada no diário de Margoulies, que diz: "Acabo de ser informado por Peters, Secretário da Legação Dinamarquesa, de que Uritsky se vangloria de ter assinado 23 mandados de morte em um dia"?[39] E Uritsky, lembrem-se, foi um dos que afirmaram estar "regularizando" o Terror!

Pode-se dizer com segurança que a única diferença entre a primeira e a segunda metade de 1918 reside no fato de que, durante a segunda metade, a propaganda a favor do Terror Vermelho tornou-se aberta e universal, e que, imediatamente após o atentado contra a vida de Lênin, ele foi anunciado *urbi et orbi*. No entanto, em uma reunião dos "sovietes de trabalhadores" realizada em 7 de dezembro de 1918, Lounacharsky teve a hipocrisia de dizer: "Não desejamos um Terror Vermelho, e continuamos tão contrários como sempre à pena capital, ao cadafalso". À pena capital pública, ao cadafalso público, sim, mas não ao massacre em câmaras de tortura escondidas. Apenas Radek parece ter pensado que não havia sentido em esconder sua predileção por execuções públicas, em vez de secretas, pois ele escreveu em um artigo intitulado *The Red Terror* [O Terror Vermelho]:

> Quando matamos cinco reféns burgueses por um decreto plenário do soviete local, a execução desses homens na presença e com a aprovação de vários milhares de trabalhadores instilou a intimidação das massas de forma mais

---

38. *The Weekly*, n. 6.
39. Veja a obra de Margoulies, *A Year of Intervention*, vol. ii, p. 77.

eficaz do que poderia ter sido realizada até mesmo por quinhentas execuções realizadas sem a participação da classe trabalhadora[40].

Nem mesmo a antiga insistência do Comissário da Justiça[41] sobre a "magnanimidade" que ele afirmava estar inspirando os tribunais bolcheviques pode poupá-lo de, mais tarde, ter que admitir que "o período entre março de 1918 e o final de agosto foi um verdadeiro (ainda que não oficial) reinado de terror".

Tão sanguinário, tão marcado por uma orgia de massacres se tornou esse reinado, que, a princípio, chegou até a causar repulsa em mais de um comunista convicto. E o primeiro a protestar foi o marinheiro Dybenko, que mais tarde alcançaria "fama" pela conexão com o caso Stchasny. Em 31 de julho, ele enviou ao jornal *Anarchism* uma carta com o seguinte teor:

> Será que não existe um comunista honesto o suficiente para protestar contra o restabelecimento da pena capital? Ou todos os senhores são covardes e têm medo de levantar a voz? No entanto, se existe um único comunista honesto, que ele cumpra seu dever denunciando essa medida punitiva extrema perante o proletariado mundial. E mais. Vendo que não somos culpados por essa restauração escandalosa da pena de morte, vamos expressar nossa repulsa, deixando o partido no poder e levantando um clamor tal que obrigue nossas autoridades comunistas a nos levar, e a todos os outros oponentes da pena de morte, ao cadafalso, e lá eles mesmos agirem como nossos carrascos.

No entanto, é justo afirmar que, com o tempo, Dybenko superou o que Lounacharsky chamou de "sentimentalidade", pois, três anos mais tarde, após o fracasso do levante de Kronstadt, ele é visto participando ativamente do massacre de seus Camaradas. "O

---

40. Publicado na edição de número 192 do *Izvestia*, 1918.
41. O Comissário da Justiça na época era Steinberg.

senhor não deve se envolver com os vilões". Somente no primeiro dia dos fuzilamentos, trezentos "vilões" foram executados.

Outras vozes também se levantaram em protesto, mas logo se calaram, como as de Dybenko, deixando os perpetradores do Terror livres para continuar seu curso de ação sem controle – um curso moral e metafisicamente injustificável.

O único bolchevique suficientemente corajoso para de fato se opor à inclusão da pena capital no código penal que os bolcheviques desenvolveram em 1922 foi Riazanov. A propósito, na época do atentado a Lênin, ele havia visitado a prisão de Butyrka e dito aos socialistas ali confinados que "eu e os outros líderes do proletariado estamos tendo grande dificuldade em controlar nossos seguidores, já que o recente ataque a Lênin os deixou ansiosos para invadir a prisão e se vingar dos senhores, traidores socialistas". Dzherzhinsky me disse a mesma coisa quando fui apresentado a ele, em setembro. E o mesmo fizeram outros comunistas. Quanto aos puxadores de cordas em Petrogrado, eles trabalharam para obter a impressão desejada, fazendo com que a imprensa local publicasse referências a certas "exigências terroristas de grupos políticos que estão chegando até nós". Mas, no fim, o uso excessivo do efeito teatral de momento não enganou ninguém; ao contrário, passou a ser visto como um detalhe propagandístico estereotipado da demagogia pela qual o bolchevismo havia sido criado e estava sendo mantido.

No entanto, como se fosse ao comando da batuta de um maestro, conjuntos idênticos de resoluções falsas e tardias ("tardias" porque o Terror Vermelho já havia sido abertamente proclamado há muito tempo) continuavam a ser aprovados em reuniões, e os gritos de batalha apropriados eram divulgados nos encontros, nos cartazes de parede e na imprensa [42]. O necessário era que as resoluções originais fossem aprovadas e repetidas localmente em todos os

---

42. As reuniões em apoio ao Terror Vermelho foram realizadas em grande parte em Moscou e dirigidas por Kamenev, Bukharin, Sverdlov, Lounacharsky e Krylenko.

lugares, e que fossem desenvolvidas frases de efeito adequadas para o massacre – como "Morte ao capitalismo!" e "Morte à burguesia!" No funeral de Uritsky, os gritos eram mais veementes. "Mil vidas pela de cada líder!" foi amplamente usado, assim como "Uma bala para cada inimigo dos trabalhadores!" e "Morte a todos os mercenários do capital anglo-francês!" Além disso, as páginas dos jornais bolcheviques começavam a emanar um cheiro de sede de sangue. O jornal *Krasnaya Gazeta* [Gazeta Vermelha], de Petrogrado, de 31 de agosto, propôs o assassinato de Uritsky:

> Nossos inimigos devem pagar em milhares pela morte do herói, e o sentimentalismo deve chegar ao fim, e a burguesia deve receber uma lição sangrenta, fazendo com que seus membros sobreviventes sejam tratados com terrorismo até que "Morte à burguesia!" se torne nossa palavra de ordem regular.

E quando se deu o atentado à Lênin, o jornal praticamente gritou, e suas palavras foram:

> Que nossos inimigos sejam mortos às centenas! Não, essas centenas devem se transformar em milhares! Que os patifes sejam afogados em seu próprio sangue! Somente rios de sangue deles podem expiar o sangue de Lênin e de Uritsky! Sangue! Sangue! O máximo de sangue possível!

O *Izvestia*, por sua vez, gritava: "O proletariado deve responder à ferida de Lênin de uma forma que fará a burguesia se encolher e tremer!"

Em um artigo que Radek, o principal jornalista dos bolcheviques, enviou para o *Izvestia*, a propósito de um simpósio atual sobre o Terrorismo Vermelho, ele proclamou:

> Se ocorrer um Terror Vermelho, sua causa principal terá sido o terrorismo branco exercido por nossos inimigos. Pois, enquanto a punição de burgueses individuais que nunca

participaram ativamente do movimento da Guarda Branca é suficientemente valiosa na medida em que pode intimidar os demais, a consequência da morte de um trabalhador comunista (e muito menos de um líder revolucionário) deve ser a ceifa de vidas burguesas às dúzias.

Daí, acrescentando a isso as palavras de Lênin – "O que importa se 90% das pessoas pereçam para que os outros 10% vivam para ver a revolução se tornar universal?" – temos uma ideia bastante clara do que o Terrorismo Vermelho pode significar para a mentalidade comunista. O *Pravda*, por sua vez, escreveu: "De agora em diante, o hino das classes trabalhadoras deve ser apenas de ódio e vingança", enquanto uma proclamação emitida pelo Comissariado Militar Provincial Moscovita em 3 de setembro afirmava que:

> As classes trabalhadoras da Rússia Soviética se levantarão e atrairão, para cada gota de sangue proletário, um rio cheio de sangue de oponentes da Revolução, e para cada gota de sangue de nossos líderes do Conselho e do proletariado, novamente um rio cheio, e para a perda de cada vida proletária, o sangue de centenas de Guardas Brancos e filhos da burguesia. Portanto, como representantes das classes trabalhadoras, nós, o Comissariado Militar Provincial, informamos a todos os inimigos dessas classes que cada caso de terrorismo branco terá como oposto um impiedoso terrorismo proletário.

E, finalmente, o Comitê Executivo Central de Toda a Rússia abriu caminho ao convocar uma reunião para 2 de setembro, na qual foi decidido

> Que o Comitê Executivo Central avise solenemente a todos os mercenários da burguesia russa e estrangeira que a responsabilidade por qualquer atentado contra a vida de um líder do Poder Soviético, ou de uma pessoa de qualquer

forma engajada em promover os ideais da Revolução Social, será atribuída exclusivamente aos partidos contrarrevolucionários e àqueles envolvidos em encorajar os atos desses partidos, e que qualquer ato de Terrorismo Branco dirigido contra o Poder dos Camponeses e Trabalhadores será respondido pelos camponeses e trabalhadores com um Terror Vermelho dirigido principalmente contra a burguesia e os agentes da burguesia.

Em harmonia com esse decreto, havia uma resolução que o Conselho de Comissários do Povo adotou em apoio à política da Che-Ka, a qual terminava com as seguintes palavras: "Seja decidido também que qualquer pessoa ligada a uma organização da Guarda Branca, ou conspiração, ou rebelião, seja fuzilada". Mais ou menos no mesmo período, Petrovsky, o Comissário do Povo do Interior, emitiu um telegrama que, por sua terminologia bizarra e por sua ampla sanção de ilegalidade, merece se tornar histórico. Mais tarde, o telegrama foi publicado na edição de número 1 do *Weekly* da Che-Ka central. Intitulado *An Order Relating to Hostages* [Uma ordem relacionada a reféns], o telegrama dizia:

> Os assassinatos de Volodarsky e Uritsky; o ferimento de Vladimir Ilyich Lênin, diretor do Conselho dos Comissários do Povo; a execução de dezenas de milhares de nossos Camaradas na Finlândia, na Ucrânia, na região do Don e na Tchecoslováquia; as incessantes descobertas de conspirações por trás de nossos exércitos; a detecção da participação de social-revolucionários da direita e de outras ralés contrarrevolucionárias nessas conspirações – tudo isso, somado ao número surpreendentemente pequeno de repressões sérias e fuzilamentos em massa de Guardas Brancos e burgueses pelo poder soviético, nos mostra que, apesar dos discursos intermináveis sobre o emprego do terrorismo em massa contra os social-revolucionários, os Guardas Brancos e a burguesia, nenhum Terror foi

implantado. Bem, essa indecisão, essa hesitação, deve acabar imediatamente, e todos os social-revolucionários de direita cujos nomes possam ser conhecidos pelos sovietes locais devem ser presos, e um número adequado de reféns deve ser feito entre a burguesia e os ex-guerrilheiros, e, se os círculos da Guarda Branca fizerem a menor tentativa de resistir, ou se a menor atividade da Guarda Branca se manifestar, devem ser realizados fuzilamentos em massa, sem hesitação. Os comitês executivos locais e provinciais devem mostrar toda a iniciativa possível nessa questão. Além disso, os departamentos governamentais devem usar a milícia e as Che-Kas sempre que necessário, e providenciar a detenção e a prisão de pessoas que adotem nomes e sobrenomes falsos, e fuzilar incondicionalmente qualquer pessoa que tenha ligação direta com a atividade da Guarda Branca. Da mesma forma, todas essas medidas devem ser cumpridas imediatamente. Que os responsáveis por elas aconselhem o Departamento do Interior sempre que os sovietes locais forem vistos agindo de forma fraca. Somente assim será possível limpar a retaguarda de nossos exércitos dos Guardas Brancos e de outros conspiradores infames contra o domínio das classes trabalhadoras e dos camponeses mais pobres. Que não haja hesitação. O terrorismo em massa deve ser empregado em todos os lugares. Confirme o recebimento deste telegrama e encaminhe-o a todos os sovietes de seu distrito.

Na mesma edição do *Weekly* (jornal especialmente criado para inculcar e popularizar as ideias e a política da Che-Ka) apareceu um artigo intitulado *The Question of Capital Punishment* [A questão da pena capital]:

Que se ponha um fim a essas longas, infrutíferas e inúteis discussões sobre o Terrorismo Vermelho. São necessários atos, não palavras. Está mais do que na hora de se organizar um terror em massa implacável e absolutamente eficiente.

Isso, juntamente com a notória ordem emitida por Petrovsky, impede qualquer ênfase na moral da ideia de que as classes trabalhadoras devem ser os vingadores de seus líderes, ou qualquer ampliação dos "princípios humanos" de Dzherzhinsky em seu trabalho de organização da Che-Ka. Somente a falta de consciência jornalística poderia ter permitido que Radek afirmasse no *Izvestia* de 6 de setembro que, "se não fosse pela fé das classes trabalhadoras de que seu governo pode retaliar adequadamente o golpe, estaríamos agora nos confrontando com massacres da burguesia em grande escala".

E o que devemos pensar de uma resolução aprovada pelos comunistas na província de Vitebsk, que pedia mil vítimas sempre que um trabalhador soviético fosse assassinado; ou de um pedido de um núcleo comunista de funcionários de uma pequena empresa de bondes para que qualquer assassinato de um comunista fosse seguido de fuzilamentos de cem reféns, e qualquer assassinato de um soldado Vermelho com chacinas de mil Brancos; ou de uma resolução de 13 de setembro, aprovada por um núcleo comunista da Che-Ka do Distrito Ocidental, que "assassinos infames [de oficiais soviéticos] devem ser varridos da face da terra"; ou de uma resolução dos funcionários da Guarda Vermelha da Che-Ka de Ostrogorod que "para a morte de cada comunista nossos inimigos devem ser mortos por cem, e, para cada atentado contra a vida de um líder, por mil, e por dez mil, como se estivéssemos exterminando parasitas"? Quanto mais nos afastamos do centro, mais sanguinária se torna a unidade local, até que "por cem" tenha aumentado para "por dez mil". A causa disso é que as frases de efeito proferidas em primeira instância (a julgar pelos relatórios sociais) pelos funcionários da Che-Ka central foram repetidas até se tornarem argumentos estereotipados e, assim, revestidas de termos banais e estranhos, se espalharam de uma localidade a outra à medida que os bolcheviques conquistavam mais território de seus oponentes e Latzis, chefe da Che-Ka de Toda a Rússia, estendia ainda mais sua jurisdição.

Em Kiev, o jornal local da Che-Ka, o *Krasny Mech* [Espada Vermelha], tinha um propósito idêntico ao do *Weekly* em Moscou. Sua edição de abertura continha um artigo interessante escrito pelo próprio editor, Ev Krasny, que dizia, entre outras coisas,

> Que as presas da serpente burguesa sejam arrancadas pela raiz, que as suas mandíbulas gananciosas sejam rasgadas, que a sua barriga gorda seja estripada. Que a máscara também seja arrancada do rosto da *intelligentsia* sabotadora, traiçoeira, mentirosa, hipocritamente complacente e aproveitadora e do rosto de nossos especuladores astutos e sem classificação social. Pois os princípios de "humanidade" e "moralidade" inventados pelos burgueses para a melhor opressão e exploração das classes mais baixas não existem para nós nem nunca existiram.

E um escritor chamado Schwartz termina com:

> Que o recentemente proclamado Terror Vermelho seja levado a cabo à verdadeira moda proletária, mesmo que, para o melhor reforço da ditadura proletária, seja necessário destruir o último escravo do czarismo e do capitalismo. De fato, que nada nos detenha, mas sim nos estimule a cumprir cada vez mais escrupulosamente a tarefa que a Revolução colocou sobre nossos ombros.

Em 31 de dezembro, Kamenev declarou: "O Terror foi imposto a nós. As classes trabalhadoras o criaram, e não a Che-Ka". Lênin, por sua vez, disse ao Sétimo Congresso dos Conselhos, no início do ano: "A Entente tornou o Terror necessário". E, ao falar, ele mentiu, pois o Terror foi criado pela Che-Ka, e somente por ela, com a criação de uma rede de Che-Kas subordinadas em toda a Rússia, além de "comissões extraordinárias para combater a contrarrevolução, a sabotagem e a especulação", até que não faltasse a nenhuma cidade ou vila a sua filial da onipotente Che-Ka do centro, que atuava como o nervo de conexão do governo até que o último resquício da direita social tivesse sido absorvido. Em 18 de outubro, até mesmo o *Pravda*, órgão oficial do Comitê Central, admitiu que[43], naquela época, a frase de efeito "Todo o poder ao Conselho!" havia dado lugar à frase "Todo o poder à Che-Ka!", pois, aos poucos, as Che-Kas distritais, provinciais, urbanas, cantonais, de vilarejos e de fábricas; as Che-Kas ferroviárias, de transportes e da "frente de batalha"; as "filiais especiais para assuntos militares", as "cortes marciais", os "quartéis-generais militares revolucionários", os "quartéis-generais extraordinários" e as expedições punitivas, tudo isso foi se combinando em um único instrumento principal para a execução do Terror Vermelho, de modo que Nilostonsky, autor de *Der Blutrausch des Bolschewismus* [A sede de sangue do bolchevismo], estimou que Kiev possuía dezesseis Che-Kas por conta própria, e que todas podiam decretar sentenças de morte e realizar execuções em massa em matadouros identificáveis apenas por cifras.

---

43. Em 18 de outubro de 1919.

CAPÍTULO 3

Estatísticas de sangue

Vamos construir o novo
sobre as ruínas do antigo.

As Che-Kas não eram instrumentos de justiça: a terminologia do Comitê Central, do órgão de "acusação sem misericórdia", não as entendia como tal. Uma Che-Ka tampouco era um tribunal de investigação – não era um tribunal, de forma alguma. Ao definir o objetivo da instituição, o chefe da Che-Ka modelo estabeleceu o seguinte:

> Nós, a Comissão Extraordinária de Toda a Rússia, somos um órgão militar, tendo como campo de batalha o *front* doméstico em uma disputa civil. Não nos cabe julgar o inimigo. Cabe a nós destruí-lo totalmente. Portanto, uma Che-Ka nunca deve perdoar, pois sua função exclusiva é exterminar todos os que estiverem do outro lado da barreira.

E o significado de tal "perseguição implacável" não é difícil de entender quando nos lembramos de como, para "a letra morta da lei", sucederam-se a "experiência revolucionária" e o "senso revolucionário". Pois um senso de qualquer tipo é algo subjetivo, enquanto a "experiência" em tal conexão nunca deixa de levar à tirania como uma questão de fato – e nas mãos de uma certa classe de pessoas, às mais terríveis formas de tirania. "Não estamos lutando contra burgueses individuais", disse o artigo de Latzis intitulado *The Red Terror* [O Terror Vermelho], publicado em 1º de novembro de 1918,

> [...] estamos empenhados em destruir a burguesia como classe. Portanto, sempre que um burguês estiver sendo interrogado, o primeiro passo não deve ser tentar descobrir a prova material de que o acusado se opôs ao governo soviético, seja verbalmente ou de fato, mas fazer-lhe os três questionamentos: "A que classe o acusado pertence?"; "Qual é sua origem?"; e "Descreva sua criação, educação e profissão". Com as respostas a esses três questionamentos, o destino do indivíduo deve ser decidido. Pois é isso o que significa "Terror Vermelho" e o que ele implica.

No entanto, a *fórmula* de Latzis carecia de originalidade, pois ele estava apenas imitando Robespierre no discurso deste último à Convenção da França sobre a legalidade do terrorismo em massa. Assim ele disse: "Para executar os inimigos de um país, é preciso apenas estabelecer o fato de que eles são eles mesmos. Não se trata de sua aniquilação, mas de seu castigo". Como uma instrução para os juízes de um tribunal legal, o ditado não precisa de comentários.

Mas, para entender completamente o significado do Terror Vermelho, precisamos primeiro determinar o número de suas vítimas.

E, nesse contexto, a vasta área de matança sem precedentes coberta pelo próprio Comitê nos ajudará a elucidar o sistema de aplicação do Terror Vermelho. Não que seja fácil enumerar a quantidade exata de mortes, e talvez nunca venha a ser determinada, visto que os fatos (1) de que apenas 1% dos nomes dos executados foi publicado, (2) de que a maioria das sentenças de morte foi executada em masmorras secretas, e (3) de que muitas das execuções foram planejadas de modo a não deixar vestígios combinam-se para tornar a precisão na determinação dos fatos por um historiador praticamente impossível.

O ANO DE 1918

Ao escrever seus artigos estatísticos, Latzis disse: "O cidadão comum sabe tão bem quanto meus colegas da Che-Ka que, a essa altura, esta já realizou dezenas e até centenas de milhares de execuções".

Isso é verdade. Não é por acaso que as três letras maiúsculas que representam o título da Comissão Extraordinária de Toda a Rússia, a Che-Ka, representam também as três palavras russas que denotam "Morte a todos os homens"[44]. E, embora no início, Latzis tenha apresentado apenas o número fantasticamente insignificante de "22" como o total de vítimas massacradas durante a primeira metade do ano de 1918, mais tarde ele teve de estimar que, nas vinte províncias centrais, durante a segunda metade do ano, esse total chegou a 4.500.

> A única coisa de que a Che-Ka pode ser acusado é de excessiva leniência na aplicação da pena capital. Ela não pode ser acusada de severidade excessiva na aplicação das execuções, pois nossa forte mão de ferro nunca deixou de tentar diminuir suas vítimas. É verdade que as Che-Kas locais nem sempre tiveram essa máxima em mente, mas seria mais justo acusar a Che-Ka nesse aspecto do que as instituições provinciais. Na verdade, temos sido muito brandos e magnânimos em relação ao nosso inimigo vencido.

Por isso, parece que Latzis considerou que mesmo um total de 4.500 vítimas era muito pequeno, embora possa ser facilmente demonstrado que suas estatísticas cobriam apenas um campo muito limitado. O primeiro volume do *The Che-Ka Red Book* [Livro Vermelho da Che-Ka] (que ainda existe como publicação e é distribuído aos oficiais bolcheviques responsáveis) nos fornece um documento histórico sem paralelo. Pois nesse volume está a "Ordem n. 4", datada de 21 de julho de 1918 e assinada por um certo

---

[44]. Ou seja, os três caracteres russos que geralmente são transliterados como "V", "Ch" e "K" iniciam tanto o título da *Vserossiiskaya Chrezvychainaya Komissia* [Comissão Extraordinária de Toda a Rússia] quanto as palavras *Vsiakomou chelovekou kapout!* [Morte a todo homem!].

Tenente Balke, chefe da Comissão Alemã estabelecida pelo Tratado de Brest-Litovsk. Essa ordem anunciava aos cidadãos de Yaroslavl que, tendo o destacamento local do Exército Voluntário do Norte se rendido aos alemães, ele havia sido entregue às autoridades bolcheviques e 428 de seus membros foram executados. É verdade que o meu fichário registra o número de pessoas executadas naquela ocasião como 5.004! – mas, de qualquer forma, os dados sobre localidades provinciais chegavam até mim apenas ocasionalmente, de forma fragmentada, ou sempre que eu conseguia obter um jornal provincial[45].

Deve-se ter em mente também que a formação de ideias corretas quanto ao número de vítimas foi dificultada pelo fato de os oficiais cultivarem a brevidade da dicção. Exemplos disso são que, certa vez, a Che-Ka do distrito de Klin (província de Moscou) anunciou que "vários" contrarrevolucionários haviam sido fuzilados, a Che-Ka de Voronezh disse que "muitos" haviam sido fuzilados e a Che-Ka de Sestiorelsk (Petrogrado) informou que, "após cuidadosa investigação, alguns fuzilamentos foram efetuados", enquanto a imprensa bolchevique sempre publicou relatórios com coeficientes obviamente minimizados como "um", "três" e similares.

Além disso, nunca foi fornecida nenhuma informação estatística sobre as execuções em massa com as quais era regra acompanhar repressões de revoltas camponesas e outras. Esse fato descarta totalmente a determinação do número de vítimas sacrificadas durante a fase da guerra civil. Portanto, os meus números são valiosos apenas na medida em que deixam mais claro quão absolutamente incompletos são os retornos latzianos.

À medida que a Rússia Soviética crescia, as "atividades humanas" das Che-Kas se expandiam na mesma proporção, até que, no ano de 1920, Latzis pôde fornecer dados mais completos e

---

45. Por exemplo, não recebi informações sobre os doze social-revolucionários que os números 16 e 18 do jornal *Revolutsionnaya Rossia* informaram terem sido baleados em Astrakhan em 5 de setembro de 1918.

declarar que, desde 1918, 6.185 pessoas haviam sido executadas[46]. No entanto, ainda resta a dúvida se esse número incluía os milhares que os relatórios britânicos informavam terem sido massacrados no nordeste da Rússia (em Perm e em outros lugares) durante o período, pois a estes foram acrescentadas as seguintes palavras:

> "Constantemente, pessoas de todas as classes, especialmente camponeses, são encontradas recorrendo a este Consulado com histórias de parentes assassinados e da fúria da multidão bolchevique"[47].

Além disso, o que dizer dos 2 mil oficiais militares massacrados em Kiev em 1918? E das vítimas que foram baleadas ou esquartejadas no teatro para onde foram convocadas para "verificação de seus documentos"? E dos oficiais navais massacrados em Odessa antes da chegada das tropas austríacas? Um clérigo inglês escreveu na época:

> "Fui informado por um membro do Estado-Maior austríaco de que os bolcheviques forneceram a ele e a seus colegas uma lista com os nomes de mais de quatrocentos oficiais assassinados em Odessa e na região"[48].

E os oficiais massacrados em Sebastopol? E as 1.342 pessoas que a Comissão do general Denikin comprovou terem sido fuziladas em Armavir durante janeiro e fevereiro de 1918[49]? Ou ainda da hecatombe de Sebastopol, que as memórias de V. M. Krasnov descrevem como tendo sido realizada em grupos de 67, 97 e mais[50]?

A verdade é que, onde quer que os bolcheviques aparecessem, algumas dezenas, ou mesmo centenas, de execuções se seguiam; execuções que não haviam sido precedidas por nenhum

---

46. Veja o *Izvestia,* de 8 de fevereiro.
47. *British White Book* de 1920 e de 1921.
48. British Parliamentary Paper, "Russia", n. 1, p. 56. Também: "Carta de Sir Eliot para lorde Curzon", de 21 março 1919.
49. *The Obstchoye Dielo*, n. 56.
50. *Archives of the Revolution*, vol. III, p. 159.

julgamento; execuções que foram realizadas meramente com base em sentenças proferidas por uma Che-Ka local ou por algum outro tribunal temporário. É verdade que esses massacres não excederam de forma alguma os outros excessos da guerra civil, mas ainda merecem um capítulo à parte.

O ANO DE 1919

Mais adiante, em suas estatísticas sanguinárias, Latzis afirma que, durante o ano acima mencionado, as Che-Kas ordenaram que 3.456 pessoas fossem fuziladas. Isso perfaz um total de 9.641 para os dois anos, com 7.068 das vítimas descritas como contrarrevolucionários e o restante (isso deve ser cuidadosamente observado) como pessoas fuziladas, não por "inclinações burguesas ou contrarrevolução", mas por ofensas contra a lei comum, como "lapsos no cumprimento do dever oficial" (632), especulação (217) e atos puramente criminosos (204)[51]. Tudo isso constitui prova de que, durante o período em questão, os bolcheviques usaram a pena capital não apenas para coagir a burguesia, mas também (e em um grau nunca alcançado por um Estado presumivelmente civilizado em situação semelhante) para servir como uma medida punitiva geral. Mas, continuando. Os números de Latzis pretendem mostrar que, durante setembro de 1919, as Chekas fuzilaram apenas 140 pessoas. No entanto, para o mesmo mês – que, vale lembrar, coincidiu com a "liquidação" do famoso complô contrarrevolucionário no qual o socialista N. N. Shepkin estava envolvido –, a imprensa geral da época relatou que 66 pessoas foram fuziladas em Moscou, enquanto até mesmo a imprensa bolchevique admitiu um número

---

51. Em algumas localidades, era impossível verificar o número de vítimas, mesmo quando as forças bolcheviques haviam se retirado. Assim, a seção de Kharkov da Comissão Denikin, que acompanhou representantes do conselho municipal, do conselho comercial e do sindicato das mulheres trabalhadoras de Kharkov a onze prisões da região, descobriu duzentos corpos e estimou um total pelo menos três vezes superior, já que a exumação dos corpos enterrados dentro e fora do parque público era impossível.

superior a 150. Além disso, temos evidências confiáveis de que, em julho daquele ano, de 100 a 150 pessoas foram fuziladas em Kronstadt, apesar de apenas 19 nomes terem sido divulgados, e que a Ucrânia (onde Latzis estava em plena atividade) viu vítimas serem fuziladas aos milhares, de modo que uma irmã da Cruz Vermelha enviou para a Inglaterra (para posterior apresentação à Sociedade Internacional da Cruz Vermelha em Genebra) uma estimativa de 3 mil vítimas só em Kiev[52]. Um total igualmente estarrecedor de fuzilamentos em Kiev foi relatado por Nilostonsky, a quem já citei como autor de *Der Blutrausch des Bolschewismus* [A fúria assassina do bolchevismo]. Ele foi um escritor que, de alguma forma, conseguiu adquirir um conhecimento particularmente detalhado das atividades das dezesseis Che-Kas operacionais de Kiev, e comprovou esse conhecimento pela precisão de sua descrição topográfica. Além disso, ele não se limitou apenas a observações pessoais, mas também utilizou os materiais publicados pela Comissão Rohrberg, cujos membros incluíam advogados e médicos responsáveis pela exumação e fotografia dos corpos das vítimas. Bem, Nilostonsky declarou que as pessoas identificáveis, posteriormente fuziladas em Kiev, somavam 4.800, e que o total geral provavelmente chegava a 12 mil. O Terror assumiu formas tão inéditas naquela cidade e na Ucrânia em geral, que, por fim, as próprias autoridades centrais se sentiram forçadas a enviar uma comissão para investigar as ações da Che-Ka provincial. E, de passagem, é justo dizer que os ex-prisioneiros examinados posteriormente pela organização de Denikin foram unânimes em elogiar essa missão nomeada pelos bolcheviques.

Por um tempo, o desenvolvimento do Terror na Ucrânia parou; mas assim que Denikin evacuou Kiev, as execuções em massa voltaram a ser regra, e continuaram em tal escala durante

---

52. "In the Shadow of Death. Report of a Red Cross Worker on the Bolshevist Prisons in Kiev", em *Archives of the Revolution*.

os meses de de julho e agosto de 1919 que, em um único dia (16 de agosto), o *Izvestia* publicou os nomes de 127 fuzilados. Essas vítimas, aliás, foram as últimas a terem seus nomes divulgados pelo comando oficial.

Nos arredores de Saratov, há uma ravina horrível. É o cenário de uma série de execuções locais. Permitam-me citar as palavras de uma testemunha ocular, conforme consta no incrível livro – ou compilação – que, publicado sob o título de *The Che-Ka*, trata exclusivamente da atividade desse órgão, e foi dado ao mundo pelo Partido Social-Revolucionário em Berlim. Seu valor excepcional reside no fato de que seus materiais foram obtidos em primeira mão de prisioneiros realmente confinados dentro dos muros da prisão, ou de testemunhas oculares reais dos eventos, e que o texto foi redigido por homens que aprenderam por meio de amarga experiência sobre o que estavam escrevendo. Pois as impressões da vida real valem todo o papel morto e seco do mundo, e eu os conheci pessoalmente e sei, portanto, com que cuidado filtraram os materiais até que *The Che-Ka* se tornasse um documento histórico igualmente gráfico e confiável em sua descrição da fase. Foi para o benefício desse livro que um morador de Saratov desenhou a imagem da ravina de Saratov que descreverei a seguir. A ravina fica ao lado da Colônia Monástica da cidade e, nos próximos anos, espero que ali seja erguido um memorial às vítimas da Revolução em Saratov.

> Assim que a neve derreteu na ravina, os parentes e amigos dos mortos começaram a se dirigir para lá, sozinhos ou em grupos, mas em todos os casos com os olhos fixos de um lado para o outro. E, embora no início esses peregrinos fossem rechaçados pelas autoridades, com o tempo, se tornaram tantos que ninguém conseguia impedir sua chegada. Em alguns lugares, as enchentes da primavera haviam lavado a areia e deixado descobertas muitas das vítimas da tirania bolchevique, de modo que seus corpos, amarrados, se espalhavam pelo leito da ravina, desde a ponte até a extremidade

mais distante, uma distância de 45 a 50 *sazheni*[53]. E quantos eram eles? Provavelmente, ninguém sabe dizer. Nem mesmo a Che-Ka local. Tudo o que se sabe é que, nos últimos dois anos (1918 e 1919), pelo menos 1.500 vítimas foram fuziladas na localidade – algumas de acordo com a sentença proferida e outras, sem sentença. Além disso, foi somente durante o verão e o outono que os condenados foram trazidos a essa ravina para serem fuzilados. No inverno, eles eram fuzilados em outro lugar. [...] A camada superior consiste em corpos fuzilados apenas no outono passado, portanto ainda está razoavelmente bem preservada. Os corpos jazem vestidos apenas com camisas, com os braços torcidos para trás e amarrados com cordas. Alguns estão enfiados em sacos, e outros estão exatamente como caíram. Realmente, o buraco é uma cena terrível, medonha! Mas os visitantes não hesitam em examiná-la de perto. Estão procurando alguma marca distintiva que possa ajudá-los a identificar o corpo de um ente querido. A cada dia, a ravina se torna mais terrível, pois engole as vítimas. E cada novo lote de execuções faz com que partes das laterais da ravina caiam e enterrem novamente os corpos recentemente descobertos. Assim, o buraco fica cada vez mais largo, e novos sacrifícios para a Revolução são exumados pelas enchentes da primavera.

Isso tudo é um tecido de mentiras?

Em 1920, uma declaração igualmente horrível de Averbuch foi publicada em Kishinev com o título de *The Che-Ka of Odessa* [A Che-Ka de Odessa]. Ele calcula que, durante os três meses de julho a setembro de 1919 – ou seja, durante o período entre a proclamação oficial do Terror e a ocupação de Kharkov pelo Exército Voluntário –, o Terror causou um saldo local de 2.200 mortes. Mas, de fato, as execuções naquele local começaram muito antes da proclamação oficial do Terror Vermelho – uma semana ou

---

53. Cerca de 100 jardas [91,44 metros].

quinze dias após a tomada da cidade pelos bolcheviques. De fato, as testemunhas que prestaram depoimento perante a Comisssão Denikin foram unânimes em dizer que os fuzilamentos locais em massa começaram a ser realizados já em abril de 1919, com anúncios públicos de 12, 16 ou 26 execuções por vez. De qualquer forma, durante aquele mês de abril, o *Izvestia* local escreveu com a brutalidade bolchevique habitual:

> A carpa gosta de ser cozida em creme, assim como a burguesia gosta de ser morta por um Poder que é severo e está pronto para matá-la. [...] Mesmo que nossas almas se revoltem contra essa tarefa, vamos usar medidas enérgicas e fazer a burguesia recobrar o juízo, pois basta fuzilarmos algumas dezenas de tolos e parasitas, colocar o resto para limpar as ruas e obrigar suas mulheres a esfregar os quartéis da Guarda Vermelha (embora até isso seja uma honra demasiado grande para elas!), para que a burguesia entenda que o nosso Governo veio para ficar e que é inútil esperar ajuda de ingleses ou hotentotes[54].

E quando o Exército Voluntário se aproximou da cidade, em junho, as execuções se tornaram ainda mais frequentes, e o *Izvestia* local escreveu (o Terror já havia se tornado "oficial"):

> O Terror Vermelho foi posto em movimento, e, doravante, que todas as fortalezas *burguesas* sejam destruídas, e que os burgueses sejam obrigados a sibilar, e os contrarrevolucionários a crepitar sob nossos golpes sanguinários. [...] Vamos desalojar essas pessoas de suas fortalezas com ferros em brasa e aplicar-lhes uma vingança impiedosa.

E essa "vingança impiedosa" foi feita. E com ela foram feitas longas listas de nomes que frequentemente omitiam qualquer menção ao "crime" cometido e apresentavam apenas uma

---

54. Termo pejorativo, usado à época para se referir aos grupos étnicos do Sul da África, especialmente Namíbia e África do Sul. Na interpretação do trecho, "povos inferiores". (N. T.)

declaração de que o indivíduo havia sido baleado no curso normal de um Terror oficialmente ordenado. O livro de Margoulies, *Years of Fire* [Anos de fogo][55], relata muitos desses casos.

Quase invariavelmente, também, nossas informações mostram que essas listas de vinte ou trinta nomes representavam, na realidade, números reduzidos. Por exemplo, uma senhora, cuja posição lhe permitia acompanhar de perto os acontecimentos em Odessa, declarou que, em uma ocasião em que apenas dezoito nomes foram publicados no *Izvestia* local, ela mesma considerou que o número de fuzilados era de cinquenta, e que em outra ocasião, quando apenas 27 nomes foram publicados, a lista compreendia, na realidade, setenta, incluindo sete mulheres, embora o comunicado oficial não tivesse feito nenhuma menção a mulheres.

Além disso, um "membro examinador"[56], que teve a infelicidade de ser preso por seus colegas, depôs que, durante o reinado de terror local, até 68 pessoas foram baleadas em uma noite, enquanto as estatísticas sociais emitidas pela Comissão Denikin nos diziam que o número de baleados em Odessa entre abril de e 1º de agosto havia sido de 1.300. Por fim, a partir das memórias de Niemann, ficamos sabendo que, considerando o Sul da Rússia como um todo, o total de vítimas naquele período não pode ter chegado a menos de 13 mil ou 14 mil[57].

Mais uma vez, uma greve ocorrida em Astrakhan, em março, simplesmente encharcou o distrito com o sangue dos trabalhadores. Uma testemunha ocular relatou:

> Enquanto uma reunião de cerca de 10 mil trabalhadores discutia pacificamente a questão dos salários, de repente um cordão de marinheiros, metralhadoras e bombardeiros cercou a multidão e, como ela não se dispersou imediatamente,

---

55. Publicado pela organização Der Firn.
56. Ou seja, um "advogado de acusação" para a Che-Ka.
57. Veja também o livro de Margoulies, p. 279.

despejou sobre ela uma rajada de fuzis, seguida de um barulho de metralhadoras e um rugido ensurdecedor de granadas de mão. A assembleia teve uma espécie de estremecimento: as pessoas pareciam cair de bruços em um silêncio horrível, pois o barulho das metralhadoras era tal que abafava os gemidos dos feridos e os gritos dos moribundos. No dia seguinte, toda a cidade parecia vazia. Reinava uma quietude absoluta. Muitos conseguiram fugir para outros lugares e muitos se esconderam; mas, apesar de tudo isso, os trabalhadores sofreram 2 mil baixas, e o primeiro ato da tragédia de Astrakhan terminou[58].

Ainda mais trágico foi o caso dos trabalhadores que começou em Astrakhan em 12 de março. Nessa ocasião, os bolcheviques, após conquistarem a "vitória", alojaram uma parte de seus prisioneiros em seis *kommandaturs*[59], e o restante em barcaças e navios a vapor, um dos quais, o Gogol, tornou-se particularmente notório pelas atrocidades que testemunhou. Em seguida, telegramas sobre a "rebelião" foram enviados ao centro, e Trotsky, chefe do Conselho de Guerra Revolucionário, respondeu: "Destruir sem piedade". Com essas palavras ele selou o destino dos trabalhadores presos. De fato, seguiu-se, em terra e no mar, uma onda furiosa de derramamento de sangue. Alguns dos prisioneiros foram fuzilados nos porões e pátios dos seis *kommandaturs*, outros foram lançados ao Volga pelas barcaças e navios a vapor, com pedras amarradas ao pescoço ou com as mãos e os pés algemados. Um trabalhador solitário se salvou escondendo-se em uma sala de máquinas e depois afirmou que, somente na primeira noite, 180 pessoas foram jogadas na água. Multidões também foram fuziladas dentro dos *kommandaturs* e em seus arredores: na verdade, foram tantas, que só com muita dificuldade seus cadáveres puderam ser levados ao cemitério e

---

58. Veja "Shootings in Astrakhan", em *The Che-Ka*, p. 251 e 253.
59. Sedes militares. (N. T.)

jogados em pilhas como "casos de tifo". E a Che-Ka local também teve de ordenar que, se algum portador "perdesse" um cadáver no caminho, ele mesmo deveria ser executado. Durante dias, todas as manhãs, as ruas estavam repletas de corpos de trabalhadores seminus e ensanguentados, e os parentes vagavam à meia-luz em busca de seus entes queridos.

Os fuzilados em 12 e 13 de março, os dois primeiros dias da repressão, eram exclusivamente membros da classe trabalhadora. Mais tarde, as autoridades perceberam que haviam sido tolas o suficiente para se colocarem na posição de não poderem culpar a burguesia pelos distúrbios, e se apressaram em seguir o princípio de "antes tarde do que nunca" (e para desviar a atenção do público de sua crueldade com o proletariado), prendendo todo e qualquer burguês, e executando aqueles que possuíam qualquer tipo de propriedade imóvel, seja uma casa, uma loja, um pesqueiro ou qualquer outra coisa.

> Na madrugada de 15 de março, não havia uma única residência na cidade que não estivesse de luto por um pai, um marido ou um irmão. Algumas famílias, de fato, haviam perdido todos os homens de sua casa.

Somente uma visita de casa em casa poderia ter estabelecido o número exato de pessoas baleadas. No início, foi mencionado o número de 2 mil, mas esse número aumentou para 3 mil, à medida que as autoridades publicavam listas às centenas. No final do mês, esse número havia aumentado para 4 mil.

Nem mesmo isso fez com que as autoridades abrandassem suas medidas punitivas. Elas pareciam ter decidido que os trabalhadores de Astrakhan deveriam ser obrigados a pagar também pelas muitas outras greves que ocorriam em lugares tão distantes de lá, como Toula, Briansk e Petrogrado. Pois março de 1919 viu recusas ao trabalho varreram a Rússia como uma onda gigantesca. Somente no final de abril os tiroteios começaram a diminuir de alguma forma e, nessa época, Astrakhan havia se tornado um espetáculo verdadeiramente deplorável, com ruas vazias, casas de luto e "Ordens" estampadas em cercas, fachadas de lojas e janelas particulares.

Em seguida, vamos considerar o remoto Turquestão, onde, em janeiro de 1919, o setor russo da população se revoltou contra a tirania bolchevique. O levante foi reprimido.

> O caso começou com uma visitação de casa em casa, até que os quartéis e as oficinas da ferrovia ficaram lotados de prisioneiros. E, durante a única noite de 20 para 21 de janeiro, houve tantas execuções, que as autoridades tiveram de jogar os cadáveres em pilhas sobre a linha férrea. Mais de 2.500 foram massacrados.
>
> No dia 23, a tarefa de reprimir o levante foi transferida para uma corte marcial local; e até o final do ano, essa corte marcial continuou a prender e fuzilar as vítimas.

Foram *essas* vítimas incluídas nas estatísticas de Latzis? Ou, se não, por que não, visto que durante os primeiros dias do levante a Che-Ka local ainda estava operando no Turquestão e que seu sucessor, a corte marcial, era apenas uma repetição da Che-Ka em seu próprio *pessoal*?

A verdade é que a pergunta feita pela organização anarquista *Troud i Volya* [Trabalho e liberdade] em 20 de maio nunca foi respondida, nem pelo *Pravda* nem por qualquer outra publicação oficial. Pois a pergunta foi baseada em informações publicadas pelos Social-Revolucionários de Esquerda na edição de número 4 de seu jornal proibido[60], e dizia: "É verdade que, durante o período de guerra, o senhor não teve nenhum trabalho de investigação? É verdade que diariamente, durante os últimos meses, a Che-Ka de Toda a Rússia tem executado lotes de 12 a 26 vítimas?" Esse questionamento nunca será respondido, pois a sua própria redação consagra a

---

60. *Volya Rossii,* ou "Will of Russia". A edição mencionada é a de 7 de dezembro de 1921.

verdade. E é evidente que isso chegou a atingir os bolcheviques como uma verdade desconcertante, pois, pouco tempo depois, um decreto oficial transferiu o direito de proferir sentenças de morte exclusivamente para os tribunais revolucionários permanentes. No entanto, até as vésperas da promulgação do decreto, vemos a Che-Ka de Toda a Rússia e a de Petrogrado publicando listas de executados – sim, embora estivessem prestes a deixar de ser competentes para executar, exceto em casos de rebelião manifesta, e nenhum caso desse tipo tivesse ocorrido em Moscou ou Petrogrado!

Não tenho conhecimento dos dados que permitiram à organização social revolucionária *Narodnaya Volya* estimar que o número de pessoas executadas pelas Che-Kas durante os três primeiros meses do ano de 1919 foi de 13.850. Mas será que essa estimativa parece improvável? Sua discrepância com o número de Latzis (3.456) torna impossível acreditar nela? De minha parte, acredito que o primeiro número, ou o maior, seja o mais provável dos dois.

Embora uma estimativa de 138 mil fuzilados até 20 de março de 1919 tenha levado o *Pravda* a dizer: "Se esse número estivesse de fato correto, seria um número realmente terrível!". De fato, foi menor que a verdade.

O ANO DE 1920

Durante esse ano, Latzis nunca publicou nenhuma estatística, e eu mesmo, durante o mesmo ano, não pude continuar minha biblioteca de índices de cartões, pois havia sido jogado em uma prisão bolchevique e a espada de Dâmocles da "justiça" bolchevique estava pendurada sobre minha cabeça.

Em 20 de fevereiro, ocorreu outra "abolição" oficial da pena capital, e [Grigori] Zinoviev (1883-1936) informou descaradamente em uma reunião em Halle que "agora que a vitória sobre Denikin foi conquistada, nenhuma outra sentença de morte será pronunciada na Rússia!"

Martov apontou que essa declaração ignorou o fato de que essas "abolições" sempre provaram ser temporárias. E isso aconteceu: em pouco tempo, a pena de morte voltou a ser tão "terrivelmente" (palavra do *Pravda*) desenfreada, que hesito em acreditar que sequer tenha havido uma interrupção das execuções – ainda mais porque conheço muito bem o procedimento usual da Che-Ka em tais ocasiões. Veja a maneira como eles aplicam as "anistias". Vou explicar o *modus operandi* deles.

Entre as terríveis inscrições que os prisioneiros condenados deixaram nas paredes do prédio da Seção Especial da Che-Ka de Toda a Rússia, em Moscou, podem ser vistas as linhas: "Esta noite, que é a véspera de outra abolição [da pena capital], está sendo transformada em uma noite de sangue". E, da mesma forma, a véspera de uma "anistia" sempre significava um novo holocausto de execuções, para que as Che-Kas pudessem se livrar previamente do maior número de vítimas possível. Sim, nas mesmas horas da noite em que as prensas preparavam os tipos para a proclamação do dia seguinte, as prisões se transformavam em cenas de massacre!

Nenhum ex-presidiário poderia deixar de testemunhar os horrores dessas noites de "pré-anistia". Eu mesmo nunca esquecerei a noite de outubro de 1920, quando uma nova "anistia" em homenagem ao terceiro aniversário da Revolução estava pendente e eu estava deitado na prisão de Butyrka. Durante aquela noite, tantas vítimas foram baleadas, que foi difícil transportá-las para o cemitério de Kalomikov. Em todos os casos, elas foram baleadas com um tiro na nuca. E enquanto tudo isso acontecia em Moscou, coisas semelhantes aconteciam nas províncias. *The Che-Ka* relata que, em Ekaterinodar, a Che-Ka local imitou a de Moscou, fazendo com que sua filial especial "atirasse como de costume", mesmo depois de ter sido declarada a "anistia" em comemoração ao terceiro aniversário. A imprensa bolchevique também considerou a proclamação apenas como uma desculpa para a publicação de artigos descaradamente mentirosos e elogiosos sobre a "misericórdia" e a "generosidade" de um poder que podia conceder tantas anistias e fazê-las abranger todos os seus inimigos[61].

Da mesma forma, em 1921, quando um congresso da Internacional Comunista estava prestes a ser realizado, setenta pessoas foram executadas. Na verdade, dizia-se que elas estavam sendo executadas por ofensas criminais comuns, como suborno, abuso de cartões de racionamento e roubo de lojas. Porém, os prisioneiros políticos confinados com os executados afirmaram que o verdadeiro objetivo das execuções era fazer um sacrifício de sangue para o congresso que se aproximava. Normalmente, nesses momentos, os criminosos do tipo comum podiam se alegrar, pois o fato de os prisioneiros políticos da lista para execução começarem a ser removidos às pressas contava sua própria história – outra "anistia" estava próxima, e os políticos precisavam ser abatidos antes que a "anistia" vencesse e implicasse sua libertação com os "ordinários"[62].

"Esta noite, que é a véspera de outra abolição da pena capital, está sendo transformada em uma noite de sangue". Existem amplas provas de que era comum que os dias que antecediam qualquer "abolição" ou "mitigação" da pena capital fossem convertidos em dias de intenso derramamento de sangue, até que o costume praticamente se tornasse uma lei. Muitos desses massacres não podem ser explicados por nenhum outro método.

Em 15 de janeiro de 1920, o *Izvestia* publicou um aviso assinado por Dzherzhinsky, chefe da Che-Ka de Toda a Rússia. Dirigido às provinciais, ele dizia:

> Devido à recente aniquilação das forças de Judemich, Kolchak e Denikin, e à queda de Rostov, Novocherkassk e Krasnoyarsk, e à derrubada do Supremo Autocrata[63], novas condições surgiram na luta contra os contrarrevolucionários, e a destruição cumulativa das forças organizadas desses

---
61. Veja *The Che-Ka*, p. 227.
62. Veja *The Che-Ka*, p. 102.
63. Presumivelmente, o czar.

contrarrevolucionários causou um golpe radical nas esperanças e nos cálculos de nossos inimigos, que se baseavam na possibilidade de frustrar nosso governo dos camponeses e dos trabalhadores por meio de conspirações, rebeliões e surtos terroristas. No entanto, há contrarrevolucionários na Rússia que ainda alimentam esperanças desse tipo, e o Estado deve ser defendido de tais pessoas, e dos esforços contrarrevolucionários que a Entente também está lançando contra o Governo dos Camponeses e Trabalhadores, e da espionagem e das atividades perturbadoras e subversivas que, em companhia dos agentes da Entente, ex-generais tsaristas a serviço da mesma estão realizando em apoio aos nossos inimigos. Ao mesmo tempo, embora a contrarrevolução, dentro e fora do país, esteja praticamente esmagada, e tenha tido suas extensas organizações para efetuar contra-ataques ostensivos e ataques de guerrilha exterminados, enquanto o poder soviético aumentou proporcionalmente, e finalmente nos encontramos em condições de dispensar a medida punitiva suprema, e embora também seja satisfatório para nós poder relatar que a tomada de Rostov e a captura de Kolchak permitiram que o proletariado e seu governo condicionalmente deixassem de lado a arma do terrorismo, o proletariado e seu governo desejam que seja lembrado que, caso a Entente tente novamente empregar a intervenção armada com ou sem a ajuda de ex-generais tsaristas amotinados e, assim, perturbar a posição estabelecida de nosso poder soviético e o trabalho pacífico de nossos camponeses e trabalhadores para a construção de um novo Estado socialista, será necessário restaurar os métodos terroristas e atribuir a responsabilidade pelo fato de o poder soviético ser forçado a retomar esses métodos aos governos e às classes dirigentes da Entente e aos capitalistas russos que simpatizam com eles. Enquanto isso, que nossas comissões extraordinárias voltem sua atenção para a tarefa de combater os inimigos representados pela desorganização econômica, pela especulação e pela negligência no cumprimento dos deveres oficiais, de modo que, quando esses inimigos tiverem sido superados, as comissões extraordinárias mencionadas antes possam dedicar todos os seus esforços à reconstrução de nossa vida industrial e à superação dos obstáculos nascidos da sabotagem, da falta de disciplina e da má vontade. Em suma, nós, a Comissão Extraordinária de Toda a Rússia, decretamos agora (1) que, a partir da data de publicação deste decreto, todas as aplicações da medida punitiva suprema sejam interrompidas, seja de acordo com a sentença proferida por nós mesmos, pela Comissão Extraordinária de Toda a Rússia ou de acordo com a sentença proferida por uma das Nossas seções locais, e (2) que o Camarada Dzherzhinsky seja autorizado a apresentar, tanto ao Conselho dos Comissários do Povo quanto ao Comitê Executivo de Toda a Rússia, propostas pertinentes à devida abolição da pena capital, seja por sentença proferida por uma comissão extraordinária, seja por sentença proferida por um tribunal urbano ou distrital, seja por sentença proferida por nós mesmos, o Supremo Tribunal do Comitê Executivo Central de Toda a Rússia.

Que este decreto seja imediatamente distribuído por telégrafo.

No entanto, aqueles de nós que ainda eram prisioneiros em Moscou não se permitiam celebrar, pois nos lembrávamos de um decreto de um ano atrás, que anunciava, de maneira exatamente semelhante, o fim do Terrorismo Vermelho. O texto a seguir foi extraído de um artigo de Norov, no *Vecherniya Izvestia* [Notícias noturnas] de Moscou[64], escrito em relação ao fato de que as dezessete Che-Kas da localidade do escritor tinham acabado de ser privadas de seus direitos de pronunciar sentenças de morte de forma independente:

---

64. Em 15 de fevereiro de 1919.

Finalmente, o proletariado russo conquistou a vitória e não há mais necessidade de terrorismo, da arma afiada, mas perigosa, que sempre tende a prejudicar seu portador, alienando e intimidando elementos que, de outra forma, estariam inclinados a se juntar ao trabalho de uma revolução. Que o proletariado renuncie ao uso dessa arma e, em vez disso, tome para si a legalidade e o direito.

Já mencionei que, em janeiro de 1919, o Conselho de Kiev pronunciou solenemente que "a pena capital está abolida dentro dos limites de nossa jurisdição". E, embora o observador da época pudesse ter sido levado por isso a supor que a Che-Ka em questão havia se inspirado na "abolição da pena capital" da Central, sabemos que o caso era outro. A Che-Ka Central não favorecia a medida, mas, ao contrário, autorizava Dzherzhinsky a assumir a iniciativa somente quando a "abolição" tivesse sido irrevogavelmente decidida. Assim, em janeiro, teve a pressa antecipada de sempre para destruir suas vítimas e atirar (de acordo com informações que recebi) em mais de trezantas pessoas somente em Moscou. A senhora Ismailovich, uma conhecida social-revolucionária prisioneira na época, declarou:

> Na noite anterior à promulgação do decreto de abolição da pena capital, a Che-Ka tirou dessa prisão (para não falar de outras) 120 almas. E, embora anteriormente, quando os condenados souberam que o decreto seria promulgado, eles tenham se reunido na ala e, com a força da medida iminente, implorado por um adiamento, tanto os que ofereceram resistência quanto os que estavam fracos demais para fazê-lo foram massacrados como gado. Um dia, porém, seus obituários serão escritos no pergaminho da história[65].

---

65. *The Kremlin Through Prison Bars*, p. 112.

E no *The Che-Ka*, outro ex-detento de uma prisão moscovita escreveu:

> Embora o Conselho Soviético tenha aprovado o decreto e o publicado em 1º de janeiro (O.S.), as 160 pessoas que ainda permaneciam no prédio da Che-Ka e nos porões, calabouços e campos de concentração locais foram todas retiradas e fuziladas. Eram exclusivamente pessoas que a Che-Ka temia que pudessem se tornar problemáticas se deixadas sozinhas. Entre elas, havia algumas que já haviam cumprido metade do tempo de confinamento em um ou outro campo de concentração – como um homem chamado Khvalyusky que, envolvido no caso Lockhart (o caso que se tornou tão notório devido à severidade das sentenças), havia sido condenado a cinco anos de prisão. Durante os dias 13 e 14 (N.S.), pessoas foram baleadas. E, durante a manhã do dia 13, a Che-Ka encaminhou para o hospital da prisão um homem tão gravemente ferido na mandíbula e na língua que somente por meio de sinais ele pôde nos explicar que havia sido devidamente "executado", mas não morto, e depois encaminhado para a ala cirúrgica. Enquanto fazia os sinais, seu rosto estava radiante e seu olhar, radiante. Claramente, ele estava achando difícil dar crédito à sua boa sorte. Embora até hoje eu não saiba seu nome, nem qual foi o caso em que ele se envolveu, sei que na noite seguinte ele foi levado embora (com bandagens ainda sobre ele) e baleado uma segunda vez.

Da mesma forma, em Petrogrado, a véspera da "abolição da pena capital" foi celebrada com fuzilamentos – quatrocentos –, em uma matança que durou a noite toda. E, em Saratov, de acordo com uma carta particular, 52 pessoas foram fuziladas. E a mesma coisa, de fato, acontecia em todos os outros lugares.

Portanto, a eliminação da pena de morte significava apenas que as Che-Kas continuavam, sem alterações, com seus procedimentos desonestos. Havia uma diferença, e ela residia em uma certa astúcia de reserva mental. Vou explicar. Em 5 de fevereiro daquele ano, o *Izvestia* noticiou que a Che-Ka de Kiev havia recebido um telegrama do chefe da Che-Ka de Toda a Rússia, e que este explicava que o decreto relativo à pena capital nunca *fora destinado a se aplicar a lugares na frente de batalha*, e que os tribunais revolucionários nos "lugares na frente" ainda poderiam proferir sentenças de morte. "Essa frente", acrescentou a explicação do telegrama, "inclui Kiev e sua província". E essa peça de astúcia sem precedentes e sem pudor, a Seção Especial da Che-Ka Central, foi concluída com uma circular que:

> Em vista da abolição da pena de morte, sugere-se que as pessoas cujos crimes as tornariam passíveis de medida punitiva suprema sejam despachadas para a zona de operações militares, onde o decreto relativo à pena capital não tem força!

Eu mesmo me lembro de um "juiz de instrução" dizendo a um dos meus Camaradas (um homem que havia sido preso por "contrarrevolução" em fevereiro de 1920) que, "embora não possamos atirar no senhor aqui, podemos mandá-lo para a frente de batalha com esse propósito". E essa "frente" (não é preciso acrescentar) não se limitava, de forma alguma, às regiões onde a guerra civil estava de fato em andamento[66]. Com o tempo, porém, esse subterfúgio – "a frente" – passou a ser considerado desnecessário. Possivelmente, algumas das Che-Kas nunca recorreram a ele, já que o trabalho podia ser feito em segredo o tempo todo. Ou, se recorriam, faziam-no apenas em casos excepcionais. Às vezes, até mesmo o *Izvestia* se esquecia da "abolição", e teve a inadvertência

---

66. Em 30 de agosto de 1919, o autor francês Cachin escreveu para o *L'Humanité* que, embora o Terror, como tal, tivesse terminado no ano anterior, os prisioneiros ainda estavam sendo enviados para a frente de batalha para serem executados. E, mais tarde, o socialista tcheco Posenczka fez um relato semelhante. Veja o *Posledniya Novosty* ("The Latest News" – um jornal russo publicado no exterior), de 30 de junho de 1920.

de publicar uma lista de 521 pessoas fuziladas entre a "abolição" e o mês de maio seguinte – 176 delas levadas à morte por um ou outro tribunal provincial, e o restante pela própria Che-Ka moscovita! No entanto, em 24 de maio, a pena capital foi oficialmente restabelecida, sob o argumento de que havia se tornado necessário em razão dos eventos da Guerra Russo-Polonesa. Desde então, esse restabelecimento nunca mais foi revogado.

Peculiarmente interessante é uma Ordem emitida por Trotsky em 16 de junho, e ainda mais se for comparada com o apelo de 1917. A Ordem dizia:

> (1) Os canalhas que defendem a retirada devem ser considerados inadimplentes por ter se recusarem a cumprir uma ordem militar, e devem ser fuzilados. (2) Os soldados que abandonam voluntariamente a frente de batalha devem ser fuzilados. (3) Os soldados que jogam fora os rifles ou vendem seus equipamentos devem ser fuzilados.

Isso depois de o Congresso dos Conselhos de toda a Rússia ter dito: "A pena capital que Kerensky estabeleceu na frente de batalha está abolida!"[67]

Portanto, tanto no *front* quanto em qualquer outro lugar, o restabelecimento da pena capital trouxe uma nova onda de execuções. Para começar, em setembro de 1919, um motim da guarnição de Smolensk foi impiedosamente reprimido com o fuzilamento não apenas de 1.200 soldados, mas também de muitos civis que participaram do *émeute*[68]. E, embora a Che-Ka Central tenha ordenado que os jornais metropolitanos parassem de noticiar fuzilamentos quando fossem ordenados por ela, esses jornais ainda publicavam informações sobre execuções quando

---

67. As execuções no *front* estavam ocorrendo ininterruptamente. Ao escrever sobre os acontecimentos em Sviashsk em agosto de 1918, a senhora Reissner disse: "Os Guardas Vermelhos foram fuzilados ali como cães, com 27 líderes comunistas que tentaram desertar quando os Brancos se aproximaram da cidade – fuzilados 'como um aviso para os outros'".
68. Veja o *Posledniya Novosty* de 20 de outubro de 1919.

eram ordenadas pelos tribunais militares revolucionários das províncias⁶⁹. Nesse contexto, os números oficiais fornecidos eram realmente terríveis – de acordo com eles, 600 pessoas haviam sido fuziladas entre 22 de maio e 22 de junho, 898 no mês seguinte, 1.183 no próximo e 1.206 no seguinte. Mas, invariavelmente, informações desse tipo eram retidas até pelo menos um mês após o evento – o destino das 1206 vítimas baleadas em setembro, por exemplo, foi relatado pelo *Izvestia* somente em 17 de outubro, com nomes e "crimes" anexados. Os "crimes" em questão são ainda mais curiosos quando nos lembramos de como o Terrorismo Vermelho geralmente é justificado – o retorno diz que 3 pessoas foram fuziladas por espionagem, 185 por traição, 14 por recusa em cumprir ordens militares, 65 por motim, 59 por atividade contrarrevolucionária, 467 por deserção, 160 por saque e banditismo, 23 por ocultação de armas, 20 por embriaguez e insubordinação, e 181 por descumprimento de deveres sociais. Não é de se admirar que só com dificuldade consigamos encontrar um método na aplicação da "justiça" bolchevique! Em seguida, em 12 de novembro de 1920, o *Izvestia* relatou como fuziladas, entre fevereiro e setembro, 283 pessoas condenadas meramente por ordem dos tribunais revolucionários ligados ao Vokhra, o "Exército de Serviço Interno", (o verdadeiro instrumento de operação da Che-Ka). E como eu mesmo possuo uma cópia de tal sentença, posso ver que ela foi publicada no *Izvestia* moscovita de 18 de novembro e se refere a Trounov, um engenheiro, a um certo S. S. Mikhno, ex-chefe de um pequeno departamento administrativo, e a N. S. Mikhno, ex-chefe do ramo de abastecimento de artilharia do T.A.O.N.A. – todos sentenciados à morte por "abuso de funções oficiais" pelo tribunal militar-revolucionário da Vokhra. E,

---

69. No entanto, os fuzilamentos ordenados pela Che-Ka central foram relatados, e o número 206 do *Izvestia* publicou uma lista de dezesseis pessoas fuziladas por terem usado indevidamente seus cartões de racionamento. Entre as vítimas, estavam o doutor Moudrov e a princesa Shirinskaya-Shakhmatova.

acrescenta o documento: "Essa sentença é definitiva e não cabe recurso a um tribunal superior".

Em suma, no labirinto das estatísticas de sangue, era fácil se perder, pois o sangue fluía onde quer que a Rússia Soviética encontrasse o menor controle na vida. Assim, durante o verão de 1920, vinte médicos de Moscou foram processados sob a acusação de conivência com isenções do serviço militar e foram fuzilados; mais tarde, outros quinhentos médicos das províncias foram processados e fuzilados da mesma maneira, e à publicação oficial de seus nomes na imprensa foi anexada uma insinuação de que, provavelmente, seus pacientes teriam destino semelhante. "Até o último momento", diz um prisioneiro que viveu com esses médicos por um tempo na prisão de Butyrka, "eles não acreditavam, não podiam acreditar que seriam condenados à morte". Além disso, fontes não oficiais informaram que o número deles era ainda maior do que o registrado no relatório oficial. E quando, durante o outono de 1920, houve distúrbios entre a guarnição de Moscou e os habitantes ouviram apenas vagos rumores de que soldados estavam sendo fuzilados no edifício da Che-Ka, o jornal russo *Volya Rossii*, um órgão social-revolucionário publicado no exterior, veiculou sob a data de 21 de novembro uma lista definitiva dos fuzilados, entre 200 e 300, enquanto o *Posledniya Novosty*[70] relatou 900 para outubro e 118 para dezembro. Mais uma vez, um correspondente do *Volya Rossii* estimou que o número de pessoas fuziladas em Petrogrado durante aquele outono chegou a 5 mil – em grande parte porque, na época, os vários levantes e conspirações relacionados ao avanço do general Judenich estavam sendo "liquidados". Lemos, no *Posledniya Novosty*[71] do verão, a história de um emigrante sobre a prisão, a inspeção médica e o fuzilamento de várias pessoas portadoras de sífilis – "com o

---

70. *Posledniya Novosty* de 18 de fevereiro de 1921.
71. *Posledniya Novosty* de 24 de junho de 1920.

objetivo de combater a prostituição"! Eu também ouvi falar de tal ocorrência, embora não tenha podido verificá-la, nem mesmo alguns rumores persistentes sobre o fuzilamento de moscovitas que sofriam de mormo[72]. No entanto, há dúvida de que coisas tão monstruosas, tão incríveis, realmente se tornaram fatos, e não foram fruto da imaginação, sob esse regime sem precedentes.

O NORTE

Há muitas fontes disponíveis que esclarecem a condução da guerra civil no Norte da Rússia. Até mesmo em Moscou costumávamos ouvir histórias terríveis sobre as expedições punitivas que a Seção Especial da Che-Ka de Toda a Rússia enviava periodicamente para Vologda e outras localidades do Norte sob o comando de um homem chamado Kedrov. Essas expedições eram uma espécie de circuito de julgamento, um novo tribunal inventado pelo própria Che-Ka[73]. Acredito que, desde então, Kedrov foi declarado lunático e confinado como tal; mas, na época a que me refiro, ele se tornara famoso por sua crueldade, e temos apenas uma ideia muito vaga de suas expedições punitivas a partir dos relatórios fragmentados publicados na imprensa local. É verdade que, ocasionalmente, essa imprensa afirmava que algumas centenas de pessoas haviam sido aprisionadas e dezenas de outras fuziladas após uma inspeção "administrativa operacional" (ou "revolucionária-militar"). Mas, com mais frequência, dava notícias mais vagas – um exemplo é que quase não fez menção a uma expedição quando Kedrov "reexaminou" mil

---

72. Certamente a imprensa britânica, naquela época, relatou fuzilamentos de portadores da doença – de crianças portadoras. Veja o *Posledniya Novosty*, n. 656.
73. No livro *Das Wirtschaftliche Ergebniss des Bolschewismus* [O resultado administrativo do bolchevismo], de A. P. Akselrod, encontramos um relato de um trem punitivo que era tripulado principalmente por letões e marinheiros para patrulhar a linha Vologda-Cherepovetz e parar em uma ou outra estação para os fins terroristas habituais.

oficiais e enviou ao centro da Rússia uma verdadeira multidão de reféns[74].

A conduta de Kedrov ao liderar uma expedição ao extremo Norte nunca deixou de ser consistente, de modo que, comparado a ele, o Eydouk que atirou nos oficiais com suas próprias mãos era um homem puramente humano. Periodicamente, o *Izvestia* de Archangel publicava listas daqueles aos quais a Comissão Kedrov havia aplicado "a suprema medida punitiva", e uma delas está diante de mim agora: 36 nomes, de 2 de novembro, que inclui camponeses, funcionários de cooperativas e um cidadão que, ex-membro da Duma, era um conhecido habitante de Vyborg. Em outra lista, 34 nomes de pessoas fuziladas por contrarrevolução ativa durante o regime de Tchaikovsky-Miller. Em uma terceira, 22 nomes, incluindo o prefeito de Archangel, o editor do *Severnoyé Slovo* [A palavra do Norte], o carteiro local, um gerente de teatro, um vendedor de loja e vários outros.

Em outro lugar, um correspondente do *Posledniya Novosty* testemunhou "fuzilamentos de meninos e meninas de doze, dezesseis anos, e assim por diante"[75], de modo que Archangel passou a ser conhecida como "A Cidade dos Mortos". E temos o depoimento de um correspondente do *Golos Rossi*[76], capaz de fornecer provas em primeira mão por ter residido na cidade durante todo o mês de abril de 1920:

> Antes que as tropas britânicas estivessem há muito tempo partidas, foi realizada uma procissão simulada de caixões vermelhos vazios, e então as represálias começaram. [...] Durante todo aquele verão, a cidade gemeu sob o flagelo do terror, e embora eu não tenha números exatos para verificar o total de pessoas massacradas, ao menos sei que 800 ex-oficiais foram executados – oficiais que a

---

74. Veja o *Izvestia*, de Voronezh, de 12 de agosto de 1919.
75. O *Posledniya Novosty* de 8 de novembro de 1920.
76. *Golos Rossi*, de 25 de março de 1922.

administração de Miller havia autorizado a seguir para Londres pela da ferrovia de Mourmansk, enquanto os membros da administração cruzaram para Mourmansk a bordo de quebra-gelos. Todos eles foram capturados pelos bolcheviques no caminho e fuzilados.

Mas foi no distrito de Kholmogory que ocorreu o maior número de execuções. Disse um correspondente do *Revolutsionnaya Rossia*:

> Em setembro passado, quando foi realizado o "dia da vingança vermelha", mais de 2 mil pessoas foram baleadas. Em sua maioria, camponeses e outros cossacos do Sul. Agora não é comum que intelectuais sejam executados; provavelmente porque restam muito poucos deles para serem executados.

Mas o que quer dizer a frase "camponeses e outros cossacos do Sul"? O significado dela é que uma multidão de pessoas do Sul foram trazidas para o Norte da Rússia para serem detidas nos campos de concentração, já que esse era o recurso favorito das Che-Kas do Sul para suas vítimas – eles as enviavam para os campos do Norte, especialmente Archangel, para a morte certa. E quando consideramos essas moradas de terror (de onde os infelizes condenados raramente ou nunca saíam vivos – saíam de lá somente depois de terem sido executados), veremos que ser enviado para esses lugares praticamente sobrepassa a pena capital[77].

E métodos semelhantes eram a regra nas regiões de Don e Kuban, no Turquestão e na Crimeia, onde o procedimento era emitir ordens para um "registro" ou um "recadastramento" de ex-oficiais Brancos e homens, e assim que chegavam ao local indicado (eles nunca pareciam pensar que algo desagradável poderia estar pendente) eles eram apreendidos, colocados em caminhões ferroviários e, apenas com a roupa do corpo, despachados para Archangel, onde o fato de estarem vestindo roupas adequadas

---

77. Veja a seção "Sketches of Prison Life" [Esboços da vida na prisão], em *The Che-Ka*, p. 118 e 120.

para o clima de Kuban e da Crimeia, mas não para as condições atmosféricas do Norte remoto, se juntaria à circunstância de que a falta de instalações de lavagem inevitavelmente transformava seus corpos em massas de vermes para trazer, com certeza e rapidez, o fim desejado – e ainda mais porque a chance de obter roupas mais quentes de seus parentes em casa era tão insignificante quanto a de conseguir que soubessem onde os sofredores estavam.

O mesmo procedimento foi adotado em Petrogrado em relação à parte dos oficiais e homens da Frota do Báltico que não haviam emigrado, se escondido ou se juntado às forças de Judenich, Kolchak ou Denikin. Presumivelmente, esses homens serviram lealmente ao Poder Soviético, pois poucas prisões ocorreram entre eles durante os quatro anos da administração bolchevique. Assim, quando em 22 de agosto de 1921 foi ordenado um "recadastramento", os homens não pensaram nisso ao desembarcar para passar por um processo ao qual estavam tão acostumados. Mas, ao chegarem em terra, foram conduzidos, um a um, para uma sala, onde deveriam esperar. Eles esperaram por dois dias. Depois, sob forte escolta, foram levados para a estação ferroviária, colocados em furgões de bagagem e encaminhados (sem nenhuma explicação) para prisões em Orel, Vologda, Yaroslavl e outros lugares. Ninguém jamais descobriu o paradeiro desses homens. Tudo o que as listas oficiais diziam a respeito deles era que haviam sido "enviados para o Norte", embora, a partir de conversas particulares com funcionários da Che-Ka, tenha-se percebido que a chance de permanecerem vivos por muito tempo era pequena.

Podemos ter um vislumbre das façanhas de Kedrov no Norte do país quando lemos no *Volya Rossii*[78]:

> "Certa vez, em Archangel, ele reuniu 1.200 oficiais, levou-os para Kholmogory, carregou-os em barcaças e os bombardeou com tiros de metralhadora. Metade deles foi morta".

---

78. *Volya Rossii*, n. 14, de 1920.

Talvez um procedimento tão vil e sem sentido pareça inacreditável. No entanto, é apenas um exemplo típico do destino que se abateu sobre a grande maioria dos que foram enviados ao campo de Kholmogory. Instalado pela primeira vez em maio de 1921, em um local a cerca de dez verstas[79] de Kholmogory, esse assentamento nunca deixou de testemunhar fuzilamentos em lotes de dez a cem pessoas. De fato, quando as coisas chegaram ao ponto de exigir o envio de um investigador oficial para o Norte, os habitantes locais lhe disseram que o número de pessoas que haviam sido eliminadas até então não seria inferior a 8 mil. Não é de surpreender que, a longo prazo, até mesmo uma crueldade como essa tenha se mostrado bondosa – de qualquer forma, o campo de Kholmogory, o "campo da morte", cuidava para que os prisioneiros perecessem, lenta e seguramente, devido a maus-tratos e negligência.

E embora possa ser difícil para o senso moral perceber que o afogamento de pessoas em barcaças poderia ter existido como uma instituição oficial russa, visto que tal sistema no século XX lembra os piores feitos da Revolução Francesa do século XVIII, as barcaças em questão não são ficção. Posso acrescentar aos dois casos recentes já citados um terceiro, ainda mais recente, para mostrar que a prática, uma vez iniciada, continuou inalterada. O caso pode ser encontrado no prefácio de Vladimir Voitinsky à sua obra *The Twelve Condemned* [Os doze condenados], que trata do grande julgamento dos social-revolucionários em Moscou, onde lemos:

> Em 1921, os bolcheviques pegaram seiscentas pessoas de diferentes prisões de Petrogrado, enviaram-nas para Kronstadt, carregaram-nas em uma barcaça e afundaram a embarcação em um local particularmente profundo. Todos, com exceção de um, morreram afogados. E ele só escapou porque foi capaz de nadar até a costa finlandesa[80].

---

79. Cerca de 10,67 km. (N. T.)
80. *The Twelve Condemned*, p. 25.

APÓS A SAÍDA DE DENIKIN

No entanto, todos esses horrores empalidecem, pelo menos numericamente, diante dos acontecimentos no Sul após o fim da guerra civil e o colapso do governo de Denikin. Pois é nessa época que vemos surgir um novo governo, assumindo suas funções em meio a um mar de sangue, e provocando vingança privada e oficial por meio do terrorismo, substituindo a guerra civil por uma política de aniquilação completa do inimigo sobrevivente e de intimidação preventiva da população civil. Assim, em 1920, os bolcheviques fizeram a sua terceira entrada em Odessa, as execuções diárias de mais de cem pessoas se tornaram a regra, e os caminhões tiveram que levar os mortos em pilhas[81].

Como escrito em uma carta particular endereçada ao editor do *Posledniya Novosty*,

> A vida aqui é como viver em um vulcão. Diariamente, ocorrem prisões em massa de contrarrevolucionários em todos os bairros da cidade, além de prisões individuais e buscas domiciliares. Basta que alguém informe às autoridades que tal e tal família tem um parente servindo no exército voluntário para que a pilhagem da casa dessa família seja realizada imediatamente e a própria família seja feita prisioneira. Ao contrário do ano passado, no entanto, os bolcheviques agora executam suas vítimas muito rapidamente e não publicam nenhuma lista de massacres[82].

Mais uma vez, encontramos um correspondente de Constantinopla do *Obstchoyé Dielo*[83], um homem que sabia bem o que estava acontecendo em Odessa, enviando ao seu jornal uma série de relatos comoventes sobre a vida naquela cidade e dizendo que as informações oficiais mostravam que o número de pessoas que

---

81. Veja o *Revolutsionnaya Rossia*, n. 6.
82. Veja o *Posledniya Novosty*, n. 33.
83. Veja o n. 233 e os seguintes desse jornal [*Obstchoyé Dielo*].

haviam sido fuziladas até o momento chegava a 7 mil, já que pelo menos trinta ou quarenta eram executadas todas as noites e, às vezes, duzentas e até trezentas.

As metralhadoras fizeram o trabalho: as vítimas eram numerosas demais para serem executadas individualmente. Também não foi feita nenhuma publicação dos nomes dos fuzilados; os prisioneiros eram simplesmente retirados da prisão, um grupo de cada vez, e exterminados.

Um exagero? É possível. Mas, pelo menos, um exagero que se assemelha a fatos conhecidos, visto que há registros do massacre dos ex-oficiais capturados na fronteira da Romênia quando tentavam escapar para as forças do general Bredov. A tentativa fracassou porque o governo da Romênia se recusou a conceder licença para os fugitivos atravessarem o rio Dnieper e, posteriormente, os 1.200 oficiais foram enviados para campos de concentração e executados lá. E com relação à execução deles em 5 de maio, concordo que dificilmente se pode acreditar na história de que, devido ao fato de o *Izvestia* ter publicado um anúncio da hecatombe, certas pessoas tocaram os sinos da igreja durante a noite, e, posteriormente, os eclesiásticos foram acusados e condenados a penas de cinco a dez anos.

Aproximadamente ao mesmo período pode ser atribuída a execução de vários galegos que haviam enganado os bolcheviques. A ex-guarnição de Tiraspol foi fuzilada até o último homem e, por ordens de Odessa, os demais foram condenados a serem punidos por sua "traição" com a deportação. Porém, assim que esses galegos, com suas esposas e filhos, se reuniram na estação de mercadorias, tiros de metralhadora foram disparados contra eles em massa, e os "traidores do proletariado" (para citar o *Izvestia*) foram mortos por uma multidão bolchevique enfurecida[84].

---

84. Consulte o livro de Ossipov, *At the Cross Roads, 1917-1920*, p. 67 e 68.

Tiroteios semelhantes ocorreram quando a Crimeia foi tomada. "Todas as pessoas da região com quem conversei", disse um correspondente, "foram unânimes em declarar que tinham visto uma lista de 119 pessoas baleadas em 24 de dezembro". E, é claro, o número real foi, com toda a razão, objeto de rumores de que teria chegado a trezentas. Nessa ocasião, os fuzilados foram pessoas acusadas de participação na chamada "organização contrarrevolucionária polonesa". Na verdade, essa organização foi planejada por *agentes-provocadores* a serviço da Che-Ka local, e esses *agentes* receberam o trabalho pela mesma razão que a "conspiração de Wrangel" fez com que 60 funcionários da Companhia de Navegação e Comércio e 31 outras pessoas fossem fuziladas por espionagem, ou seja, para que eles [os *agentes*] pudessem, pelo menos, dedicar sua energia a alguma coisa[85].

E o mesmo informante nos diz que "quando os bolcheviques estavam em Ekaterinodar, todas as prisões estavam superlotadas de detentos, a maioria dos quais destinada a ser fuzilada". Um cidadão local acrescentou que, entre agosto de 1920 e fevereiro de 1921, as prisões da cidade viram trezentas vítimas serem massacradas[86].

A maioria dos fuzilamentos daquele ano, no entanto, ocorreu em agosto, quando as forças de Wrangel chegaram à região de Kuban, e o chefe da Che-Ka ordenou que "todas as pessoas que estavam nas celas do prédio fossem fuziladas". Ele respondeu a um funcionário da Che-Ka chamado Kossolapov, que havia protestado contra a ordem com base no fato de muitos dos prisioneiros não terem sido sequer examinados e outros terem sido presos apenas por uma violação do regulamento que proíbe a saída de uma residência após as 8 horas da noite, com a instrução: "Então separe aqueles que saíram às 8 horas e mate os demais". Isso foi devidamente realizado, e um cidadão local chamado Rakitzansky,

---

85. Veja o *Posledniya Novosiy* de 11 de dezembro.
86. Veja a seção "The Kuban Che-Ka", em *The Che-Ka*, p. 227 e 228.

que foi um dos capturados, descreveu como isso foi feito. Seu relato diz:

> Fomos levados para fora das celas em grupos de dez, mas estávamos bastante calmos, pois, quando o primeiro grupo foi levado para outro lugar, fomos informados de que o motivo da remoção era apenas para serem interrogados. Mas quando o segundo grupo foi removido, percebemos que o objetivo da remoção era a execução e, com certeza, os que foram levados foram esquartejados como gado.

Com isso, o informante relata como ele próprio escapou da morte. Ele só o conseguiu porque, como os bolcheviques estavam se preparando para evacuar a cidade naquele momento, os documentos da Che-Ka estavam prontos e embalados e, portanto, as execuções estavam ocorrendo sem as formalidades preliminares habituais – apenas com a pergunta a cada prisioneiro, quando convocado para o massacre: "De que crime o senhor é acusado?"

E como Rakitzansky notou que qualquer prisioneiro que fosse acusado apenas de ter infringido a ordem de toque de recolher era separado dos demais, ele também disse, quando chegou sua vez, que havia sido preso por ter sido encontrado fora de casa depois do anoitecer – embora, na realidade, ele tivesse sido preso como ex-oficial. Assim, salvou sua vida.

> Essas execuções foram realizadas por toda a equipe da Che-Ka e nas dependências da prisão. O próprio Artabekov, o chefe, deu a ordem para disparar em cada ocasião, e os fuzilamentos continuaram por vinte e quatro horas, período durante o qual os moradores vizinhos devem ter ficado sentados, atordoados de terror. Duas mil pessoas foram fuziladas, mas seus nomes e seus crimes "ainda permanecem desconhecidos e, provavelmente, sempre desconhecidos". Nem mesmo os funcionários da Che-Ka puderam esclarecer a questão, pois esses homens passaram a encarar os fuzilamentos como um ofício, como uma saída

para suas tendências sádicas, como um recurso que não exige cerimônia nem qualquer procedimento estabelecido.

Novamente, em Ekaterinodar, em 30 de outubro, 84 pessoas foram fuziladas; em novembro, cem; em 22 de dezembro, 184; em 24 de janeiro, 210; e em 5 de fevereiro, 94. E não pode haver dúvidas pois, embora a Che-Ka local acreditasse ter destruído todos os seus documentos, temos a informação de uma testemunha ocular de que, posteriormente, "maços inteiros de papéis com a inscrição 'A ser fuzilado' foram descobertos em alguns armários subterrâneos".

Veja outra descrição da vida em Ekaterinodar nesse período:

> Entre os dias 17 e 20 de agosto, o teor de nossa existência foi perturbado pelas tropas de Wrangel, que desembarcaram perto de Primorsko-Aktarskaya Stanitza e começaram a atacar a cidade. Seguiu-se um pânico, e Artabekov, nosso "Representante Especial", ordenou que todas as pessoas que haviam sido presas pela Che-Ka local, ou por sua seção especial, fossem fuziladas imediatamente. Naquela época, a Che-Ka provincial e a seção especial tinham em suas instalações 1.600 pessoas, que foram levadas para o outro lado do Kuban em grupos de cem e massacradas com tiros de metralhadora. E um curso semelhante foi seguido na própria prisão, exceto pelo fato de que lá os detentos foram baleados contra uma parede. Por fim, foi feito um anúncio público do caso e as listas dos executados foram publicadas em colunas intituladas "Retribuição". No entanto, o número de nomes publicados foi bem menor do que a realidade. Além disso, quando os bolcheviques estavam iniciando sua fuga desordenada, eles disseram aos trabalhadores que, se eles (os trabalhadores) não os acompanhassem, eles (os bolcheviques) iriam, em seu retorno, pendurar cada trabalhador que tivesse ficado para trás em um poste telegráfico[87].

---

87. Veja o *Revolutsionnaya Rossia*, n. 4.

Aconteceram fatos semelhantes quando Wrangel ameaçou Ekaterinoslav, e a cidade foi evacuada[88]. De fato, em todos os lugares em que tais eventos ocorreram, e quando as forças bolcheviques estavam se retirando de Vinitza e Kamenetz-Podolsk, o Kharkov *Izvestia* (órgão da Che-Ka ucraniana) publicou listas de reféns fuzilados, num total de 217 entre camponeses, 13 professores, vários médicos e engenheiros, um rabino, vários proprietários de terras e ex-oficiais. O mesmo acontecia sempre que as forças bolcheviques *avançavam*. Por exemplo, assim que Kamenetz-Podolsk foi retomada, 80 ucranianos foram fuzilados e 164 foram apreendidos e enviados para as províncias centrais[89]. Além disso, um correspondente da *Revolutsionnaya Rossia*[90] nos dá a seguinte descrição das ações de Rostov-on-Don durante os primeiros meses do novo governo:

> Estão ocorrendo saques impiedosos e descarados, com os bolcheviques roubando as lojas e casas da burguesia e, ainda mais, as lojas das cooperativas. Eles continuam atirando nos oficiais, ou então cortando-os em pedaços com espadas – às vezes na rua, assim que são pegos, e às vezes nas casas. [...] Recentemente, incendiaram o hospital militar na esquina da Taganrog Prospekt com a Temeritskaya Street, embora, na época, o prédio estivesse lotado de oficiais doentes e feridos, e muitos deles estivessem fracos demais para se mover. Na verdade, quarenta foram queimados até a morte. [...] Ainda não se sabe o número exato de baleados e feridos. Tudo o que se sabe é que o número deve ter sido muito grande. E a cada aumento do poder do soviete local, seus métodos se tornam mais ousados. Primeiro, ele colocou toda a população cossaca sob vigilância. Depois, colocou em operação uma Che-Ka sob o comando de Peters e manteve os motores de

---

88. Reminiscências de Arbatov em *Archives of the Revolution*, vol. XII, p. 119.
89. Veja o *Posledniya Novosty* de dezembro de 1920.
90. Conforme relatado na edição de número 9 dessa revista [*Revolutsionnaya Rossia*].

dois caminhões em constante funcionamento, para que o som dos tiros não fosse ouvido fora do prédio. [...] Peters costuma assistir pessoalmente às execuções. Elas ocorrem em lotes, com talvez até noventa pessoas fuziladas em uma única noite. Além disso, os Guardas Vermelhos nos disseram que o filho pequeno de Peters, de oito ou nove anos, corria atrás dele e gritava: "Papai, papai, deixe-*me* fazer isso também!"

Associados às Che-Kas locais estavam os tribunais revolucionários e os sovietes locais. Nem sempre os capturados eram vistos como prisioneiros de guerra, mas chamados, com o propósito de serem fuzilados, de *agentes-provocadores* ou então de "bandidos". Foi assim que o "julgamento" do coronel Sukharevsky, em Rostov, foi planejado; o mesmo aconteceu com um cossaco chamado Sniegirev, em Ekaterinodar, e com o "julgamento" de um estudante chamado Stepnaov e outros, em Touapse".

Em Stavropol e em seus arredores, as mulheres foram fuziladas por não terem avisado que seus maridos haviam fugido. Crianças de quinze e dezesseis anos e pessoas de sessenta anos foram baleadas – sim, baleadas com metralhadoras – ou cortadas em pedaços com espadas. Fuzilamentos noturnos aconteciam em Piatigorsk, Essentouky e Kislovodsk, enquanto as listas dos mortos (que somavam cerca de 240 nomes cada) eram encabeçadas por "Sangue por sangue" e terminavam com as palavras "Continua". No que diz respeito a um pretexto para isso, ele foi encontrado no assassinato de Lenitzov, chefe da Che-Ka de Piatigorsk, e de um certo Lapin, comissário militar, ambos parados em um carro a motor por um bando de cavaleiros[91].

---

91. Veja o *Revolutsionnaya Rossia*, n. 7.

A CRIMEIA APÓS A PARTIDA DE WRANGEL

Durante meses, após a "liquidação" do *regime* de Denikin, continuaram a ocorrer façanhas como as mencionadas parágrafos antes. Em seguida, Wrangel veio e foi embora, com o número de vítimas aumentando para dezenas de milhares, e a Crimeia passou a ser conhecida como "O Cemitério de Toda a Rússia", e os refugiados de lá chegaram a Moscou com histórias terríveis sobre o que havia acontecido. De fato, nesse período, o jornal *Za Narod* [Para o povo] estimou que o total de pessoas fuziladas na Crimeia chegara a 50 mil, enquanto outros cálculos estimaram em 100 mil, 120 mil e 150 mil. Mas é impossível dizer qual desses números está mais próximo da verdade. Tudo o que realmente pode ser dito é que, mesmo que o total tenha sido muito menor do que qualquer um dos aqui citados, isso não diminui a crueldade nem a abominação do massacre de pessoas depois que Frunze, então comandante-em-chefe, lhes garantira uma "anistia" [92]. Outro funcionário ativo na Crimeia foi Béla Kun, notório jornalista húngaro, que não tinha vergonha de dizer publicamente:

> O Camarada Trotsky se recusou a visitar a Crimeia enquanto um único contrarrevolucionário permanecer vivo lá. Mas como a Crimeia é um gargalo de onde nenhum contrarrevolucionário pode escapar, não demorará muito para que a tenhamos elevado de seu nível revolucionário de três anos de atraso para o nível revolucionário geral da Rússia.

Assim, a Crimeia foi "elevada" a esse nível. E o método empregado foi perpetrar uma série de execuções em massa sem igual na história. As pessoas não eram apenas fuziladas aos montes; elas também eram esquartejadas – na maioria das vezes, diante dos próprios olhos de seus parentes. Dizia um telegrama insistente

---

92. Antes do Tribunal de Lausanne, o conhecido escritor Ivan S. Shmelov declarou que calculava que os mortos na Crimeia chegavam a 120 mil.

de Skliansky (substituto temporário de Trotsky no Conselho Revolucionário-Militar Central): "Que a luta continue até que não reste um único oficial branco vivo em solo da Crimeia".

Mais tarde, o Comitê Executivo de Toda a Rússia realizou um inquérito sobre os massacres de 1920 e 1921 e, ao interrogar os comandantes das cidades, descobriu que todos eles (de acordo com o *Roul*[93]) citavam em sua defesa um segundo telegrama enviado por Bela Kun ou pela "secretária" de Bela (uma mulher conhecida como "Zemliachka", ou "a mulher do campo", cujo nome verdadeiro era Samoilova e que teve os seus "serviços especiais prestados" recompensados, em março de 1921, com a "Ordem da Bandeira Vermelha"[94]) com o propósito de solicitar a todos os comandantes de tais cidades que convocassem para "registro" (e execução) todos os ex-oficiais e todos os ex-funcionários do antigo Ministério da Guerra (sob o governo de Wrangel) que pudessem residir em seus distritos. De qualquer forma, foi com base nesse "registro" que as execuções foram realizadas. Posteriormente, A.V. Ossokin declarou ao Tribunal de Lausanne que "as filas de espera para registro chegavam a milhares de pessoas, como se cada homem estivesse tentando vencer a corrida para a sepultura"[95].

E durante meses a matança continuou, e o barulho das metralhadoras era ouvido todas as noites. Somente na primeira noite, milhares de vítimas caíram[96] – 1.800 em Simferopol, 420 em Theodosia, 1.300 em Kertch e assim por diante. Ao lidar com um número tão grande, surgiram dificuldades, pois embora a maioria das vítimas estivesse estupefata de terror, algumas mantinham presença de espírito suficiente para tentar escapar, e tornou-se necessário atirar em grupos menores por vez, e dividir as cotas

---

93. *The Helm*, jornal russo publicado em Berlim. O texto em questão se refere à edição de 3 de agosto de 1921. Veja também o n. 392 da *Postedniya Novosty*.
94. Diz-se que essa mulher foi capturada e morta pelos Greens, os soldados rebeldes do Sul.
95. Veja o *Posledniya Novosty*, de 10 de agosto de 1921.
96. Veja o *Obstchoye Dielo*, de 10 de julho de 1920.

noturnas em dois turnos cada – Theodosia, por exemplo, fazendo com que as duas meias-cotas incluíssem 60 cada, ou um total de 120 por noite. Durante os tiroteios, os ocupantes das residências vizinhas eram proibidos de sair de casa sob pena de morte – tinham que se sentar e suportar o horror dos sons de tortura da melhor maneira possível. Um perigo especial os cercava, pois uma vítima meio baleada poderia vir rastejando até sua porta e gemer por socorro, levando assim os ocupantes da residência a correr o risco de perder suas próprias vidas caso, por misericórdia, acolhessem a vítima.

No início, os cadáveres eram jogados nos antigos poços genoveses; com o tempo, porém, até mesmo esses poços ficaram cheios. Os condenados, então, passaram a ser levados para o campo (ostensivamente, "para trabalhar nas minas"), e obrigados a cavar enormes sepulturas antes que a luz do dia se esvaísse, e então eram trancados em galpões por uma ou duas horas, despidos ao cair da noite, exceto pelas pequenas cruzes em volta do pescoço, e fuzilados. Então, caíam para a frente em camadas. À medida que caíam, sua própria camada de corpos trêmulos era rapidamente coberta pela seguinte, e assim por diante, até que as sepulturas ficassem cheias até a borda. Somente quando amanhecia é que as vítimas que pareciam ainda respirar eram golpeadas com pedras. Muitos foram enterrados vivos.

Em Kertch, os bolcheviques organizavam as "viagens a Kuban", quando as vítimas eram levadas ao mar e afogadas, e suas esposas e mães, aterrorizadas, eram açoitadas com *nagaiki*[97] ou fuziladas com seus filhos ou maridos. Por muito tempo, os corpos dessas mulheres, com bebês ainda agarrados ao peito, podiam ser vistos do lado de fora do cemitério judeu em Simferopol. Em Yalta e Sevastopol, pacientes em macas eram levados dos hospitais e fuzilados. Essas vítimas não eram exclusivamente ex-oficiais. Pelo contrário, incluíam

---

97. Chicotes de couro de cavalo.

soldados comuns, médicos, enfermeiras, professores, ferroviários, padres e camponeses.

E quando as cotas de vítimas das cidades se esgotaram, os bolcheviques começaram a recorrer às aldeias, onde, em geral, o massacre era realizado no local. Enquanto isso, começaram as prisões em massa de reféns nas cidades. Em Simferopol, 12 mil pessoas foram apreendidas só entre os dias 19 e 20 de dezembro. Em seguida, passada essa fase do delírio, os bolcheviques começaram a prender pessoas com base em certos "formulários de inquérito". O procedimento, nesse caso, foi o seguinte: todos os ex-funcionários e pessoas com mais de dezesseis anos de idade tinham de preencher várias dezenas de documentos que exigiam respostas a quarenta ou cinquenta perguntas, as quais examinavam cuidadosamente cada detalhe da vida do sujeito, desde o seu nascimento. Acima de tudo, era dada atenção à origem e à posição social do examinado e à posição em relação à propriedade do pai, do avô, do tio ou da tia – e também à simpatia ou antipatia do examinado pelo Terror Vermelho, pelos Aliados e pela Polônia, e à pergunta se o examinado havia ou não se aliado a Wrangel. Em caso afirmativo, por que não havia fugido para se juntar às forças do general? Depois de cerca de quinze dias, o "registrado" tinha de comparecer à Che-Ka local e ser interrogado ainda mais, sendo submetido a um bombardeio de questões inesperadas e totalmente irrelevantes. Somente se um examinado finalmente passasse nesse teste é que ele recebia um "formulário de consulta" certificado, juntamente com um lembrete de que, dali em diante, sua vida estaria sujeita à correção das informações contidas no formulário.

Dos que conseguiram passar por tudo isso, muitos foram enviados para os campos de concentração do Norte, onde geralmente encontravam seu último local de descanso. Mesmo se um prisioneiro escapasse, a punição para isso recaía sobre os seus companheiros que não haviam escapado – certa vez, quando um grupo de seis oficiais conseguiu escapar do campo de concentração na estação ferroviária de Vladislavlevo, 38 de seus companheiros foram executados imediatamente[98].

Por sua vez, a Che-Ka de Kertch adotou o plano de registrar a população em massa, simultaneamente. Para tanto, cercou a cidade com um cordão de patrulhas e ordenou que os habitantes locais guardassem três dias de provisões e não deixassem suas casas sob pena de morte. O inquérito subsequente conduzido resultou na divisão da população em três categorias, sendo que os oitocentos membros da primeira categoria foram notificados no Kertch *Izvestia* como "pessoas que participaram ativamente da última campanha [contra o General Wrangell]". Quando foram fuzilados, seus conterrâneos sobreviventes calcularam que seu número real era pelo menos o dobro do número oficial fornecido[99].

Mas foi em Balaklava e Sebastopol que o maior número de execuções ocorreu, pois, se acreditarmos em certas declarações feitas por testemunhas oculares, as Che-Kas das duas cidades fuzilaram um total conjunto de 29 mil almas[100], sendo quinhentos estivadores de Sebastopol por terem ajudado a embarcar o exército do General Wrangel[101]. Além disso, quando o *Izvestia* publicou (em 28 de novembro) a primeira lista geral da região, verificou-se que, dos 634 nomes, 278 eram mulheres. Em 30 de novembro, uma segunda lista geral foi publicada: dos 1.202 nomes, 88 eram mulheres[102].

Estima-se que, durante a primeira semana do domínio bolchevique na Crimeia, Sebastopol, sozinha, viu mais de 8 mil pessoas serem mortas – e não apenas fuzilamentos. Pela primeira vez, também foram realizados enforcamentos. De fato, centenas de prisioneiros foram executados dessa maneira, e tanto o *Posledniya Novosty* quanto o *Dielo* e o *Roul* da época repetem histórias

---

98. Veja o *Posledniya Novosty,* n. 221.
99. O *Dielo,* de 13 de janeiro de 1921.
100. O *Dielo,* de 9 de novembro de 1921.
101. Edição de número 148 do *Dielo* e também o *Posledniya Novosty*, de 16 de agosto de 1921.
102. O *Dielo*, de 11 de dezembro, e outros periódicos.

assustadoras contadas pelos poucos (a maioria estrangeiros) que conseguiram sair dos limites da Crimeia. Possivelmente, reminiscências desse tipo eram parcialmente subjetivas; no entanto, desacreditá-las em sua totalidade é totalmente impossível. Escreveu um correspondente do *Roul*:

> Com o tempo, a Nakhimovsky Prospekt ficou simplesmente repleta de cadáveres de oficiais, de soldados e de civis, que presos ali mesmo, na rua, foram executados no local da prisão, às pressas e sem julgamento prévio[103].

E o correspondente do *Dielo* escreveu:

> O lugar parece uma cidade fantasma, com a população escondida em porões e sótãos e cada cerca e muro e poste telegráfico e padrão telefônico e fachada de loja e placa de sinalização coberto com cartazes dizendo "Morte aos Traidores!"[104]

De outra testemunha ocular temos o relato que os "oficiais foram enforcados com o uniforme completo, até dragonas, e os civis apenas com roupas íntimas. E lá eles balançavam para a frente e para trás 'como um aviso para os outros'".

Sim, todos os postes, monumentos e árvores disponíveis foram usados para esse fim. Em particular, a Istorichesky Prospekt ficou "ricamente decorada" com cadáveres balançando ao vento; isso também aconteceu com a Nakhimovsky Prospekt, a Ekaterinskaya, a Bolshaya-Morskaya e o Primorsky Boulevard. Antes, o comandante Bothmer, tenente do contingente alemão até então em ocupação na Crimeia, havia ordenado à população que não fizesse nenhuma reclamação contra os oficiais do Conselho, que "só ajudam os Guardas Brancos em sua resistência". E essa orgia de loucura e matança chegou a incluir até mesmo fuzilamentos de doentes

---

103. Veja o *Roul*, de 11 de dezembro.
104. Veja o *Dielo*, de 8 de dezembro de 1920.

e feridos dos hospitais – de um grupo de 272 pessoas do sanatório do *Zemstvo,* em Aloupka[105], de médicos e enfermeiras da Cruz Vermelha (encontramos dezessete nomes de enfermeiras em uma única lista), de funcionários do *Zemstvo* e do conhecido nacional-socialista A. P. Laurier (cuja acusação contra ele era ter sido editor do *Youzhniya Viedomosty* [Gazeta do Sul] ou *Southern Intelligencer* [Informativo do Sul]!), bem como do secretário de Plekhanov, o social-democrata Loubimov, e de muitos outros que não haviam participado de forma alguma da luta – pelo menos, não ativamente.

Na verdade, essas listas poderiam muito bem ter tido anexadas a elas as palavras de Ivan, o Terrível, em circunstâncias semelhantes: "Juntamente com uma grande multidão de outros, cujos nomes só o Senhor, ó Senhor, se lembrará". E disse um correspondente do jornal social-revolucionário *Volya Rossii*: "Até mesmo os nomes dos mortos relatados pelos bolcheviques chegavam a milhares"[106].

O ANO DE 1921

Durante esse ano, o terror na Crimeia também continuou, de modo que A. V. Ossokin declarou perante o Tribunal de Lausanne:

> Em julho passado, mais de quinhentos reféns foram presos sob a acusação de terem se comunicado com os Verdes. E, antes do final do ano, muitos deles foram executados, com cerca de doze ou treze mulheres entre eles – três em Eupatoria, em abril; cinco em Simferopol, em 25 de março (O.S.); um em Kapasoubayar, em abril; e três ou quatro em Sebastopol, no mesmo mês, tendo como principal acusação o fato de terem ajudado parentes a fugir para as montanhas ou de terem fornecido provisões a pessoas que pretendiam fazer isso, embora, na realidade, as acusadas tivessem

---

105. Veja o *Dielo*, de 24 de dezembro de 1920.
106. Veja em *Volya Rossii* o artigo de 31 de agosto de 1921.

fornecido as provisões sem saber que as pessoas a quem ajudaram não eram refugiadas, mas Guardas Vermelhos disfarçados e *agentes provocadores*.

Além disso, foi apresentado a vilarejos inteiros um ultimato de que "a menos que os senhores chamem de volta os habitantes que foram para as montanhas, terão seu vilarejo queimado sobre suas cabeças". Demerdzhi, Shoumi, Korbek e Sabli estavam entre os vilarejos abordados dessa forma. No entanto, a ameaça não chegou a ser cumprida, pois, ao ser proferida, os Verdes emitiram uma contraproclamação de que, nesse caso, eles massacrariam todas as famílias comunistas e cada indivíduo comunista que conseguissem capturar, seja na cidade, seja na aldeia.

E em Ekaterinoslav e a Norte de Taurus, durante o inverno de 1921-1922, a mesma política de apreensão de reféns derramou rios de sangue. Além disso, ocorreram desarmamentos em massa de vilarejos. O procedimento era fixar uma certa cota de armas para serem entregues dentro de vinte e quatro horas por um determinado lugar, e se (como geralmente acontecia) a cota especificada excedesse todo o estoque de armas que o vilarejo possuía, apreender dez ou quinze dos moradores como reféns. E então, na constatação definitiva de que a aldeia não poderia cumprir a ordem emitida, fuzilar os reféns da maneira que se tornara padronizada.

E, em uma base usada pelos Verdes, descoberta perto de Theodosia, 3 meninos e 24 meninas (todos com cerca de dezesseis anos) foram baleados. Da mesma forma, um julgamento em Simferopol resultou na morte de 22 pessoas, incluindo um professor universitário local.

E sempre que o *Krim Rosta*[107] relatava novas "conspirações", seguiam-se as execuções, mesmo que as "conspirações" raramente tivessem qualquer conexão com os Verdes. O terror

---

107. Agência telegráfica dos bolcheviques na Crimeia.

também se abateu sobre a população tártara. Durante agosto, vários muçulmanos foram fuzilados por "realizarem uma reunião contrarrevolucionária em sua mesquita"[108].

Em setembro, dois grupos de Verdes, sob o comando de um tártaro chamado Malamboutov, confiaram suficientemente em uma "anistia" que lhes foi oferecida para descerem das montanhas. Eles tiveram um destino notável. O incidente foi assim descrito pelo autor de um diário publicado no *Posledniya Novosty*:

> Assim que desceu das montanhas, Malamboutov foi capturado pela Che-Ka local e obrigado a assinar um "apelo" aos seus companheiros Verdes que haviam permanecido escondidos, declarando, depois de se referir ao "amor à paz" dos bolcheviques, que "o único inimigo remanescente de nós mesmos, do Exército Verde, é o inimigo comum de todos nós, o inimigo representado pelo capitalismo". Em seguida, o "apelo" foi lançado, e um grupo de oficiais transportou Malamboutov e sua equipe para as montanhas, onde os prisioneiros apontaram todos os esconderijos até então usados pelos Verdes. O resultado foi que, nos dois dias seguintes, a traição involuntária de Malamboutov a seus Camaradas fez com que os camponeses das aldeias vizinhas ficassem sentados ouvindo disparos pesados no país onde os Vermelhos estavam acabando com o último remanescente dos Verdes. Mais tarde, Malamboutov e sua equipe foram fuzilados sob a alegação usual de "espionagem", e o fato foi afixado (sob o repelente título de "Essa é a classe de crime que o poder soviético mais gosta de punir") em cada esquina da cidade vizinha. A lista continha 64 nomes, mas continuava a ser sussurrado entre os habitantes aterrorizados que, embora a Che-Ka pudesse ter conseguido matar as pessoas citadas, elas não representavam mais do que uma fração dos Verdes que haviam acompanhado Malamboutov às montanhas; que,

---

108. Veja o *Dielo*, de 23 de agosto.

na verdade, o restante dos dois bandos havia descoberto a traição a tempo e aproveitado o fato de que a "anistia" lhes havia permitido manter suas armas para lutar novamente. E, mais tarde, seu grupo vingou a morte de Malamboutov com represálias tão cruéis, tão selvagens, contra todos os comunistas que capturaram, que quase pareciam medievais.

Na verdade, o terrorismo permaneceu desenfreado enquanto os Verdes continuaram suas atividades no Sul. Em Ekaterinodar, quando um "motim" foi reprimido entre 27 e 28 de setembro, o *Izvestia* local publicou uma lista de 104 execuções que incluía um bispo, um padre, um professor, um oficial militar e um cossaco. Em Novorossisk, em cuja vizinhança a atividade Verde se tornara especialmente notável, a Che-Ka ligada à flotilha do Mar Negro executou centenas de rebeldes e reféns, além de realizar fuzilamentos diários em conexão com uma "liquidação" de doze associações da Guarda Branca em torno de Kharkov e das "conspirações" que o general Ouktomsky e o coronel Nazarov organizaram em torno de Rostov.

Novamente, quando, no final de março, a Che-Ka de Piatigorsk descobriu uma "conspiração" local, seguiu-se o fuzilamento de cinquenta dos supostos líderes[109]. Enquanto isso, em Anapa, 62 pessoas foram executadas por tentar escapar do bolchevismo através de Batoum, mesmo que (como se descobriu mais tarde) tivessem sido claramente instigadas à tentativa por *agentes provocadores* contratados pela Che-Ka local[110].

A seguinte proclamação que Lautzer, "Representante Especial da Che-Ka de Toda a Rússia para o Norte do Cáucaso", dirigiu às populações do distrito de Kuban e do litoral do Mar Negro ilustrará melhor o estado das coisas quando essas regiões estavam sob o domínio do Exército Don dos bolcheviques[111]:

---

109. Veja o *Pravda*, n. 81.
110. Veja o *Posledniya Novosty*, de 14 de outubro.
111. *Green Book, A Record of the Peasant Movement in the Black Sea Provinces* [Livro verde, um registro do movimento camponês nas províncias do Mar Negro), de N. Voronovieh.

(1) Qualquer vila ou aldeia que abrigar pessoas ligadas às Forças Brancas ou às Forças Verdes será arrasada, seus habitantes adultos fuzilados e seus bens confiscados. (2) Qualquer pessoa encontrada ajudando qualquer uma dessas forças será fuzilada. (3) Como os membros das Forças Verdes que se escondem nas montanhas geralmente deixam parentes em suas aldeias, esses parentes devem ser mantidos sob observação e, se as forças em questão avançarem mais, e se for descoberto que os parentes em questão têm algum parente armado contra nós, devem ser fuzilados e suas famílias deportadas para a Rússia Central. (4) Se algo na natureza da oposição em massa se manifestar na aldeia, no assentamento ou na cidade, seremos, por nossa vez, obrigados a empregar o terrorismo em massa e a executar centenas de habitantes para cada trabalhador soviético que for assassinado. Pois o poder soviético está determinado a que sua mão pesada e implacável varra todos os seus inimigos.

Da mesma forma, todas as rebeliões na Ucrânia foram reprimidas, e nenhuma diferença foi percebida entre os acontecimentos de 1920 e os de 1921, exceto pelo fato de que, às vezes, os surtos assumiram formas tão variadas que nem sempre era fácil distinguir se um levante tinha a intenção de obter a independência da Ucrânia ou de ajudar Makhno. Se estava ligado aos Brancos ou envolvido com os Verdes; se era um movimento de bandos de refugiados ou um movimento de origem puramente camponesa; se era uma revolta contra o peso do imposto sobre os grãos ou um caso totalmente à parte das "conspirações da Guarda Branca" e os fatores anteriores[112]; a única coisa de que podemos ter certeza é que, pelo menos, os bolcheviques não diferenciaram o que era necessário para reprimir esses casos. Por exemplo, uma *Ordem Especial n. 69 relativa ao Distrito de Kiev*, emitida em 1920, ordenava não apenas o

---

112. Em relação a isso, veja o *Revolutsionnaya Rossia*, n. 11.

emprego de todo o terrorismo em massa necessário, mas também a imposição da morte a qualquer pessoa que fosse encontrada de posse de um único cartucho após o prazo de entrega de armas.

Assim, o terrorismo bolchevique precisava apenas encontrar a menor oposição para se transformar em um massacre sanguinário. Somente em Proskurovo, 2 mil camponeses foram vítimas. E assim que as forças sob o comando do *ataman* Tiutiunik entraram em combate nas proximidades de Kiev, a cidade também passou a testemunhar execuções diárias de dezenas de pessoas. A seguir, encontra-se um resumo de um documento oficial, uma cópia das atas compiladas pelos cinco membros de um comitê da Che-Ka que, posteriormente, julgou os seguidores derrotados de Tiutiunik. Emitido em 21 de novembro de 1921[113], tal documento afirma que, durante os combates, 400 inimigos haviam sido mortos e 557 feitos prisioneiros, e que alguns dos líderes rebeldes, ao perceberem a desesperança de sua posição, foram obrigados a cometer suicídio com bombas e rifles. Em seguida, acrescenta que Tiutiunik e alguns membros de sua equipe eram culpados de "conduta indigna de qualquer pessoa no comando", pois asseguraram a própria fuga do campo de batalha antes que a luta tivesse começado. Quanto ao restante, a Che-Ka se referiu ao julgamento de 443 pessoas, das quais fuzilou 360 por terem sido "bandidos malvados e ativos", e encaminhou as demais para um exame mais aprofundado pela "equipe de inquisição". Mais tarde, o *Pravda* de Petrogrado anunciou que, "por causa da conspiração recentemente descoberta em Kiev, dirigida pelo Comitê Rebelde de Toda a Ucrânia, 180 oficiais das forças de Pethera e Tiutiunik haviam sido presos". Não demorou muito para que um comunicado posterior anunciasse a execução desses oficiais presos.

Mais tarde, quando um professor da Politécnica de Kiev, chamado Koval, escapou de Kiev e chegou à Polônia, ele relatou que "mais uma descoberta de uma conspiração do tipo usual

---

113. Veja o *Posledniya Novosty*, n. 572.

havia levado a uma intensificação do Terror de Kiev, que envolvia fuzilamentos noturnos de dez a quinze pessoas".

> E quando uma exposição de propaganda dos atos do comitê executivo local foi realizada no Museu Pedagógico, as tabelas apresentaram o número mínimo mensal de 432 fuzilamentos[114].

Particularmente grande foi o número de "conspirações" de Petluro descobertas naquela época. Em conexão com elas, 63 pessoas (incluindo o coronel Evtikhiev) foram baleadas em Odessa[115], lotes de 14[116] e 66 pessoas em Tiraspol[117], 39 em Kiev (a maioria membros da *intelligentsia*)[118], e 215 em Kharkov – nesse caso, reféns ucranianos abatidos em retaliação ao assassinato de trabalhadores soviéticos e outros por rebeldes[119]. Da mesma forma, o *Izvestia* de Zhitomir relatou o fuzilamento de vinte e nove funcionários de cooperativas, professores de escolas e agricultores que não tinham nada a ver com qualquer "conspiração" Petlura no mundo.

Em toda parte, lemos em jornais bolcheviques comunicados como: "Cinco organizações contrarrevolucionárias, cobrindo toda a Podólia, foram descobertas", "Dezesseis pessoas foram baleadas em Chernigov", entre outras. Por isso, não é exagero dizer que a grande quantidade dessas publicações oficiais torna quase impossível distinguir uma da outra.

Semelhante ao destino da Ucrânia foi o da Rússia Branca, onde o ano de 1921 se mostrou particularmente prolífico em relatos de "rebeliões" e expedições punitivas enviadas para fuzilar – com ou sem julgamento – todos os que haviam participado, ou sido relatados como participantes, dessas "rebeliões". "Dúzias de pessoas eram fuziladas diariamente", declarou um correspondente

---

114. *Posledniya Novosty*, de 18 de setembro.
115. Veja o *Izvestia*, n. 217.
116. Veja o *Dielo*, de 22 de setembro e 7 de outubro.
117. Veja o *Posledniya Novosty*, de 21 de dezembro.
118. Veja o *Roul*, de 30 de setembro.
119. Veja o *Roul*, de 7 de dezembro e o *Frankfurter Zeitung* do mesmo período.

do *Dielo*[120]. "Muitos líderes da Rússia Branca, em particular, foram condenados à morte. Em Minsk, um julgamento de partidários de Savinkov acabou de terminar. Sete foram executados"[121]. Também o correspondente do *Daily Mail* inglês em Reval escreveu: "Aqui, em setembro, 45 pessoas foram fuziladas".

Às Che-Kas da Podólia e da Volínia foi confiado o dever especial de "limpar" as duas províncias de todos os que haviam demonstrado simpatia pró-polonesa durante a ocupação; esse processo foi realizado com as habituais prisões, deportações para as províncias centrais e execuções em massa[122].

Portanto, parece ter havido sempre uma conexão íntima entre "movimentos de rebelião" e fuzilamentos em massa de social-revolucionários de esquerda, de anarquistas e até mesmo de anarquistas tolstoianos, o mais pacífico braço do grupo anárquico – principalmente, neste caso, por se recusarem a servir no Exército Vermelho bolchevique. Um panfleto autorizado sobre o assunto que foi publicado em Berlim diz, após citar muitos exemplos do tipo:

> Poderíamos continuar citando exemplos indefinidamente e usá-los para demonstrar que, mesmo o historiador mais meticuloso do futuro jamais poderia reunir um volume de material que, em comparação com o nosso, não pareceria mais do que uma gota d'água em meio a todos os oceanos.

Descrever o movimento anarquista russo, ou suas curiosas manifestações, que mais de uma vez levaram o falecido príncipe Kropotkin a se dissociar de sua política, não faz parte de meu objetivo. Pode-se dizer que, embora os bolcheviques nunca tenham hesitado em aproveitar a ajuda dos anarquistas sempre que essa assistência lhes parecia conveniente, da mesma forma, nunca hesitaram em tratar os anarquistas com extrema

---

120. Veja o *Dielo* de 19 de abril de 1921.
121. Veja o *Posledniya Novosty,* de 30 de agosto.
122. Veja o *Dielo,* de 16 de fevereiro de 1921.

brutalidade sempre que esses elementos conseguiam estabelecer alguma posição.

O panfleto anarquista mencionado parágrafos antes também reimprime um importante telegrama que o Governo Central enviou a Rakovsky, então chefe do Conselho Ucraniano de Deputados do Povo, com relação aos preparativos para suprimir as organizações anarquistas no Sul da Rússia. A mensagem, confidencial, dizia:

> Que todos os anarquistas dentro do território ucraniano, mais especialmente entre a comitiva de Makhno, sejam colocados sob vigilância imediatamente, a fim de que possam ser preparadas contra eles quaisquer provas – de preferência provas de natureza criminosa – que possam ser úteis no futuro para a acusação de tais pessoas. Mas o senhor também deve manter essa ordem e essas provas em segredo e não fazer mais do que emitir instruções na medida em que a mensagem, por enquanto, exigir. Apenas, sempre que possível, permita que os anarquistas sejam presos e acusados imediatamente.

Após a Crimeia veio a Sibéria[123]; e depois da Sibéria, a Geórgia. Agindo sozinha, a Che-Ka da Transcaucásia fez milhares de prisões e executou centenas de fuzilamentos. Relatando suas impressões sobre o regime bolchevique em Tíflis durante seus primeiros dias de existência, um refugiado de Batoum disse ao correspondente da *Roul* em Constantinopla que, durante aquele período,

> a cidade estava totalmente entregue à pilhagem e à rapina. [...] Certa noite, um amigo viu uma enorme pilha de cadáveres – cerca de trezentos – na Praça da Catedral. Todas as paredes das casas ao redor estavam cobertas de sangue e, evidentemente, havia ocorrido muitas execuções. Na pilha,

---

123. Atualmente, meu acervo de dados sobre a Sibéria está incompleto, mas espero mais tarde completá-lo e publicá-lo.

havia homens e mulheres, velhos e jovens, militares e civis, georgianos e russos, ricos e pobres.

Os oficiais mais ativos na região eram o infame Peters, já mencionado; o Artabekov, que havia devastado o Norte do Cáucaso; e o notório marinheiro Pankratov – este último, um homem que, depois de ajudar a reprimir a revolta de Astrakhan e destacar-se na Sibéria, transferiu seus esforços para Baku, onde, na ilha de Nargen, massacrou mais de cem intelectuais e trabalhadores da indústria.

Enquanto isso, o que estava acontecendo no centro da Rússia, onde a guerra civil já havia terminado há muito tempo e os resultados imediatos dessa guerra haviam desaparecido? O mesmo que aconteceu em todos os outros lugares durante 1921: centenas de pessoas estavam sendo fuziladas por terem participado de alguma conspiração real ou inventada, ou por terem feito algum protesto precipitado contra a tirania bolchevique, ou porque (isso acontecia com mais frequência) sua execução podia ser apresentada como uma punição tardia por um crime real ou inventado. Desse último tipo, um bom exemplo é o julgamento em Pskov de um grupo de químicos meramente por terem vendido álcool, com a execução brutal de oito deles[124]. O julgamento de alguns funcionários do Departamento de Defesa do Estado em Moscou, em outubro, levou a mais cerca de doze fuzilamentos. Outras pessoas receberam a sentença de morte por supostos abusos em seu trabalho nos Comissariados de Finanças e Saúde Pública. O livro de Vishniak, *The Black Year* [O ano negro], também registra que, considerando apenas o mês de junho, os tribunais fuzilaram 748 pessoas em Moscou, 216 em Petrogrado, 418 em Kharkov, e 315 em Ekaterinodar.

No que diz respeito aos três primeiros meses de 1922, números das façanhas da Che-Ka podem ser obtidos no *Posledniya Novosty* de 5 de maio, que cita um relatório oficial para o período,

---

124. O *Dielo,* de 22 de março.

o qual menciona itens de 4.300 pessoas fuziladas e 114 revoltas reprimidas nas doze províncias centrais, além de fuzilamentos em massa em Yaroslavl, Saratov, Kazan e Koursk, e um total de 347 fuzilados em Moscou somente durante o mês de janeiro. Da mesma forma, o *Golos Rossii* obteve informações do setor de estatística do Comissariado de Transportes, segundo as quais, durante 1921, os "tribunais ferroviários" mataram, sob sua própria responsabilidade, 1.759 pessoas, entre passageiros e funcionários.

Além disso, ocorreram fuzilamentos contra os quais todo sentimento humano se revoltaria instintivamente. Um exemplo é a execução de cinco rapazes, de um total de 27 submetidos a julgamento, em Orel[125].

Em Odessa, a dispersão do Comitê de Assistência aos Famintos de Toda a Rússia foi seguida pelo fuzilamento de doze pessoas que o *Izvestia* alegou estarem ligadas a essa organização. E quando seis conseguiram escapar do campo de concentração de Ekaterinburg, o diretor do "Departamento de Trabalho Penal" foi de Moscou para o campo, fez com que os ex-oficiais confinados desfilassem diante dele, selecionou 25 e os fuzilou imediatamente "como um aviso para os demais"[126].

Mais uma vez, naquele outono, 61 indivíduos foram fuzilados em Petrogrado em conexão com a chamada "Conspiração de Tagantsev"[127], enquanto um levante em Kronstadt alarmou tanto os bolcheviques, que eles fuzilaram milhares de marinheiros.

---

125. Outros tiroteios desse tipo ocorreram anteriormente. Em 1919, alguns escoteiros foram baleados em Moscou e, em 1920, o mesmo destino (por "espionagem") foi dado aos membros de um clube de tênis. Outros casos também ocorreram.
126. Veja o *Revolutsionnaya Rossia,* números 12 e 13.
127. Dois outros grupos menores foram alvejados posteriormente. [Nomeada em referência ao professor Vladimir Tagantsev, foi um suposto complô contrarrevolucionário descoberto em 1921 pela Che-Ka, resultando na prisão de mais de oitocentas pessoas, inclusive o escritor Nikolay Gumilyov. Após a morte de Lênin, investigadores sugeriram que toda a conspiração havia sido fabricada, e isso resultou em um dos primeiros grandes expurgos do regime soviético. (N. T.)]

Além disso, de acordo com uma declaração publicada no jornal alemão *Frankfurter Zeitung*, a guarnição naval de Petrogrado perdeu 2.500 homens entre 28 de fevereiro e 6 de março. Alguns deles, que conseguiram escapar para a Finlândia, relataram que os fuzilamentos foram realizados no rio congelado em frente à Fortaleza de São Pedro e São Paulo. Nesse mesmo contexto, em Oranienbaum, estima-se o número de 1.400 homens, dentre os quais seis padres que, de alguma forma, se viram envolvidos no caso[128].

Similarmente, uma conspiração social-revolucionária e menchevista em Saratov – uma rebelião, para ser mais exato –, evocada pelos impostos excessivos, foi seguida por prisões e fuzilamentos em massa, embora o comunicado oficial dissesse que *apenas* 27 haviam sido fuzilados. Não sabemos o número real, apenas que um grande número de reféns entre professores, profissionais liberais, ex-oficiais e oficiais czaristas foi preso em antecipação a um levante camponês e, por fim, fuzilado nas prisões locais[129]. Em conexão, com isso ou com alguma outra "conspiração", um grupo de 58 revolucionários sociais de esquerda foi executado por "banditismo" – na realidade, por participação no levante[130].

Mais uma vez, uma rebelião de trabalhadores ferroviários em Ekaterinoslav teve, como sequência, uma lista de "51" vítimas, o que significa, provavelmente, que o número real era consideravelmente maior. De fato, lemos nas memórias de Z. U. Arbatov, intituladas *Ekaterinoslav, 1917-1920*[131], que, após a prisão de duzentos operários e a execução imediata de cinquenta deles, o restante foi posteriormente transportado, durante a noite, em dois caminhões (em 2 de junho) para um local às margens do rio Dnieper, onde, com a metralhadora apontada por trás, todos foram fuzilados de forma que seus corpos caíssem na água, sendo levados pela correnteza, e

---

128. Veja o *Posledniya Novosty*, n. 281.
129. Veja o *Revolutsionnaya Rossia*, n. 8.
130. Veja o *Posledniya Novosty*, de 13 de maio.
131. Veja *Archives of the Russian Revolution*, vol. XII, p. 132.

apenas uns poucos ficaram encalhados na margem. Posteriormente, mais funcionários da ferrovia foram condenados e executados pela Che-Ka ucraniana em Kharkov. Esses detalhes foram obtidos por Arbatov a partir das declarações dos próprios bolcheviques. Um pequeno levante em Kronstadt foi reprimido da mesma maneira.

Em Byisk, uma "conspiração" resultou em mais de quinhentas prisões, e dezoito fuzilamentos; outra "conspiração" de ex-oficiais e *koulaki*[132], no distrito de Semiriechen, resultou em 48 fuzilamentos; e uma, em Elizabetgrad, resultou em 55 fuzilamentos de 85 pessoas presas.

Em seguida, os refugiados cossacos começaram a ser devolvidos compulsoriamente a seus lares no exterior. Quando chegavam em casa, não encontravam anistia, mas punição. Um chamado Chouvillo, que conseguiu escapar de Yisk depois de ter sido repatriado para lá, informou posteriormente a alguns jornais russos publicados no exterior que, de um grupo de 3.500 de seus companheiros, 894 foram executados[133]. Essa declaração pode ter sido exagerada, mas não há dúvida de que aconteceram diversos fuzilamentos de oficiais cossacos repatriados legal ou ilegalmente, muitos dos quais registrados no ano em análise (1921). Um correspondente do Comitê Nacional Russo de Paris nos informou, em um artigo intitulado *The Return* [O retorno][134] (baseado em notícias publicadas pelos próprios jornais bolcheviques de Odessa) que, assim que o S.S. Reshed Pasha chegou a Novorossisk vindo de Constantinopla, em abril de 1921, 30% de seus 2.500 passageiros foram fuzilados. O mesmo navio fez uma viagem anterior com 1.500 pessoas.

> No nosso caso, os oficiais e soldados a bordo foram fuzilados imediatamente; do grupo anterior de 1.500, 500 foram fuzilados imediatamente, e o restante foi enviado para

---

132. Camponeses abastados – camponeses capitalistas ou intermediários.
133. *Segodnya* ("To-day"), de 25 de abril de 1921.
134. Em *Vestnik* (*Messenger*), de março de 1923, p. 28 e 29.

vários campos de concentração do Norte, onde a morte certa os aguardava.

E mesmo um adiamento na execução não garantia, de forma alguma, livrar-se dela no futuro. Uma carta recente, de novembro ou dezembro de 1923, publicada na edição de número 16 do *Kasachyi Doumy* [Opinião dos cossacos], diz, entre outras coisas, que ninguém que desembarcou em Novorossisk no período ao qual me refiro poderia ter deixado de ouvir com frequência a frase em código: "Ser separado para o serviço em Mogilev"[135] – trata-se do sistema de deportação dos repatriados compulsoriamente para o interior. Somente a inocência de um estrangeiro crédulo poderia ter feito o doutor Nansen acreditar que encontrou direitos sociais na Rússia Soviética ou declarar, em 21 de abril de 1923, que, relativamente às repatriações de cossacos dos Estados dos Bálcãs, "o governo soviético está mantendo a fé a esse respeito e cumprindo todos os compromissos assumidos", visto que esses compromissos foram definidos por cláusulas que diziam:

> (1) Que o governo soviético se comprometa a estender as anistias de 3 de novembro e 10 de novembro a todos os refugiados russos repatriados por meio dos escritórios do Alto Comissariado da Liga das Nações; e (2) que o governo soviético se comprometa a oferecer ao senhor John Garvin e a outros representantes credenciados do doutor Nansen na Rússia todas as facilidades para conversar sem impedimentos com os refugiados repatriados, para que esses representantes possam verificar o fato de que o governo soviético está aplicando as anistias mencionadas a todos os refugiados, sem exceção.

E se o doutor Nansen pudesse acrescentar à declaração acima as palavras: "Certamente, dois refugiados repatriados foram presos

---

135. Há um trocadilho nisso, já que *mogilev* também significa um túmulo.

por delitos menores, mas já há delegados meus negociando com o governo sobre o destino dessas duas pessoas", sua fé na palavra escrita de um bolchevique e sua ignorância sobre as realidades russas deveriam ter sido igualmente grandes! Como poderia uma pessoa civil – mesmo sendo delegado do Alto Comissariado da Liga das Nações – controlar um governo soviético independente em relação aos refugiados, visto que, para tanto, um governo com seu próprio serviço secreto precisaria ter sido formado dentro do Estado? Além disso, a política do governo soviético é capaz de sempre adiar suas vinganças, de modo que pessoas podem simplesmente "desaparecer", ser enviadas para o exílio ou jogadas na prisão muito tempo depois de terem recebido garantias oficiais de imunidade.

É necessária mais alguma prova da existência de tal política? Elas podem ser descobertas a qualquer momento. Um bom exemplo é um caso julgado pelo Tribunal Militar de Moscou. No ano de 1919, um oficial chamado Chougounov desertou do Exército Vermelho, mas retornou à Rússia quatro anos depois e foi levado a julgamento. De fato, ele expressou "arrependimento sincero" e, vindo da Polônia, obteve uma licença para retornar da Missão Russo-Ucraniana naquele país, além de uma recomendação ao Comitê Executivo de Toda a Rússia para que tivesse seus direitos civis restaurados. No entanto, em 18 de maio, ele foi preso, levado ao Tribunal Militar de Moscou e, "em vista de seu arrependimento sincero, de seu retorno voluntário à Rússia e de sua origem de classe" (era filho de camponeses), foi condenado apenas a um período de dez anos de "prisão em isolamento absoluto"!

OS ANOS DE 1922 E 1923

Certas pessoas, especialmente visitantes estrangeiros que conseguiram ter um conhecimento superficial da vida russa (M. Herriot é um exemplo desse tipo), declaram que o terrorismo na Rússia é coisa do passado.

Bem, mesmo que suponhamos que os números divulgados pela imprensa russa publicada no exterior fossem exagerados (incluindo aqueles que dizem ter sido derivados do próprio Comissariado Bolchevique para Assuntos Externos, e que afirmam que 2.372 pessoas foram fuziladas durante o mês de maio de 1922), os números, mesmo que não sejam exagerados, ainda são horríveis, pois indicam até que ponto a vida política na Rússia foi extinta. O país passou a se assemelhar a um campo coberto de esqueletos, e toda a energia para se rebelar, toda a vontade de expressar um protesto aberto, fugiu de uma população abatida, sem forças e submissa. Na verdade, eu ficaria muito feliz em acreditar que os números foram exagerados. Novamente, de acordo com os dados emitidos pelo próprio Departamento Político do Estado (O.G.P.U.), um braço da Che-Ka, 262 pessoas foram fuziladas em janeiro e fevereiro de 1922, 348 em abril, 164 (incluindo dezessete padres) na noite de 7 para 8 de maio, 187 em Kharkov, 209 na província de Kharkov e duzentas em Petrogrado – isso durante o mês de maio em geral. Mesmo que suponhamos que esses números também tenham sido exagerados, foi, no mínimo, hipocrisia da parte de Stalin quando ele informou à filial moscovita do Partido Comunista, em agosto daquele ano, que "teremos que recorrer ao terrorismo" e, em defesa das prisões em massa de intelectuais que estavam sendo realizadas, afirmou:

> Em pouco tempo, nossos inimigos nos forçarão a voltar ao Terrorismo Vermelho e nos obrigarão a responder às suas atividades com medidas como as que foram necessárias durante os anos de 1918 e 1919. Portanto, que esses inimigos se lembrem de que não deixaremos de cumprir nossas promessas. Suas experiências durante os dois anos mencionados já deveriam ter lhes ensinado isso. [...] Cabe àqueles que simpatizam com nossos adversários políticos dissuadi-los de ir longe demais, de ultrapassar os limites permitidos de oposição à nossa política. Pois, a menos que

parem com essas atividades, seremos forçados a retomar o uso de uma arma que nunca deveríamos ter usado se não tivéssemos visto nossos avisos serem ignorados. Aos golpes furtivos de nossos adversários, devemos opor golpes abertos, severos, dirigidos contra todos os setores adversos, sejam eles ativos ou passivos.

Pois não havia necessidade de tais ameaças: ainda estava vívida na memória pública a lembrança das execuções de clérigos por se oporem ao confisco de bens eclesiásticos – execuções que podem ser consideradas das mais vis concebíveis, visto que resultaram apenas dos mais brandos protestos contra a espoliação da Igreja. O mesmo aconteceu em julho passado, quando o Tribunal Revolucionário de Petrogrado julgou dezesseis membros de comunidades religiosas locais, condenando onze deles à morte – entre os quais Benjamin, Metropolita de Petrogrado. A esse caso soma-se o julgamento anterior em Moscou, no qual 54 religiosos foram processados, e 12 enviados para execução.

Além disso, houve episódios semelhantes nas províncias de Chernigov, Poltava, Smolensk, Arcangel, Staraya Roussa, Novocherkassk e Vitebsk, onde sacerdotes foram fuzilados em grupos de um a quatro, simplesmente por terem protestado contra o saque de ornamentos sagrados.

Com essas execuções por "contrarrevolução" clerical, vieram os fuzilamentos após julgamentos puramente políticos, sob a acusação de pertencerem a "organizações contrarrevolucionárias" inexistentes. E julgamentos desse tipo ainda estão em andamento: recentemente, em 22 de fevereiro de 1922, o *Posledniya Novosty* publicou uma carta impressionante sobre as "liquidações" de alguns levantes na Ucrânia, que dizia: "Essas 'liquidações' constituem, na realidade, uma guerra de extermínio cujo objetivo é acabar com todos os intelectuais que sobreviveram a esforços anteriores desse tipo". E veja o seguinte trecho de uma carta escrita por um refugiado de Proskurovo em janeiro daquele ano:

Devido ao terrorismo quase inacreditável que se alastrou por aqui (em Proskurovo) nos últimos meses, as pessoas foram obrigadas a fugir enquanto ainda havia tempo. Os intelectuais que ficaram para trás dos bolcheviques já estão sendo presos. [...] Koritsky, Chouikov e meu irmão foram baleados. Nosso senhor cometeu suicídio pouco antes de ser levado para a execução. E sua esposa está presa na cadeia local. [...] Muitos foram condenados à morte por participarem de uma "conspiração". Vinte e três foram fuzilados no último dia 18 [...]. Quando as vítimas estavam sendo conduzidas para a morte, nove de seus companheiros arrombaram as portas da prisão e escaparam. Eu também consegui fazer isso quando chegou a minha vez. Isso ocorreu durante a quarta série de prisões. [...] Como o senhor deve estar agradecido por ter escapado de Proskurovo! Pelo menos escapou do espetáculo de esposas, mães e filhos esperando do lado de fora do prédio da Che-Ka nos dias de execução! [...] Nenhuma das pessoas executadas tinha qualquer relação com agitação política. A maioria delas apenas concordou com o "Movimento da Ucrânia". Elas foram vítimas de provas forjadas pela própria Che-Ka. De fato, a Che-Ka inventou toda essa "conspiração de Proskurovo" nas linhas degradadas usuais que as Che-Kas afetam.

E para obter notícias de ondas terroristas semelhantes em outros bairros da Ucrânia, basta examinar os arquivos do *Golos Rossii* ou do *Poslednyia Novosty* de 1922, onde veremos trechos da imprensa bolchevique que relatam repetidas execuções de membros dos seguimentos de Savinkov e Pethura – doze membros em Kharkov, 25 em Odessa, 55 em Nikolaevsk, de vários em Minsk, oito em Gomel, dez no Norte do Cáucaso, dez em Pavlograd, dez na província de Semipalatinsk (cinco, de acordo com algumas fontes), doze na província de Simbirsk (42 que se descobriu estarem de posse das proclamações de Antonov), 68 em Maikop (entre eles mulheres e meninos, todos fuzilados "para intimidar seus companheiros bandidos", já que, com a chegada da primavera, os rebeldes estão perdendo o medo"), treze (de um grupo conhecido como Associação Constitucional-Revolucionária de Berdiansk) em Melitopol e treze estudantes em Kharkov. Então, devemos acrescentar o fuzilamento do Estado-Maior do Exército de Don, que se tornou ainda mais conhecido por ter incluído dois comunistas; o julgamento dos funcionários do Nobel; os julgamentos de emigrantes repatriados; a execução de Shishkin, o Social-Revolucionário, pelo Tribunal Revolucionário Moscovita, por se recusar a testemunhar e por chamá-lo de "um mero órgão de vingança bolchevique"; o assassinato do Coronel Peshkourov, de Yaroslavl, como participante do levante de Savinkov em 1918; a execução de treze oficiais em Krasnoyarsk; o julgamento dos rebeldes da Carélia; a execução de 148 cossacos de Kiev por motim; a prisão de 260 marinheiros após uma conspiração naval em Odessa; e uma série de execuções em Odessa por uma greve local[136].

De Riga, em 5 de agosto, um correspondente do *Golos* escreveu:

> Durante a semana passada, tanto o O.G.P.U. quanto os tribunais revolucionários estiveram ativamente engajados em realizar prisões em massa e proferir sentenças de morte. Em Petrogrado, dez pessoas foram condenadas à morte pelo tribunal revolucionário local. Na Estônia, foi realizado um julgamento do Comitê de Controle de Comércio Atacadista da Estônia. Em Saratov, o tribunal local condenou dois social-revolucionários por incitarem uma rebelião camponesa no distrito de Volsk. E em 29 de julho, o tribunal de Voronezh condenou à morte um social-revolucionário chamado Sharnov. No dia 28, sentenciou à morte dezoito oficiais anteriormente capturados no Norte do Cáucaso e nas regiões da Transcaucásia e do Don. As sentenças do tribunal foram executadas no campo de concentração de

---

136. Veja o *Posledniya Novosty*, n. 729.

Archangel, para onde os oficiais haviam sido enviados no final de 1920, ou no início de 1921. Entre as vítimas estavam o general Mouraviev (com mais de setenta anos), o coronel Gandurin e outros.

Depois, houve casos que não parecem ter tido uma base política: o fuzilamento de três ferroviários em Kiev; de quarenta pessoas em Saratov por terem saqueado provisões destinadas às áreas atingidas pela fome; de seis ferroviários em Novocherkassk por roubo; e alguns massacres em massa em Tsaritsin, Vladimir, Petrogrado e outros lugares. É claro que nem todos os condenados podem ter sido realmente condenados à morte – de fato, sabemos que, em alguns casos, não foram; mas também sabemos que apenas um décimo das sentenças de morte chegava à imprensa estrangeira, e que, às vezes, a imprensa bolchevique omitia detalhes sobre elas. Assim, o *Posledniya Novosty* citou uma vez: "Execuções de pessoas condenadas por aceitar subornos têm ocorrido em grande número". Eu mesmo posso lembrar de uma "semana de combate ao suborno" (foi durante meus últimos dias na Rússia, no início de outubro de 1922) e do fato de que, no dia de minha partida, encontrei a estação ferroviária de Brest toda coberta de cartazes anunciando a "semana", e só depois fiquei sabendo que os planos haviam sido feitos em uma escala grande o suficiente para incluir centenas, e até milhares, de prisões de ferroviários!

Z. U. Arbatov, que escapou da Rússia por meio de Minsk, nos deu um esboço vívido da condição da cidade:

> Afixada com tachinhas na parede de uma carpintaria, vimos uma lista de nomes com o título "Pessoas do tipo que a Che-Ka pune". Mas quando o meu olho viu o número "46", meu companheiro me afastou, e disse apressadamente: "Ah, isso não é nada. Estamos acostumados com isso há muito tempo. Eles colocam uma nova lista todos os dias e, se alguém for visto lendo-a, corre o risco de ser levado para

a Che-Ka. O senhor sabe, o ditado é que ninguém gostaria de saber se não tivesse 'inimigos do poder soviético' entre os amigos, pois, caso contrário, não seria interessante o suficiente. Eles matam dezenas de pessoas diariamente"[137].

Com relação ao ano de 1923, gostaria de citar primeiro um relatório emitido pelo Supremo Tribunal Revolucionário. O relatório diz que, entre janeiro e março, o tribunal matou quarenta pessoas, e, em maio, cem. Poderia haver algo mais eloquente? E o Comitê Executivo da Che-Ka de Toda a Rússia nos informou que, durante o mesmo período, o Departamento Político do Estado, O.G.P.U., executou 826 pessoas "independentemente" – ou seja, ilegalmente, já que apenas 519 eram criminosos políticos. Ao mesmo tempo, deve-se mencionar que, posteriormente, essas descobertas levaram à demissão de três chefes de filiais da O.G.P.U., de catorze "promotores do povo" e de alguns outros oficiais. Mais uma vez, a partir de publicações oficiais soviéticas que consegui obter depois que deixei a Rússia e de vários correspondentes de jornais europeus, pudemos reunir itens das execuções em massa e individuais ocorridas naquele ano, permitindo-nos classificar as vítimas nas categorias usuais. Assim, em primeiro lugar, vêm as execuções por "contrarrevolução". Um exemplo marcante é o assassinato do prelado Boutkievitz, que chocou tanto todo o mundo civilizado que o leitor não terá dificuldade em se lembrar dele. Depois, vêm as execuções por impressão de panfletos políticos não autorizados. Surgem casos mencionados nos relatórios oficiais como "Detalhes", que eram assuntos antigos retomados após anos de esquecimento – como a execução de um agente de Savinkov chamado Sverzhevsky, acusado de planejar o assassinato de Lênin; as execuções de três e seis membros da União para a Defesa da Liberdade e da Pátria; a execução de M. F. Zhilinsky, um membro

---

137. Em *Archives of the Russian Revolution*, vol. XII, p. 145.

moscovita de uma organização ligada a Savinkov[138]; o fuzilamento de três oficiais da Divisão de Atiradores de Elite de Olonetz por terem causado a rendição dessa divisão aos britânicos em 1919; a execução de 33 membros de uma organização contrarrevolucionária ativa em Nikolaevsko-Neznamovsk; o fuzilamento de treze membros de uma organização constitucional-revolucionária em Kiev; o julgamento de 44 pessoas em Semipalatinsk, doze das quais foram condenadas à morte; o fuzilamento, em Perm, de dois oficiais de Kolchak (Drizdov e Timotheiev); o fuzilamento, em Omsk, do diretor de inteligência de Kolchak, Pospielov (ex-conselheiro da Coroa czarista, embora anteriormente lhe tivesse sido concedida uma "anistia"); o fuzilamento, em Semipalatinsk, do chefe de justiça do governo de Kolchak; o fuzilamento, em Moscou, de Pravdin; a execução de Ishmourzin (ex-comissário da República de Bashkir) por se separar de Kolehak; o julgamento, em Moscou, de Piestchikov, Okoulov e Metkevich, ex-combatentes do exército de Denikin, sob a acusação de "espionagem"; o fuzilamento, em Moscou, de Serdinkov, ex-vice-comandante de Omsk; em Ekaterino-Slav, de 28 "rebeldes"; em Podolsk, de 26 homens de Petlura (incluindo um sargento chamado Pogoutsky); em Volhynia, de 64 pessoas dentre 340 condenadas – as demais tiveram a remissão de suas sentenças; no Cáucaso, de nove membros de um grupo "rebelde" que operava em 1923; na Rússia Branca (onde um correspondente relatou "um grande aumento do terrorismo"), de dez "rebeldes"; em Chita, de um coronel Ernelich e seis confederados; em Rostov, de cinco pessoas; e em todos os lugares, de inúmeros "bandidos" – quinze em Odessa, quinze e dezessete em Petrogrado (incluindo várias mulheres que se recusaram a trair seus amantes), nove em Moscou, seis em Ekaterinoslav, cinco em Berdichev e três em Archangel, enquanto em Kharkov também foram realizados 78

---

138. Conforme anunciado pelo jornal de Varsóvia, *Za Svobodou* [Pela liberdade], do qual o falecido era colaborador.

julgamentos de "bandidos". Em apenas alguns casos, as sentenças de morte subsequentes foram comutadas para prisão "devido à origem proletária do acusado", ou "em reconhecimento aos serviços prestados à Revolução e ao Proletariado". Finalmente, temos a informação de um correspondente da *Rousskaya Gazeta* [A gazeta russa] em Odessa de que dezesseis "bandidos" locais foram condenados à morte por "atos de terrorismo contra os comunistas". No entanto, o termo "banditismo" deve ser visto com muita cautela. Um exemplo disso é o fato de que, certa vez, o *Izvestia* escreveu:

> Em dezembro passado, o caso dos partidários dos *bandidos* Brancos de Soloviev foi levado ao tribunal provincial de Enisey. Das 106 pessoas acusadas, nove foram condenadas à morte, com cinco que haviam falsificado bilhetes de trem, algumas que haviam passado dinheiro falso e coisas do gênero.

Além disso, devemos lembrar a categoria de pessoas executadas por "contrarrevolução *econômica*". Os exemplos são: o gerente da Turkhestan Tobacco Company (por "negligência"); quatro guardas florestais na província de Tomsk; três engenheiros empregados por uma empresa chamada Union Works; um homem empregado pelo Depósito Principal de Remonta (Topilsky, um ex-Social-Revolucionário); alguns trabalhadores empregados pelos Departamentos de Comércio do Estado e de Armazéns Navais; um engenheiro chamado Verkhovsky e outros seis em Petrogrado; um comerciante do Mercado Sukharev, em Petrogrado; quatro trabalhadores por "sabotagem"; e um grupo de comerciantes comunistas por "especulação inconsciente em moeda". Houve também o caso do Clube Vladimirsky, juntamente com execuções por delitos semelhantes. No mesmo ano, ocorreram vários casos de vingança oficial gratuita e sem sentido por crimes cometidos vários anos antes. Alguns exemplos são o fuzilamento do tenente Stavraky por ter ajudado a reprimir um motim na Frota do Mar Negro em 1905, a execução de 76 repatriados do Exército de Wrangel, e o fuzilamento do general Petrenko após seu retorno de Prince Island, confiando em uma "anistia". Mais uma vez, meus arquivos contém diversos itens relacionados a ofensas ligadas a funções oficiais, como o fuzilamento, em Moscou, de onze funcionários do Departamento Central de Habitação; o julgamento, em Pskov, de um Porkhov e dois outros funcionários do departamento de receita local; o julgamento de funcionários do departamento educacional de Viatka por aceitação de suborno; julgamentos de membros de Che-Kas locais e de tribunais revolucionários por abuso de função oficial (uma onda perfeita de julgamentos por "deveres oficiais" parece ter varrido a Rússia); o julgamento de um membro do tribunal revolucionário de Archangel; e o julgamento do chefe do departamento de investigação criminal de Doubosarsky (Tsaritsin) – os últimos, por torturarem vítimas antes de matá-las.

E o que dizer das muitas execuções nunca relatadas? Tenho certeza de que estas ocorreram. Por exemplo, nenhum jornal jamais relatou o fuzilamento de dezenove partidários de Savinkov em maio de 1923, embora eu tenha informações bem fundamentadas de que isso ocorreu e que, do total, treze não tinham nenhuma ligação com o crime alegado contra eles. E foi somente quando Sinovary estava prestando depoimento perante o tribunal de Lausanne que o mundo soube pela primeira vez que P. I. Smirnov havia sido preso em abril anterior, em conexão com o caso Savinkov, e fuzilado em Petrogrado no mês de janeiro seguinte.

E o que dizer da Geórgia, que agora supostamente se tornou um Estado Comunista? O mesmo que em todos os outros lugares: as reprimendas habituais das revoltas habituais. A esse respeito, a melhor maneira de conhecer as condições locais é por meio de alguns relatos da imprensa bolchevique sobre a rebelião e a repressão de 1922. Esses relatos incluem uma ordem aos habitantes que, embora não seja novidade, é pelo menos instrutiva.

> Todos os habitantes (dizia a Ordem) devem informar às autoridades e aos representantes do Exército Vermelho os nomes de batismo e de família de qualquer bandido que conheçam e de qualquer pessoa que o esteja abrigando, bem como o paradeiro de qualquer pessoa hostil ao poder soviético.

Esses levantes georgianos foram sucedidos por conspirações, e os jornais da época contêm listas resultantes de nomes, variando de 15 a 91 pessoas executadas; em todos os casos, os fuzilados são descritos como ex-príncipes, aristocratas ou generais que haviam se tornado "bandidos". No entanto, na realidade, a esmagadora maioria deles pertencia à intelectualidade socialista ou democrática, quando não eram simplesmente professores rurais, funcionários de cooperativas, operários industriais, camponeses e outros, ou eram conhecidos por todos apenas como membros do Partido Social-Democrata Georgiano[139].

Em 5 de julho de 1923, o Comitê Central do Partido mencionado publicou um discurso dirigido ao Comitê Central do Partido Comunista local e ao Conselho local de Comissários do Povo. O comunicado dizia:

> Desde novembro e dezembro do ano passado, muitos trabalhadores e camponeses socialistas tem perecido nas mãos de seus carrascos, enquanto milhares de outros se veem forçados a fugir para se refugiar na natureza, para não serem expulsos da Geórgia ou jogados na prisão. E, mesmo isso, ao que parece não foi suficiente, pois os senhores estão torturando os Camaradas encarcerados em suas masmorras e causando-lhes tamanho sofrimento moral e físico que, em não poucos casos, os privou da razão e, em outros, os

---

139. Veja o *Dni*, de 13 de março de 1923 e o *Sotsialistichesky Vestnik*, n. 5, de 1923.

deixou aleijados para o resto da vida, quando não os matou completamente. De setecentas a oitocentas pessoas estão deitadas em suas masmorras da Che-Ka ou na fortaleza de Metekhsky neste momento[140].

O ANO DE 1924

Este ano também deve ser iniciado com dados semelhantes – em primeiro lugar, o caso do "espião" Dziubenko, um ex-tenente-coronel do exército de Kolchak que, levado à divisão militar da Suprema Corte em Moscou, foi condenado à morte e teve os bens sequestrados. Posteriormente, o *Izvestia* informou: "Dziubenko teve sua sentença executada dentro do prazo legal"[141]. Há também o caso do "espião" Khrousevich, um ex-instrutor ligado à Escola de Artilharia de Kronstadt, a quem o mesmo tribunal também condenou à morte[142]. Por meio de um correspondente do *Dni*, ficamos sabendo da execução de alguns trabalhadores por terem entrado em greve[143], e de uma "seção do circuito distrital do tribunal provincial" de Verkhne-Tagilsky, na qual cinco desempregados e outro homem foram condenados à morte por terem, em janeiro, "promovido distúrbios em fábricas e interrupções no trabalho da indústria". Todas essas sentenças foram devidamente executadas e, por meio de um panfleto publicado em fevereiro pelo Grupo Trabalhista da Geórgia, ficamos sabendo que, em Baku, oito trabalhadores russos e três georgianos foram executados pelo mesmo crime, pela filial transcaucasiana do O.G.P.U. – o panfleto cita como autoridade para sua declaração uma carta enviada ao *Dni* por um correspondente moscovita[144].

---

140. Veja o *Sotsialistichesky Vestnik*, n. 15.
141. Veja o *Izvestia*, de 27 de fevereiro.
142. Veja o *Izvestia*, de 29 de fevereiro.
143. Veja o *Dni*, de 24 de janeiro, n. 395.
144. Veja o *Dni*, de 4 de março.

Portanto, durante este ano, nos deparamos com a habitual orgia de sentenças de morte. Em particular, o O.G.P.U. encenou um grande julgamento político em Kiev, sob o pretexto de ter descoberto em Kiev uma grande organização contrarrevolucionária chamada "O Centro de Ação de Kiev".

> Os fuzilamentos atuais são intermináveis [escreveu um refugiado para o *Novoyé Vremya* (O novo tempo)], e a única diferença é o fato de que as coisas agora são feitas de forma mais circunspecta do que antes. Por exemplo, um habitante de Tambov será enviado para ser executado em Saratov, e um saratoviano em outro lugar, e assim por diante, de modo que todos os rastros possam ser encobertos. Se uma determinada pessoa desaparecer, ninguém poderá encontrá-la novamente[145].

Posso garantir que a declaração é um fato.

Foram feitas tentativas de precisar os totais. Mas de que isso adianta, considerando que, provavelmente, o manto negro que encobre os eventos sangrentos da vida russa nos últimos cinco anos nunca será levantado e que, até o fim, a história terá de ficar, em vão, do lado de fora das portas trancadas que dão acesso à Câmara Vermelha de Estatística? No Mar Branco, diz-se, as redes dos pescadores ainda continuam arrastando os cadáveres dos monges Solovetski, amarrados pulso a pulso com arame farpado[146].

No entanto, certa vez, um correspondente do *Roul*, um escritor chamado Egeny Komnin, tentou montar uma tabela com os números totais[147]. Darei as conclusões de sua tentativa de estimá-los com precisão.

---

145. Veja o *Novoyé Vremya*, de 3 de agosto de 1923.
146. Veja "Reminiscenees of Sub-Lieutenant Hefter", em *Archives of the Russian Revolution*, vol. X, p. 118.
147. Veja o *Roul*, de 3 de agosto de 1923.

No inverno de 1920 [ele escreveu], o número de províncias incluídas na R.S.F.S.R. era de 52, e elas tinham 52 Che-Kas, 52 filiais especiais e 52 tribunais revolucionários provinciais. Além disso, havia todo o enxame de Che-Kas de transporte regional, tribunais ferroviários, tribunais de "defesa interna" (a "Força de Serviço Interno") e tribunais de sessão de circuito – comissões enviadas periodicamente do centro para supervisionar tiroteios em massa locais. Fora disso, havia os ramos especiais e os tribunais especiais ligados aos vários exércitos (que, novamente, eram dezesseis) e os ramos especiais e os tribunais ligados às várias divisões desses exércitos. Portanto, ao todo, podemos supor que havia cerca de mil câmaras de tortura – ou, se levarmos em conta também as atividades das Che-Kas distritais naquele período, mais de mil; consideravelmente mais. E mais tarde, quando a R.S.F.S.R. aumentou ainda mais o número de suas províncias (a Sibéria, a Crimeia e o Extremo Oriente foram invadidos), esse aumento deve ter sido acompanhado por um acréscimo no número de câmaras de tortura. Assim, tomando os próprios totais dos bolcheviques para 1920 (embora durante esse ano não tenha havido uma diminuição real do terrorismo – apenas os atos perpetrados começaram a ser relatados com menos frequência), podemos fixar um número definido para a média diária de mortes por centro de tortura, e ver que a curva de fuzilamentos aumentou de um para cinquenta, no caso dos centros maiores, e de um para cem, no caso das regiões recentemente ocupadas pelo Exército Vermelho. E como as explosões terroristas sempre foram periódicas em surgimento e em diminuição, uma estimativa modesta da média resultará em cinco pessoas por dia por centro de tortura ou, se multiplicada por mil (o número total de centros de tortura), em 5 mil pessoas *por dia*, ou 2,5 milhões *por ano* para o país como um todo. E pensar que nos últimos seis anos, ou mais, essa cabeça de Medusa tem se agitado sobre as cinzas de nossa pátria!

Dizem que as Che-Kas também nomearam oficiais especiais, os "numeradores de cadáveres", com o objetivo de manter o registro dos mortos. Isso fala por si só?[148]

---

148. Em uma série de artigos ao mesmo tempo lúcidos e precisos sobre a Rússia, publicados no *Edinburgh Scotsman*, o professor Sarolea apresenta a seguinte tabela de totais classificados: "Bispos, 28; eclesiásticos, 1.219; professores e mestres, 6 mil; médicos, 9 mil; oficiais navais e militares, 54 mil; soldados da marinha e do exército, 260 mil; oficiais de polícia, 70 mil; intelectuais e membros das classes profissionais, 355.250; trabalhadores industriais, 193.290; camponeses, 815 mil".

CAPÍTULO 4

A Guerra Civil

> A verdade foi arrancada deles por meio de tortura sob suas unhas; explosivos foram enfiados em suas gargantas; tiveram a carne de seus ombros cortada na forma de alças e listras; foram convertidos em demônios de um só chifre. [...] E pensar nas mentiras que devem ter sido empregadas, durante aqueles anos de condenação, para enlouquecer e massacrar um exército inteiro, um reino inteiro, um povo inteiro.
> — MAXIMILIAN VOLOSHIN

Em seu relatório geral sobre as atividades bolcheviques durante os anos de 1918 e 1919, a Comissão Denikin declarou que o número de vítimas durante os dois anos totalizou 1,7 milhão. Visto que os materiais coletados por essa Comissão ainda não foram totalmente examinados, nem perto disso, e que eu mesmo limitei meus números exclusivamente às mortes resultantes de ações "legais" ou "administrativas", às mortes decorrentes de sentenças proferidas diretamente por uma autoridade revolucionária, não há dúvida de que o total verdadeiro foi incomparavelmente maior. O leitor já deve ter percebido isso quando falei sobre o fim das rebeliões. A dificuldade peculiar está em distinguir entre os excessos decorrentes da guerra civil ou "restaurações revolucionárias da ordem", conduzidas por forças como os destacamentos de brutais marinheiros e mulheres "punitivas", que a ex-presidiária Maroussia liderou até Essentouky em março de 1918, e os atos de Terror

Vermelho executados segundo um plano preconcebido. Com o avanço de uma força bolchevique, nunca deixava de ocorrer uma vingança igualmente contra o inimigo e a população civil inocente, e a formação de uma Che-Ka militar, já que o nome da agência pouco importa quando se trata de um massacre.

Eu teria ficado feliz em poupar os sentimentos do leitor a esse respeito. No entanto, devo citar alguns exemplos do que quero dizer, mesmo que não sejam, em absoluto, os piores exemplos da fúria animal e humana.

Começarei com o *Caso n. 40*, extraído dos materiais de Denikin – o relatório de um inquérito realizado sobre a atividade bolchevique em Taganrog entre 20 de janeiro e 17 de abril de 1918:

> Na noite de 18 de janeiro, os bolcheviques do Exército de Sivers entraram e começaram a trabalhar na cidade de Taganrog. E no dia 20 de janeiro, os cadetes da Escola Militar selaram, com eles, um armistício –renderam-se com a condição de poderem deixar a cidade sem impedimentos. Mas os bolcheviques não cumpriram o acordo. Pelo contrário, iniciaram, naquele mesmo dia, uma série de execuções excepcionalmente cruéis, capturando oficiais e cadetes e todos os outros que, de alguma forma, haviam agido contra eles, e fuzilando-os na rua assim que capturados ou enviando-os para uma ou outra fábrica para serem fuzilados. Além disso, durante vários dias e noites, eles fizeram buscas de casa em casa, em todos os bairros da cidade, para reunir completamente os "contrarrevolucionários", e não demonstraram nenhuma consideração nem mesmo pelos feridos e doentes, mas entraram nos hospitais, arrastaram de lá todos os oficiais ou cadetes feridos, e os fuzilaram imediatamente na rua. A simples morte desses homens também não satisfez os agressores bolcheviques. Eles se divertiam tanto com os moribundos quanto com os mortos. Particularmente brutal foi o assassinato do ajudante da Escola Militar, um capitão que havia sido gravemente ferido. Algumas das enfermeiras

pró-bolcheviques do hospital pegaram o oficial ferido pelos braços e pernas e o jogaram contra uma parede até que ele morresse. Mas, na maioria dos casos, esses "contrarrevolucionários" eram levados para uma fábrica de metais ou para curtumes para serem executados – principalmente para as Fábricas do Báltico, onde eram mortos de forma tão bestial que até mesmo alguns dos operários pró-bolcheviques ficavam horrorizados com os atos e protestavam contra eles. Por exemplo, em uma fábrica de metais, alguns Guardas Vermelhos amarraram os braços e as pernas de um grupo de cinquenta cadetes de modo a dobra-lhes os corpos e os jogaram, amarrados, nas chamas dos altos-fornos. Mais tarde, os restos mortais das vítimas foram encontrados nos montes de lixo do lado de fora, fundidos com a escória. Além disso, ocorreram fuzilamentos em massa e execuções por outros meios nas dependências da fábrica. Alguns dos cadáveres encontrados lá estavam desfigurados demais para serem identificados. E lá eles ficaram (os parentes foram proibidos de removê-los) até que, em alguns casos, cães e porcos os arrastaram para o campo aberto e os devoraram. Somente quando os bolcheviques foram expulsos do distrito de Taganrog é que a polícia conseguiu exumar alguns dos cadáveres e fazer com que fossem examinados e relatados por especialistas médicos. Posteriormente, um assistente na tarefa de exumação depôs diante de nós que, sem sombra de dúvida, algumas dessas vítimas do terror bolchevique haviam sido submetidas a torturas agonizantes antes de serem mortas. E a crueldade desnecessária com que alguns desses infelizes foram massacrados foi tão notável a ponto de fornecer uma ilustração vívida dos limites que o ódio de classe e a brutalidade humana podem atingir. Pois, em alguns dos cadáveres, não havia apenas ferimentos do tipo que os tiros de fuzil normalmente causam, mas também cortes e facadas, obviamente infligidos antes da morte. E, às vezes, o número de tais ferimentos era tão grande, que mostrava que a vítima havia sido literalmente golpeada até a morte; em outros casos, a cabeça estava despedaçada; em outros, transformada em uma massa quase disforme, na qual o último traço dos contornos faciais havia se perdido. Por fim, havia cadáveres cujos membros e orelhas haviam sido cortados, e outros que ainda tinham curativos cirúrgicos sobre eles – prova clara de que tais vítimas foram arrastadas de hospitais e enfermarias para a morte.

As descrições dos avanços e massacres bolcheviques durante março e abril de 1918 são semelhantes. No distrito de Kuban, nem uma única *stanitza* (aldeia cossaca) ocupada pelo Exército Don dos bolcheviques deixou de registrar um número total de vítimas. Esse foi particularmente o caso da *stanitza* de Ladishen, onde 74 oficiais e 3 mulheres foram despedaçados. E em Ekaterinodar, mais uma vez, homens feridos foram cortados em pedaços com machadinhas, e outros tiveram seus olhos arrancados. Em Novocherkassk, 43 oficiais foram massacrados de forma ainda mais brutal. Naturalmente, esses massacres provocaram rebeliões; e, é claro, as rebeliões foram seguidas de represálias. Em seu livro *Notes on the Russian Turmoil* [Notas sobre a agitação russa][149], Denikin observa: "A história desses levantes cossacos é tão trágica quanto uniforme". Para dar um exemplo: em algumas aldeias do distrito de Labin, que se rebelou em junho, 770 dos habitantes foram executados pelos bolcheviques, além daqueles que caíram na luta real. Poderiam ser citados vários desses massacres terríveis e desumanos.

Cenas semelhantes foram testemunhadas em Sebastopol, Yalta, Aloushta, Simferopol, Theodosia e outras cidades da Crimeia. No *Caso n. 56*, encontramos a história da chamada "Véspera de São Bartolomeu", perpetrada em Eupatoria, em 14 de janeiro, quando o Exército Vermelho chegou à cidade e começaram as prisões em

---

149. Vol. III, p. 153.

massa de oficiais, de pessoas abastadas e de todos os que foram considerados "contrarrevolucionários", de modo que, em três ou quatro dias, mais de oitocentas pessoas estavam deitadas em locais de confinamento bolcheviques:

> Os condenados eram levados para o convés superior (a cena se passava a bordo do S.S. Roumania, um cruzador auxiliar), eram ridicularizados e depois fuzilados e jogados na água. Além disso, alguns foram atirados na água vivos, com os braços amarrados nos cotovelos e nos pulsos, torcidos para trás, ou então com as pernas amarradas, ou então com a cabeça puxada para trás com cordas e amarrada aos braços e às pernas, ou então com rodas de canhão amarradas às pernas. [...] Em outro dia, 46 dos oficiais capturados foram alinhados ao lado dos baluartes do navio Truvor e, depois de terem seus braços amarrados, foram chutados ao mar por marinheiros, um a um, de modo que todos se afogaram. Esses massacres foram testemunhados por parentes, esposas e filhos dos mortos, que ficaram em terra chorando e implorando misericórdia para seus parentes. Quanto aos marinheiros, eles apenas riam. O incidente mais terrível de todos foi a morte do capitão Novatsky, oficial acusado pelos marinheiros de ter liderado o levante de Eupatoria. Embora ele já estivesse gravemente ferido, os bolcheviques o trouxeram à consciência e o jogaram na fornalha do cruzador. Muitas outras execuções ocorreram a bordo do Truvor. Antes de cada uma dessas execuções naquele navio (os detalhes haviam sido organizados de antemão pela "comissão de julgamento" local), os marinheiros eram enviados à escotilha aberta para chamar em voz alta o nome da próxima vítima; e, quando isso acontecia, o homem convocado era cercado por uma escolta e marchava por entre outros Guardas Vermelhos armados até o local exato da execução, onde marinheiros armados o levavam, o despiam de todas as suas roupas, amarravam seus braços

e pernas, deitavam-no de bruços no convés do navio, cortavam suas orelhas, nariz, lábios, órgão genital (este, em apenas alguns casos), braços e, finalmente, jogavam-no ao mar. Depois disso, lavaram o convés para remover os vestígios e passavam para o próximo item de seu trabalho imundo. A noite toda era ocupada com esse trabalho, pois cada execução levava de quinze a vinte minutos. E sempre que os terríveis gritos e gemidos das vítimas ameaçavam se tornar audíveis para os prisioneiros restantes no porão, os gritos eram abafados pelo acionamento dos motores do navio, levando os prisioneiros a pensar que o navio estava deixando o porto. Ao todo, durante aqueles três dias – 15, 16 e 17 de janeiro –, o navio de transporte Truvor e o cruzador Roumania viram afogados, ou mortos de outra forma, nada menos que trezentos oficiais. Mais tarde, um marinheiro bolchevique chamado Koulikov declarou, em uma reunião de seus Camaradas, que havia jogado sessenta vítimas no mar com suas próprias mãos. Mais uma vez, quando cerca de trinta ou quarenta pessoas desapareceram da cidade na noite de 1º de março, descobriu-se que haviam sido levadas para um local à beira-mar, a cinco verstas de distância, e lá foram baleadas com explosivos. Além disso, descobriu-se que, antes de serem baleadas, elas devem ter sido alinhadas diante de uma enorme cova aberta e, em seguida, esfaqueadas com baionetas e cortadas com espadas. Além disso, descobriu-se que, em muitos casos, a pessoa não morrera de imediato ao ser baleada, mas apenas caído, ferida e inconsciente, e, nessa condição, havia sido enterrada juntamente com as demais; e que, uma vez, quando os algozes arrastavam um homem caído para a sepultura, puxando-o pelas pernas, ele subitamente recobrou a consciência, levantou-se e correu para salvar sua vida – no entanto, antes que conseguisse percorrer mais de 20 *sazheni*, uma segunda bala o atingiu, derrubando-o.

Novamente, encontramos escrito nas reminiscências de Krishevsky:

> Quando o governo bolchevique foi estabelecido na Crimeia, ele assumiu a forma mais sanguinária, cruel e facínora possível, como um governo baseado apenas na autoridade local grosseira e tirânica. E rios inteiros de sangue começaram a correr nas cidades, marinheiros bolcheviques se enfureceram por toda parte e roubos ocorreram, até que se formou uma atmosfera geral e permanente de pilhagem e saque dos cidadãos.

E, a isso, Krishevsky acrescenta uma descrição dos disparos contra oitenta oficiais em Yalta, sessenta em Theodosia, cem no pátio da prisão em Simferopol (sendo sessenta cidadãos comuns), e assim por diante. E ele continua:

> Durante o mesmo mês de fevereiro, Sebastopol assistiu a um segundo massacre de oficiais, mas, dessa vez, tão organizado que as vítimas foram abatidas de acordo com uma programação regular. E não apenas os oficiais da Marinha, mas todos os oficiais e muitos cidadãos proeminentes. Ao todo, as vítimas totalizaram algo em torno de oitocentas pessoas.

Sabemos, também, que essas vítimas foram mortas da maneira mais cruel, depois de terem seus olhos queimados. E a população tártara da Crimeia também pereceu às centenas, pois os bolcheviques sabiam que essa população não gostava do regime. "Estabelecer o número de vítimas com precisão é impossível", dizia o relatório da Comissão Denikin com relação aos atos dos bolcheviques em Stavropol entre 1º de janeiro e 18 de junho de 1918. "Na verdade, as pessoas foram fuziladas sem nenhum exame ou julgamento prévio, mas apenas com base em ordens verbais emitidas pelos comandantes da cidade ou pelos líderes dos destacamentos da Guarda Vermelha". Uma confirmação adicional disso pode ser encontrada em certas reminiscências escritas por B. M.

Krasnov, ex-procurador do distrito em nome do Governo Provisório, e publicadas por J. V. Hessen em *Archives of the Revolution* [Arquivos da Revolução]. Nessas reminiscências, lemos sobre atos exatamente semelhantes, e também sobre atrocidades cometidas contra mulheres e crianças de Kalmik, e sobre cortes nas orelhas das vítimas, assim como sobre estupros e torturas em massa das alunas de uma escola secundária para meninas[150].

Os materiais coletados pela Comissão Denikin também retratam coisas feitas em Kharkov, Poltava e outras cidades da região. Aqui, mais uma vez, nos deparamos com todo tipo de atrocidade e lemos sobre "cadáveres com as mãos decepadas", "ossos quebrados ao meio", "cabeças arrancadas do tronco", "ossos da mandíbula quebrados" ou "órgãos geradores ausentes". Cada cova comum continha dezenas desses corpos, entre os quais o do arcebispo Rodion, de setenta e cinco anos, escalpelado antes de morrer.

E sempre que os avanços ou recuos dos bolcheviques durante a guerra civil os levavam a um lugar pela segunda vez, eles cuidavam para que essa segunda visita fosse ainda mais terrível do que a primeira, e marcada por ondas não mais elementares, mas organizadas e sistematizadas em uma vingança brutal regular. Por exemplo, vejamos uma descrição das cenas sangrentas testemunhadas em Armavir quando, em 1918, o Terror de Kuban estava terminando. Uma característica significativa é que, nesse caso, a vingança deixou de ser dirigida exclusivamente contra os russos, como a Comissão Denikin relatou:

> Antes, em julho, quando a divisão do general Borovsky entrou em Armavir, a população armênia do local havia recebido as tropas do general com pão e sal, e arcado com todas as despesas do enterro dos oficiais que haviam caído durante o avanço; mas agora, quando considerações estratégicas obrigaram o general Borovsky a deixar a cidade e os bolcheviques

---

150. Veja *Archives of the Revolution*, vol. VII, n. 164.

voltaram, as execuções em massa tornaram-se imediatamente a regra. Os primeiros a serem mortos a golpes foram quatrocentos refugiados armênios da Pérsia que haviam montado um acampamento ao lado da linha férrea. Suas mulheres e crianças foram massacradas junto com os homens. Feito isso, os carrascos voltaram sua atenção para a cidade em si. Mais de quinhentos cidadãos pacíficos foram baionetados, sabotados ou fuzilados nos prédios, ruas e praças da cidade; enquanto Ibn Bok, o cônsul persa, também foi morto a golpes de faca e, como os bolcheviques já haviam forçado a entrada no pátio do consulado, 310 súditos persas, que haviam fugido para lá em busca de refúgio e proteção, foram massacrados com tiros de metralhadora.

Além disso, o notável livro *Seventy-four Days of Bolshevist Rule* [Setenta e quatro dias de governo bolchevique], escrito por A. Lokerman e publicado em Rostov em 1918, nos dá uma descrição de eventos semelhantes na cidade e, em geral, referindo-se aos tiroteios locais em massa locais e aos massacres de pacientes hospitalares em particular, diz:

> Depois de serem despojados de suas roupas no quartel-general de Sivers (exceto a alguns a quem foi permitido manter suas calças e botas, e até mesmo as camisas, já que essas vestimentas poderiam, é claro, ser removidas após a execução), os prisioneiros, homens nus e descalços, marcharam, neste século XX, ao longo de uma rua coberta de neve até o pátio da igreja e fuzilados. E embora a maioria deles tenha morrido rezando e fazendo o sinal da cruz, não é preciso dizer que concessões ao "preconceito burguês", como vendar os olhos dos prisioneiros ou permitir a presença de um padre, foram ignoradas.

Além disso, meninos de quatorze e dezesseis anos, incluindo estudantes do ensino médio e da faculdade de treinamento local, foram fuzilados por terem se alistado no Exército Voluntário: o quartel-general de Sivers havia ordenado peremptoriamente a morte de todos os ex-membros desse Exército, independentemente de a vítima ter ou não participado das atividades do Exército, ou de sua idade. Mais uma vez, as pessoas que saíam de uma casa depois das 8 horas da noite eram fuziladas – fuziladas sem demora; a patrulha que as pegava no ato imediatamente as levava para o local isolado mais próximo e acabava com o assunto. Outra característica do caso era que os fuzilamentos eram realizados contra as paredes do hipódromo local, onde todos podiam ver o espetáculo, ou contra um aterro ferroviário – e, em ambos os casos, em plena luz do dia. Não raro, os cadáveres eram mutilados a ponto de se tornarem irreconhecíveis. É claro, as execuções eram acompanhadas de gritos como "Morte à burguesia!" e "Morte aos capitalistas!", embora, obviamente, a grande maioria das vítimas não tivesse nenhum tipo de ligação com capitalistas ou com dinheiro, mas fossem estudantes do ensino médio, ex-alunos da universidade local e representantes das profissões liberais. É claro, também, que a última circunstância pode fazer com que o caso pareça, à primeira vista, ter sido um massacre apenas de intelectuais; mas, na verdade, os mortos eram de todas as classes e, acima de tudo, do campesinato. Em 1918, antes de se retirarem do distrito, os bolcheviques encerraram essas atrocidades revoltantes com uma retirada tão impiedosa em seu progresso quanto o avanço havia sido. Quando, por exemplo, abandonaram Sarapol e descobriram que a tarefa de evacuar os prisioneiros da prisão local seria difícil, eles efetuaram uma rápida liberação atirando imediatamente em todos os detentos da prisão[151]. O senhor Alston confirmou isso escrevendo para lorde Curzon (em 11 de fevereiro de 1919): "Um dos líderes bolcheviques declarou publicamente que, se os bolcheviques fossem obrigados a deixar a cidade, primeiro massacrariam mil habitantes locais"[152].

---

151. Veja *The Twelve Condemned*, p. 21.
152. British Parliamentary Paper, *Reports on Bolshevist Russia, Abridged Edition, Russia*, n. 1, p. 42 e 54.

O mesmo *British White Book* nos forneceu algumas informações interessantes sobre certas características da guerra civil no nordeste da Rússia em 1918 e 1919. Sir Charles Eliot escreveu então a lorde Curzon:

> Normalmente, as vítimas eram baleadas, mas também eram afogadas ou golpeadas. Com relação a Perm e Kungur, as vítimas eram massacradas na proporção de trinta, quarenta ou sessenta por vez. Em muitos casos, esses massacres eram precedidos de torturas e outros atos ultrajantes. Por exemplo, em Omsk, alguns trabalhadores foram primeiro açoitados e espancados com pontas de rifles e pedaços de ferro, para obrigá-los a prestar depoimento. Por diversas vezes, tiveram de cavar suas próprias sepulturas antes da morte, ou de ficar com o rosto voltado para uma parede enquanto seus carrascos disparavam tiros ao redor de seus ouvidos, e só depois de um tempo considerável disparavam para matar. Isso me foi dito por pessoas que realmente sobreviveram a esses massacres[153].

O general Knox assim escreveu para o Ministro da Guerra britânico:

> Em Blagoveschensk, encontramos oficiais e homens do destacamento de Torbolov que tinham agulhas de gramofone enfiadas sob as unhas, olhos arrancados e marcas de pregos de ferro na carne das alças dos ombros, de modo que os corpos, congelados e rígidos como estátuas, eram um espetáculo verdadeiramente hediondo! Removidas para Blagoveschensk, as vítimas foram, no entanto, massacradas em Metzanovaya[154].

É apresentado aqui um relatório enviado ao lorde (então senhor) Balfour pelo senhor Alston, em 18 de janeiro de 1919, com

---

153. Veja o já citado *British Parliamentary Paper*, p. 53.
154. Em um diário compilado por A. Boudberg e incluído nos *Archives of the Revolution*, encontramos o total de mortos em Blagoveschensk dado como 1.500.

base em declarações feitas pelo então encarregado de negócios tcheco, descrevendo certos eventos notáveis em Kiev.

> Até mesmo o comportamento feroz dos turcos na Armênia empalidece diante do que os bolcheviques estão fazendo na Rússia. [...] Durante os combates de julho no distrito de Usuri, o doutor T. encontrou corpos de soldados tchecos mutilados a ponto de terem seus genitais extirpados, cabeças abertas, rostos cortados, olhos arrancados ou línguas extraídas. Além disso, o doutor Girsa, representante local do Conselho Nacional Tcheco, e seu assistente relataram que, um ano antes, quando os bolcheviques capturaram Kiev e fuzilaram centenas de oficiais, esses oficiais haviam sido retirados de seus alojamentos e, apesar do frio extremo, foram despidos até a pele, exceto por seus gorros, amontoados em carroças e caminhões, e forçados a ficar nus por horas no frio cortante, até que seus carrascos bolcheviques recebessem a ordem para fuzilá-los individualmente ou em grupos, conforme a conveniência de cada carrasco. O doutor Girsa era, então, cirurgião no Hospital Civil n. 12, e desde o início, devido à maneira implacável com que os bolcheviques atacavam todos os oficiais e membros das classes instruídas, esse hospital ficou terrivelmente superlotado de homens feridos, que tiveram de ser escondidos em armários para que os bolcheviques não os arrastassem para a rua e os matassem imediatamente. Além disso, o doutor Girsa nos disse que, mais tarde, pessoas viram corpos de oficiais sendo devorados por cães, e que a esposa de seu assistente viu um carro cheio de corpos congelados sendo levado para um local de despejo fora da cidade. Em todos os lugares, pessoas eram retiradas de suas casas no meio da noite, leitos de hospitais eram esvaziados, pacientes em estado grave eram massacrados, e homens eram fuzilados sem julgamento[155].

---

155. De relatórios e outros documentos contidos no *State Papers of Czecho-Slovakia*, 1919, vol. LIII.

Da mesma forma, o senhor Alston escreveu ao senhor Balfour, em 14 de janeiro de 1919:

> Nesta cidade, o número de civis inocentes brutalmente assassinados chegou a centenas, enquanto os oficiais que foram feitos prisioneiros pelos bolcheviques tiveram suas alças pregadas nos ombros, meninas foram estupradas, e corpos de civis foram encontrados com os olhos arrancados e o nariz faltando. Em Perm, 25 padres foram baleados. Além disso, o bispo Andronik foi enterrado vivo. O senhor me prometeu o total de mortos e outros detalhes mais tarde.

Portanto, não importa de onde venha ou a que localidade se refira, nossas informações mostram uma monotonia uniforme de horrores. Estônia, Letônia, Azerbaijão – nenhuma dessas regiões escapou à regra. E documentos oficiais do Estado Alemão registraram os mesmos acontecimentos em Valk, Dorpat, Wesenburg e outros lugares daquela região, assim como o *British White Book* – lê-se nessas publicações relatos constantes sobre centenas de pessoas com olhos arrancados e outras formas de brutalidade. Além disso, o autor de algumas reminiscências sobre a rebelião na Transcaucásia afirmou que, durante uma insurreição em Elizabetpol, em 1920, 40 mil muçulmanos morreram nas mãos dos bolcheviques[156].

Apenas observando fatos desse tipo é que podemos compreender plenamente a dimensão do fenômeno conhecido como "Terror Vermelho", pois esses eventos ocorreram onde quer que a guerra civil tenha eclodido. E os atos que representam não são consequência do calor do conflito, do momento em que as paixões animais da humanidade são mais facilmente despertadas, tampouco podem ser descartados com a justificativa de que foram "excessos de guerra", ou que foram perpetrados por carrascos chineses ou

---

156. Veja *Archives of the Russian Revolution*, vol. IX, p. 190.

pelos "Contingentes Internacionais", que se tornaram excepcionalmente notórios por sua crueldade e levaram Vershimir a fazer o emblemático comentário de que o "Batalhão Internacional" de Kharkov "cometeu atrocidades que excederam até mesmo aquilo que conhecemos como horrível"[157]. Não, longe de os excessos dos bolcheviques serem atos nascidos de um impulso momentâneo, eles eram atos resultantes de um sistema regular de crueldade e de uma política estabelecida de intenção preconcebida. Prova disso é que, pouco antes do atentado contra a vida de Lênin, Latzis desenvolveu e publicou no *Izvestia* (em 23 de agosto de 1918), "novos regulamentos para a guerra civil", que deveriam substituir o antigo código baseado em costumes e convenções e, em particular, aboliram a regra sobre o fuzilamento de prisioneiros de guerra, que ele considerava especialmente "ridícula". "Em um conflito civil", escreveu ele, "deveríamos adotar, como nossa única lei, a máxima de que todas as pessoas que portam armas contra nós devem ser mortas, mesmo que já estejam feridas".

E os bolcheviques não se limitaram a desencadear as paixões elementares: eles também, guiando-as para os canais que desejavam, desenvolveram um sistema de propaganda regular – um exemplo disso é que fizeram com que os atos no distrito de Kuban, em março de 1918, fossem acompanhados em todos os lugares com o slogan "Viva o Terror Vermelho!". Posteriormente, esse slogan foi adotado pela seção de Piatigorsk do Partido Comunista.

De um bolchevique que participou da guerra civil no Sul da Rússia, temos a seguinte descrição de uma cena inacreditável:

> Um dia, encontrei alguns cossacos bolcheviques fuzilando oficiais contra um monte de feno. Fiquei realmente satisfeito com isso, pois me mostrou que aqui não havia esporte sem objetivo, mas guerra civil do tipo certo. Então, cavalgando até os homens, saudei-os. Ao me reconhecerem, aplaudiram

---

[157]. Veja o livro *The Kremlin From Behind Prison Bars*, de Vershimir, p. 177.

e um deles disse: "Enquanto tivermos oficiais Vermelhos como o senhor, não nos faltarão oficiais Brancos. Aqui estão alguns deles, sendo eliminados". E eu respondi: "Muito bem, meus amigos! Continuem o bom trabalho, lembrando-se constantemente de que, somente quando o último oficial branco cair, alcançaremos a liberdade[158].

---

158. Veja "For the Soviet Power" em *Diary of a Participant in the Civil War*, de S. M. Pougaehevsky, e seu *Materials for a History of the Red Army*, vol. I, p. 406.

CAPÍTULO 5

Terrorismo de classe

> Proletários, nunca deixem de perceber que a crueldade é um resquício da escravidão e um testemunho da brutalidade que ainda se esconde em todos nós.
>
> — JAURÈS

Até agora, os dados referentes a revoltas que extraí do *British White Book* tratam exclusivamente da repressão a levantes camponeses – revoltas do tipo que sempre ocorriam onde os bolcheviques haviam se instalado; mas também tenho à minha disposição dados que tratam da repressão de revoltas de trabalhadores industriais nas cidades. Em 5 de março de 1919, o senhor C. Eliot escreveu a lorde Curzon:

> Os trabalhadores industriais que se opõem aos bolcheviques são tratados exatamente da mesma forma que os camponeses que o fazem. Em dezembro passado, cem trabalhadores de Motovilyky, perto de Perm, foram fuzilados apenas por terem protestado contra os atos dos bolcheviques na localidade[159].

Não são apenas os relatórios ingleses que fornecem uma sucessão interminável de tais fatos! Outros relatórios semelhantes aparecem tanto na imprensa russa comum quanto nas folhas oficiais dos bolcheviques (naquele período, ainda era possível que um jornal russo particular descrevesse os levantes que a tirania bolchevique em geral, e as apreensões de alimentos para pagamento do imposto sobre grãos em particular, evocavam periodicamente

---

[159]. Veja *British White Book*, p. 54.

entre as classes rurais). E a repressão desses levantes sempre vinha acompanhada de derramamento de sangue: nem mesmo a história da Rússia, rica em levantes camponeses, pode mostrar repressões populares comparáveis àquelas perpetradas pelos bolcheviques – não, nem mesmo no período da servidão.

Obviamente, uma das razões para isso é que os aprimoramentos modernos em equipamentos mecânicos e a invenção de tanques, metralhadoras e gás venenoso, permitiram que mais recursos fossem utilizados contra os rebeldes.

Durante 1918 e 1919, coletei muito material sobre esse assunto em particular e, embora tenha perdido tudo durante as revistas domiciliares, que posteriormente se tornaram regra em Moscou e em todas as outras cidades da Rússia, posso citar pelo menos um documento interessante que apresenta um resumo dos eventos na província de Tambov pouco antes do levante de Antonov – levante que, uma vez iniciado, espalhou-se como fogo na palha seca e foi, principalmente, uma resposta à política anti-campesinato, conhecida como "terrorismo de classe". Com data do final de 1919 e tendo como assunto a repressão dos "distúrbios" de Tambov no recente mês de novembro, o documento representa um memorando apresentado ao Conselho dos Comissários do Povo por um grupo local de social-revolucionários. As últimas ebulições da ira popular na região de Tambov tiveram muitas causas, incluindo mobilização, o poder de requisitar estoques e o registro compulsório de propriedades da Igreja. Tendo começado em um *volost*, ou distrito menor, a agitação rapidamente se espalhou até envolver a província como um todo.

> O Poder Soviético (afirmava o memorando dos social-revolucionários locais) enviou para lá uma expedição punitiva após a outra, e nós nos aventuramos agora a submeter ao Conselho uma breve exposição de ações sanguinárias que jogam na sombra até mesmo aquelas que foram perpetradas

na mesma região pelo *oprichnik*[160] Louzhenovsky. Em todos os vilarejos do distrito de Spassk, para onde foi enviada uma expedição punitiva, os senhores viram camponeses sendo açoitados de forma tão abominável quanto indiscriminada, e muitos deles foram fuzilados. Além disso, dez camponeses e um padre foram executados publicamente na praça da cidade de Spassk, enquanto os habitantes das aldeias de onde as vítimas vieram tiveram que assistir ao espetáculo e, em seguida, fornecer transporte para a remoção dos corpos. Além disso, trinta homens foram fuzilados atrás da prisão de Spassk, depois de terem sido obrigados a cavar suas próprias sepulturas. No distrito de Kirsanov, seu frenesi de crueldade levou as "forças de pacificação" a manterem as vítimas trancadas em um galpão durante dias com um javali faminto, até que algumas dessas pessoas, submetidas à tortura do medo, perderam a razão. E o chefe do Comitê Nashtchokin de Ajuda aos Desamparados presumiu perpetrar execuções não autorizadas muito tempo depois de a última expedição punitiva ter deixado a vizinhança. No distrito de Morshansk, centenas foram baleados com tiros de obuses, milhares foram feridos, vilarejos foram quase destruídos com os mesmos tiros, as propriedades dos camponeses foram saqueadas pelos Guardas Vermelhos e por comunistas civis, e seus estoques de farinha e grãos foram levados. Mas o destino dos camponeses de Michaevsk foi o pior de todos. Lá, uma em cada dez cabanas reduzida a cinzas, e os homens, mulheres e crianças foram levados para a floresta. Em Perkino, embora os aldeões não tenham participado ativamente da rebelião, mas apenas elegido um soviete independente, um destacamento de Tambov matou todos os membros desse soviete. E quando quinze camponeses de Ostrov foram levados para a prisão em

---

160. Ou seja, um membro da *Oprichnina*, ou corpo de guardas policiais, que o czar Ivan IV (O Terrível) manteve durante o século XVI. .

Morshansk, constatou-se que estavam horrivelmente feridos, enquanto, neste exato momento, há nessa prisão uma mulher deitada que teve todos os cabelos arrancados da cabeça. Em Morshansk, ocorreram dezenas de casos de estupro e oito camponeses foram enterrados vivos depois de terem sido grosseiramente maltratados pelos Guardas Vermelhos. E com relação aos oficiais bolcheviques que mais se destacaram nessa região, eles são Tsufirin, o líder da expedição punitiva, um comunista chamado Parfenoy, que o governo czarista trouxe de volta do exílio em resposta a uma petição, e Sokolov, um ex-sargento. Em resumo, nesse distrito de Tambov, vilarejos inteiros foram destruídos – alguns deles por disparos incendiários e outros por bombardeios – e muitos habitantes foram executados. E Bondary teve seu clero local fuzilado por ter realizado um culto depois que os bolcheviques depuseram o soviete local[161]. O grau de tato e decência demonstrado pelos bolcheviques na repressão dos levantes é mais bem ilustrado pelo fato de terem encarregado um jovem de dezesseis anos, chamado Lebsky, para liderar uma expedição punitiva, e nomeado para o cargo de chefe da Che-Ka de Tambov um certo A. S. Klinkov – um ex-comerciante falido e fraudulento, ignorante, extorsionário, alcoólatra, e que, até a eclosão da revolução de outubro, estava envolvido em operações especulativas desonestas. E esse cargo que ele ainda ocupa lhe dá o direito de dispor da vida de todos os prisioneiros, e ele usa esse direito para executá-los indiscriminadamente. Além de despachar expedições punitivas, as autoridades iniciaram uma prática de despachar certos núcleos comunistas, para que estes possam "adquirir" o gosto pela luta, embora sejam apenas facínoras que passam a maior parte do tempo em farras, cometendo incêndios e roubos, e transformando os grandes

---

161. A propósito, um relatório de uma Che-Ka local incluía a seguinte pergunta: "O que devemos fazer com as pessoas que desejam celebrar a queda do Poder dos Camponeses e Trabalhadores realizando serviços de ação de graças?" Veja *Weekly*, n. 4, p. 25.

princípios de "liberdade, fraternidade e igualdade" nos horríveis princípios das invasões tártaras medievais. [...] Além disso, devemos chamar a atenção dos senhores para o trabalho sanguinário perpetrado pelos destacamentos letões. Em todo o mundo, eles deixam atrás de si lembranças terríveis. Todas as prisões e masmorras sob a Che-Ka estão superlotadas, o número de pessoas presas chegou a milhares, com o frio e a fome causando doenças desenfreadas entre elas. E seu destino, na maioria dos casos, é certamente o fuzilamento. Esse continuará a ser o destino dos prisioneiros enquanto comissários e Che-Kas como os atuais estiverem no poder.

O resultado do aumento constante das revoltas camponesas foi que elas acabaram transbordando das aldeias para as cidades. O jornal russo *Roul*, publicado em Berlim, nos dá uma descrição particularmente vívida de uma revolta camponesa em Petropavlovsk. É verdade que aqueles que participaram desse levante são descritos como "forças brancas", mas o movimento foi puramente popular. Eis a conclusão do relato de uma testemunha ocular:

Aqui, o Terror Vermelho começou assim que os soldados entraram no local. Com eles, vieram as prisões e os fuzilamentos em massa sem julgamento preliminar. Além disso, todos os postes de telégrafo e telefone logo ficaram cheios de cartazes, dizendo que, no caso de outro ataque de um destacamento branco, a cidade seria arrasada pela artilharia vermelha. Um médico nosso foi aprisionado pelas forças brancas e, posteriormente, devolvido a nós. Ele nos disse que o Terror Vermelho assumiu formas ainda mais horríveis nas aldeias do que nas cidades – que, nas aldeias, cada cabana foi saqueada, todo o gado foi roubado e muitas famílias foram mortas, sem poupar nem mesmo os idosos, as mulheres e as crianças. Em outras cabanas, restaram apenas os idosos e os bebês, pois os membros adultos da família fugiram para o exército branco, enquanto as estradas abertas e as ruas das aldeias estão repletas de cadáveres de camponeses tão mutilados que não podem ser identificados, mas foram jogados ali "para servir de aviso aos outros", com a proibição de que as pessoas os removam para o enterro. Além disso, o médico nos disse que, em alguns casos, os camponeses se vingaram tão impiedosamente dos comunistas, que o salão público de Petropavlovsk ficou repleto de fileiras de cadáveres mutilados de comunistas. A cada domingo, entre fevereiro e maio passado, os comunistas realizaram ritos fúnebres com coral, sepultando cinquenta ou sessenta desses camaradas mortos de cada vez, enquanto tanto a praça quanto o antigo mercado de açougueiros estão repletos (mais uma vez, "como um aviso para os outros") de corpos de reféns anticomunistas que foram massacrados assim que os bolcheviques consolidaram sua posição na cidade, entre eles o prefeito, o vice-prefeito, o magistrado local e vários comerciantes proeminentes e outros cidadãos. Além disso, um grande número de vítimas desconhecidas foi fuzilado no pátio da Che-Ka, tanto de dia quanto de noite. Durante meses, foram ouvidos disparos no local. Em alguns casos, as vítimas não foram alvejadas, mas mortas a golpes de espada: nesses casos, seus gritos de agonia chegavam aos ouvidos até dos moradores das redondezas. Entre os executados, estavam o bispo local e a maioria dos funcionários da catedral, acusados de terem tocado os sinos quando os Brancos entraram na cidade – os comunistas ignoraram o fato de que, quando os Brancos entraram na cidade, era justamente 4 horas da tarde, horário em que, naturalmente, os sinos tocavam para o serviço da tarde! Neste exato momento, o corpo do bispo está exposto, como mais um "aviso", na praça pública perto da estrada que leva à estação ferroviária, onde o Exército da Sibéria Oriental tem sua sede. E disseram-me que, assim que a equipe desse quartel-general entrou na cidade, ordenou que todos os prisioneiros presos antes da chegada das forças brancas – mesmo aqueles presos por delitos insignificantes e condenados a algumas semanas ou alguns meses de prisão – fossem fuzilados. Eu mesmo deixei Petropavlovsk em 10 de maio. Naquela época, tudo estava calmo na cidade, apesar de muitos Guardas Vermelhos ainda estarem lá. Somente nos distritos vizinhos a rebelião ainda não havia sido totalmente sufocada, e prisioneiros camponeses ainda estavam sendo trazidos das aldeias, enquanto os restos mortais mutilados de comunistas recebiam enterro solenes, com música, nos feriados. Além disso, sei de um caso no distrito de Mozhaisk em que os camponeses ficaram tão revoltados que, após capturarem um comissário, eles o cortaram ao meio com uma serra de madeira.

O primeiro volume do *Bulletin*, publicado pelos social-revolucionários de esquerda, fornece, sob a data de janeiro de 1919, detalhes semelhantes com relação a outras localidades. Em Elifansky, na província de Toula, no final de 1918, 150 camponeses foram fuzilados. Em Medinsk, na província de Kalouga, 170. Em Prousk, na província de Riazan, 300. Em Kasimov, 150. Em Spassk, centenas. Em Tver, 200. E, no distrito de Velizhesk, em Smolensk, 600.

Com relação aos levantes que ocorreram em dois vilarejos ao redor de Kronstadt durante o mês de julho de 1921, nossas informações são exatas. Sabemos que, em um deles, 170 foram baleados, e em outro, 130. Em cada caso, o princípio observado foi o de selecionar um em cada três homens. Novamente, durante um levante em Kolivan (província de Tomsk), em 1920, mais de 5 mil camponeses foram fuzilados[162], enquanto um levante semelhante na província de Oufa, foi declarado como tendo sido sufocado de forma tão cruel, que até mesmo os dados oficiais se viram forçados a admitir que 10 mil pessoas haviam sido fuziladas. Dados não oficiais, porém, deram o número como mais de 25 mil[163].

---

[162]. Veja o *Revolutsionnaya Rossia*, n. 12.
[163]. *The Znamya Trouda*, n. 3, de 1920.

De um correspondente do jornal *Znamya Trouda* [O padrão de trabalho], temos a informação de que "no distrito de Volkovsky, província de Kharkov, centenas de camponeses foram fuzilados". Os social-revolucionários de esquerda de Moscou conseguiram que a declaração fosse transmitida e publicada na própria cidade. Em um vilarejo, diz-se que 140 pessoas foram executadas[164]. E a seguinte descrição de alguns motins ocorridos na Rússia Branca durante 1921 constitui uma página da história de uma luta regional, cujas causas foram o imposto sobre alimentos e a punição de atos de oposição ao imposto:

> Toda a área de Liaskovicheskaya *volost*, distrito de Bobrinsk, foi incendiada pelos bolcheviques [diz a descrição]. Os camponeses foram presos e exilados para Vologda ou para áreas atingidas pela fome, e tiveram suas propriedades confiscadas. Os bolcheviques ainda estão capturando reféns às dúzias onde quer que apareça um bando de camponeses insurgentes. A expedição punitiva que opera nessa região é a de Stok. Antes da execução, ele tortura seus prisioneiros e procura extorquir confissões, esmagando seus dedos nas frestas das portas[165].

Agora vou citar um documento publicado na época da supressão do levante de Antonov. O documento é uma Ordem emitida pelo Comitê Plenipotenciário da Comissão Executiva Central de Toda a Rússia. Datado de 11 de junho de 1921, esse documento diz:

> (1) Os cidadãos que se recusarem a informar os seus nomes serão fuzilados sem julgamento. (2) O decreto que autoriza a apreensão de reféns deve ser lido em todas as aldeias culpadas de esconder armas, e os reféns devem ser apreendidos e fuzilados, a menos que as armas sejam entregues primeiro. (3) As famílias que abrigarem bandidos (camponeses em rebelião)

---

164. Veja uma carta de junho de 1920, citada em *The Kremlin From Behind Prison Bars*.
165. Veja o *Posledniya Novosty*, de 21 de setembro de 1921.

serão presas e exiladas, e privadas de suas propriedades. Além disso, o principal trabalhador de cada uma dessas famílias será fuzilado sem julgamento. (4) Aqueles que abrigarem membros de famílias de bandidos, ou que ocultarem os bens dessas famílias, serão tratados como bandidos e seu principal trabalhador será fuzilado sem julgamento. (5) A propriedade de um bandido cuja família consiga escapar será repartida entre os camponeses que permaneceram fiéis ao Poder Soviético, e sua moradia será queimada. (6) Que esta Ordem seja executada com a mais implacável severidade[166].

Tambov e seus arredores, portanto, estavam encharcados de sangue, e Gan, o social-revolucionário de esquerda, não exagerou de forma alguma quando, ao se dirigir a um tribunal revolucionário bolchevique, disse[167]:

> Milhares de nossos camponeses foram fuzilados pelo senhor e por outros tribunais de circuito e Che-Kas provinciais. Os senhores abateram pessoas indefesas com tiros de metralhadora; exilaram famílias de camponeses para as províncias do Norte, não apenas aos milhares, mas às dezenas de milhares, e saquearam e queimaram suas propriedades[168]. Os membros do meu partido também possuem dados referentes a outras províncias – as províncias de Samara, Kazan e Saratov. Tanto de lá quanto de qualquer outro lugar, nossas informações são as mesmas. Em Bouzoulok, durante 1920, 4 mil pessoas foram fuziladas; em Christopol, seiscentas[169]; em Elatina (onde os senhores forçaram as vítimas a cavarem suas próprias sepulturas), trezentas[170].

---

166. Veja o *Za Narod*, n. 1 ("For the People").
167. Veja "Report of the Trial of some Left Social Revolutionaries on June 27 and 28, 1922" [Relatório do julgamento de alguns social-revolucionários de esquerda, de 27 e 28 de junho de 1922], em *The Days of the Revolution*, p. 296.
168. Um comitê executivo provincial admitiu descaradamente ter ordenado que vilarejos de 6 mil a 10 mil habitantes fossem incendiados por derrubarem proclamas sociais.
169. Veja o *Znamya Trouda*, n. 3, de setembro de 1920.
170. Gan recebeu esse item de uma testemunha ocular.

Tudo isso se aplica apenas à Rússia Central – ou melhor, à Grande Rússia –, sem mencionar a Ucrânia e a Sibéria.

Outro artifício utilizado pelos bolcheviques era o das execuções simuladas, quando os prisioneiros eram despidos de suas roupas, obrigados a cavar suas próprias covas e, ao comando de fogo, eram alvejados apenas com tiros acima de suas cabeças. Muitos casos desse tipo são relatados no conhecido livro de Maslov, *Russia After Four Years of Revolution* [A Rússia após quatro anos de Revolução].

"Em Arskaya *volost* (distrito de Kazan), 30 camponeses foram colocados em uma fila e tiveram suas cabeças decepadas com espadas" – essa é a declaração encontrada na edição de número 1 do *Bulletin* publicado pelo Partido Social-Revolucionário! E o jornal continua: "Açoites? Os açoites ocorrem por toda parte. Varas, bastões, cacetes, chicotes, punhos, coronhas de rifles e estoques de revólveres são todos usados para espancar os camponeses".

Oficialmente, foi declarado que os açoites deixaram de ser infligidos na Rússia "porque a punição corporal está abaixo da dignidade de um Governo de Camponeses e Trabalhadores", mas a verdade é outra. Em seu livro *The Moral Aspect of the Revolution* [O aspecto moral da Revolução][171] Steinberg, ex-comissário de justiça bolchevique, apresenta uma interessante coleção de comunicações relacionadas a açoites que ele e seus colegas administradores comunistas realizaram durante os primeiros dias do regime bolchevique. E a informação tem ainda mais peso pelo fato de sua base se apoiar em relatórios publicados pela própria imprensa soviética, como o *Pravda* e o *Izvestia*. O primeiro publicou um artigo intitulado *Derzhimordi*[172] *under the Soviet Flag* [Derzhimordi sob a bandeira soviética], que contava como um excedente de grãos fora arrancado de uma população rural relutante e uma rebelião de *koulaki* foi suprimida pela Che-Ka de Nikolaevsk (província de Vologda):

---

171. Veja *The Moral Aspect of the Revolution*, de Isaac Steinberg, p. 56-61.
172. Uma gíria (literalmente, uma "papada insolente") para um oficial, tal como Gogol imortalizou em sua peça *The Inspector-General* [O inspetor geral].

A Che-Ka reuniu uma multidão de camponeses em um celeiro gelado, despojou-os de suas roupas e os espancou com varas de madeira. E no distrito de Brilsky (província de Vitebsk), as pessoas também foram espancadas por ordem da Che-Ka local. No vilarejo de Ouren (província de Kostroma), embora os camponeses vestissem cinco camisas cada um para suavizar os golpes, foi em vão, pois os chicotes, feitos de arame retorcido, cortavam o tecido, cravando-o nas feridas até que secasse dentro delas, tendo depois de ser depois removido com água morna[173].

Mais uma vez, uma carta enviada ao Comitê Central do Partido Comunista pela senhora Spiridonova cita um informante, dizendo: "Um terço dos homens do nosso grupo foi alinhado e espancado com os punhos cerrados na presença dos outros dois terços. Qualquer um que tentasse escapar do espancamento com os punhos recebia também uma surra com chicotes". A isso, o informante acrescenta um relato das ações de uma "expedição requisitória".

> Sempre que a expedição chegava a um novo vilarejo, seus oficiais faziam com que os membros do conselho se ajoelhassem diante deles, para que os camponeses pudessem ter um respeito adequado pelo poder soviético. "E os açoitem também", diziam os oficiais, "para que se lembrem melhor de nós".

Depois disso, alguém se surpreende que o *Pravda* tenha acabado por admitir que o termo "comunista" passou a ser sinônimo de "arruaceiro", "inútil" e "charlatão"? "Somos tratados como animais irracionais", disse certa vez um camponês.

Mas o que o terror de expedições requisitórias, a formação de "comitês de camponeses mais pobres" e a ditadura armada de arruaceiros realmente significaram em um distrito rural só pode ser compreendido se tentarmos imaginar as condições de

---

[173]. Do livro de Steinberg.

vida dos camponeses enquanto esse terror estava em vigor. Cito alguns aldeões de Makarievo: "Enquanto, antes, tínhamos apenas o comissário de polícia montado em nossas costas, agora temos o comissário montado lá". Em uma passagem de um relatório publicado no *Pravda*, lemos: "Sempre que uma expedição, que estava cobrando o imposto sobre grãos no distrito de Khvalinsky (província de Saratov), chegava a um vilarejo, os camponeses eram ordenados a entregar suas moças mais bonitas aos oficiais". No mesmo espírito, um comissário de impostos sobre grãos instruiu um "comitê local de camponeses mais pobres"

> [...] a informar aos seus habitantes que, dentro de três dias, eles me fornecerão 10 mil libras de grãos; e que qualquer pessoa que não cumprir essa ordem será fuzilada com a minha própria mão, a qual acabou, ainda na noite passada, com um patife desobediente na aldeia de Varvarinka. [...] Além disso, autorizo a atirar da mesma forma em qualquer pessoa que não cumpra minha ordem nesse vilarejo malandro de —. O nome do *vilarejo* veio em seguida[174].

Assim, vemos que fuzilamentos e açoites foram os dois símbolos do "período que levou ao socialismo".

Mas nem a vida real nem a vida na ficção poderiam fornecer um paralelo ao incidente que ocorreu no distrito de Shatsky, província de Tambov, descrito por Steinberg em seu livro:

> Nesse distrito, os camponeses tinham uma veneração especial por um ícone da Madona Vishinskaya e, quando a gripe surgiu no distrito, foi realizada uma procissão solene em homenagem ao ícone e a celebração de uma missa. Quando os bolcheviques se apoderaram do ícone e do clero, e os camponeses souberam mais tarde que a Che-Ka havia profanado o ícone, arrastando-o pelo chão, eles saíram para "resgatar Nossa Senhora", com mulheres, crianças, idosos e todos os

---

174. Do *Izvestia*, n. 15, de 1919.

outros se juntando à multidão. Então, a Che-Ka apontou metralhadoras para eles e os abateu em fileiras, enquanto, "com olhos terríveis que não viam nada", avançavam sobre os corpos de moribundos e mortos. As mães, lançando-se diante de seus filhos, gritavam: "Ó Virgem Santa e Defensora, abençoe-nos; nós damos nossas vidas por Vós!"

Os bolcheviques sempre deixaram claro que o Terror era dirigido não tanto contra a burguesia como classe, mas contra todas as classes em geral, e que a elite intelectual se tornou a vítima especial, porque englobava todas as classes.

"O principal objetivo do Terror", disse um dos principais artigos do *Weekly* da Che-Ka, "é a destruição de líderes espirituais e diretores dos inimigos do Governo Proletário". É verdade que, às vezes, os decretos das Che-Kas e dos tribunais locais declaravam que uma sentença havia sido remitida "devido à origem proletária do acusado", mas isso era uma cegueira, uma máscara da verdadeira natureza do Terror, e apenas por um tempo enganou os setores menos cultos da população russa.

Foi relatado sobre um certo oficial bolchevique que, ao conduzir um interrogatório em um vilarejo, ele obtinha as "provas" de que necessitava simplesmente gritando: "Mostre-me suas mãos!". Se, em seguida, ele gritasse "Tirem as roupas desse sujeito!", as roupas eram imediatamente arrancadas das costas do prisioneiro, que, então, era colocado contra um caminhão, atacado com baionetas e jogado em uma das cavidades conhecidas localmente como "covas da peste", onde, onde gado havia sido jogado em uma época anterior de peste bovina. Um rival desse oficial em arrogância grosseira era um certo Mousikin, que havia sido artesão no bairro de Lefortovsky, em Moscou. O próprio *Pravda* nos contou de que maneira, no momento em que o Conselho de Moscou debatia a questão de suspender as Che-Kas, e Latzis propunha a tese de que os julgamentos legais não eram necessários, Mousikin encerrou o assunto, dizendo:

> Por que interrogar os prisioneiros? [...] Pessoalmente, eu simplesmente entraria na cozinha do acusado, olharia para sua panela e, se nela tivesse carne, o consideraria um inimigo do povo e o fuzilaria contra a parede de sua própria cozinha.

No entanto, se esse procedimento verdadeiramente "proletário" tivesse sido seguido em 1917 e posteriormente, nenhum homem do privilegiado Partido Comunista teria escapado da execução! No entanto, eles têm um ditado que diz: "se um homem não trabalhar, também não comerá!".

Novamente, como podemos dar crédito à afirmação de Latzis sobre o seu partido nunca ter permitido que o Terror "tocasse em camponeses e trabalhadores industriais que erraram meramente por terem sido enganados", ou à declaração de Mousikin, na edição de número 3 do *Weekly,* de que "em nenhum caso dirigimos perseguição terrorista contra as classes trabalhadoras"? Para citar apenas um exemplo, os habitantes de Odessa começaram a protestar contra os fuzilamentos em massa instituídos pela Che-Ka local durante o mês de julho de 1919, e essa Che-Ka emitiu uma ordem para que:

> Visto que certos contrarrevolucionários estão espalhando falsos rumores e dizendo que trabalhadores industriais foram baleados, o *Praesidium* anuncia aqui que, em nenhum caso, um trabalhador desse tiipo, nem mesmo um camponês, foi baleado, mas apenas alguns bandidos e assassinos comprovados.

O documento acrescentava que "qualquer contrarrevolucionário assim disposto" poderia vir e investigar qualquer alegação de que um trabalhador havia sido baleado pela Che-Ka. Finalmente, "de agora em diante, a medida punitiva suprema permitida pela lei durante um estado de sítio será aplicada a qualquer pessoa de quem emanar um falso boato". Tal advertência dificilmente deixaria alguém "disposto" a se entregar a investigações do tipo indicado, ou a quaisquer investigações![175]

Em 1920, ocorreram em Astrakhan massacres excepcionais em seu escopo, mesmo para a Rússia Soviética. E, em setembro do mesmo ano, sessenta representantes dos trabalhadores de Kazan foram fuzilados por pedirem jornada de trabalho de oito horas, revisão da escala de salários e deportação dos magiares que há muito tempo vinham causando problemas no distrito[176]. Mais tarde, essas ações levaram o Partido Social-Revolucionário de Esquerda a apelar aos trabalhadores para que se abstivessem de participar das comemorações do Primeiro de Maio[177], sob o argumento de que, "desde a Revolução de Outubro, o governo comunista tem fuzilado milhares de trabalhadores – camponeses, soldados das fileiras, trabalhadores industriais e marinheiros"[178].

Em um prédio oficial na Rússia Soviética, está inscrito o lema: "Para a burguesia, prisão! Para os camponeses e os trabalhadores industriais, persuasão Camarada!" E na ravina perto de Saratov, que descrevi, a abominação contida é composta tanto de camponeses e trabalhadores industriais quanto de burgueses, intelectuais e políticos proeminentes. Não, ela inclui até mesmo membros do Partido Socialista! Da mesma forma, o campo de concentração perto de Kharkov, que testemunhou a maior parte das façanhas de Saenko, embora nominalmente fosse um campo apenas para burgueses, era um campo repleto de representantes de todas as classes, mas, principalmente, de representantes da classe camponesa.

De fato, qual foi a quantidade de sangue de camponeses e trabalhadores derramada durante o Terror Vermelho? Essa é uma pergunta que nunca terá uma resposta. Eu tentei, com minha

---

175. Veja o livro de Margoulies a esse respeito.
176. Veja o *Znamya Trouda*, n. 3, sobre os fuzilamentos de trabalhadores industriais em Ekaterinodar já descritos.
177. Dia Internacional dos Trabalhadores, quando eventos grandiosos celebravam a Revolução e o proletariado. Era um dos eventos mais importantes do calendário comunista. (N. T.)
178. Veja a edição número 4 do *Bulletin* do Partido dos Socialistas-Revolucionários de Esquerda.

biblioteca de fichas, fazer uma tabela classes sociais. É verdade que isso se aplicava apenas ao ano de 1918, e os dados estavam longe de ser completos; mas, pelo menos, consegui chegar à seguinte classificação improvisada:

Intelectuais	1.286
Reféns (exclusivamente das classes profissionais)	1.026
Camponeses	962
Moradores urbanos	468
Pessoas desconhecidas	450
Elementos criminosos (que, em muitos casos, representavam pessoas presas, na realidade, por motivos políticos)	438
Funcionários condenados por má conduta profissional	187
Empregados domésticos	118
Soldados e marinheiros	28
Burgueses	22
Clero	19

Embora o agrupamento dessa tabela seja apenas casual, ele é suficiente para refutar as declarações dos principais bolcheviques, e para desalojar a pedra angular sobre a qual os comunistas se esforçam para criar *apologias* para seu sistema. Era inevitável que a luta interna pelo poder se tornasse o que se tornou. Inevitavelmente, essa luta passou a se assemelhar à luta paralela testemunhada durante a Revolução Francesa. Embora essa tese incontestável seja às vezes contestada, chegará o dia em que ela se firmará. Em 21 de agosto de 1919, um ex-guarda da prisão da Che-Ka em Nikolaevsk testemunhou perante a Comissão Denikin que, naquela prisão, a sorte dos trabalhadores e camponeses que não tinham meios para comprar seu alívio era muito pior do que a de seus companheiros que possuíam recursos. Além disso, ele afirmou que muito mais trabalhadores e camponeses foram executados do que intelectuais. Um documento da Comissão Denikin declara que, quando a municipalidade de Nikolaevsk estava ajudando a Comissão a fazer investigações locais e a determinar o total de fuzilados, ela finalmente obteve provas de um total de 115 (embora o número real deva ter sido muito maior, já que muitas covas funerárias não puderam ser localizadas, o estado avançado de decomposição impossibilitou o exame duas dessas covas, além de a Che-Ka ter publicado apenas listas parciais de suas vítimas, sem nenhuma informação sobre desertores locais do Exército Vermelho). Em seguida, o município determinou o *status* social de 73 dos 115, com o resultado de que a lista era encabeçada por 25 comerciantes e outros burgueses, e seguida por 15 membros da *intelligentsia* trabalhadora (engenheiros, médicos, estudantes e afins), e 33 camponeses e operários industriais.

De fato, à medida que o Terror se espalhou, as prisões dos bolcheviques ficaram cada vez mais cheias de proletariado e da *intelligentsia* trabalhadora, e os fuzilamentos dessa última foram proporcionalmente mais numerosos. Além disso, acrescentou-se a categoria dos socialistas.

A declaração de que o Terror Vermelho foi uma resposta ao Terror Branco, uma guerra de extermínio contra "inimigos de nossa classe que constantemente planejam a ruína do proletariado industrial e agrário", é explicável apenas na hipótese de exigência política. Foram os próprios apelos dos bolcheviques ao seu Exército Vermelho que fizeram com que a guerra civil se tornasse a coisa cruel e verdadeiramente brutal que se tornou, além do fato de que a propaganda bolchevique incluía deturpações calculadas para desmoralizar certos setores sociais. Assim foi o apelo (e a ameaça) aos voluntários para que se engajassem no trabalho de "espionagem" – uma ordem emitida por Piatakov, chefe da Che-Ka de Donetz, proclamando que "qualquer falha de qualquer comunista em denunciar um traidor será considerada uma ofensa à Revolução e punida com todo o vigor das leis do atual período bélico-revolucionário"[179]. Assim, a denúncia foi elevada a um dever cívico, a uma virtude cívica! Bukharin, por sua vez, disse:

> De agora em diante, todos nós devemos nos tornar agentes das Che-Kas, seja em nossas casas, seja em nossas ruas, seja em nossos locais públicos, seja em nossas ferrovias, seja em nossas instituições soviéticas. Em todos os lugares e em todos os momentos devemos estar atentos aos contrarrevolucionários, prendê-los e enviá-los à Che-Ka mais próxima.

E Miasnikov, o comunista que assassinou o grão-duque Miguel e, posteriormente, caiu em desgraça por ter publicado um panfleto que se opunha à política de Lênin, aconselhou que:

> Cada um de nós, trabalhadores, deve se tornar um agente da Che-Ka e manter a Revolução informada sobre o que está sendo feito pela contrarrevolução. Somente assim nos tornaremos fortes e seguros para futuros esforços. Para um cidadão honesto, nenhum outro modo de procedimento é possível. Isso não é mais do que seu dever.

Ou seja, o Partido Comunista deveria se tornar uma enorme força político-policial, e a própria Rússia, uma enorme Che-Ka com o objetivo de sufocar a liberdade e o pensamento independente. E veja uma sugestão apresentada a Moscou pela Che-Ka da ferrovia Alexandrovskaya:

> Que todos os trabalhadores ferroviários sejam encarregados de informar seu Che-Ka ferroviário sobre qualquer reunião pública que se saiba estar pendente, de modo que

---

179. Veja o jornal *Kharkovskaya Svezda* [Estrela de Kharkov], de 7 de junho de 1919.

os representantes da Che-Ka possam participar da reunião e anotar os procedimentos da mesma.

E o povo, como um todo, foi chamado não apenas a se envolver em "espionagem". O povo, como um todo, também foi solicitado a sancionar as formas mais odiosas de tirania. Por exemplo, o tribunal revolucionário de Kiev conclamava:

> Comunistas, Guardas Vermelhos e outros, cumpram sua grande missão mantendo-se constantemente em comunicação com nosso departamento de investigação, de modo que, onde quer que estejam – seja em uma cidade ou em um vilarejo, a poucos passos ou a dez verstas de distância – os senhores possam nos telegrafar suas informações ou telefonar pessoalmente, permitindo assim que nossos agentes de investigação se apressem para chegar ao local[180].

E a mesma cidade de Kiev viu seu comitê provincial de defesa dar poder não apenas a *indivíduos*, mas à *população como um todo*, para

> Apreender e deter toda e qualquer pessoa que seja encontrada tentando frustrar o governo soviético, selecionar reféns entre os ricos e fuzilar esses reféns caso ocorra qualquer manifestação contrarrevolucionária, e submeter as aldeias a investimento militar até que as armas sejam entregues, e realizar buscas domiciliares indenizadas após a expiração das datas de entrega de armas, e atirar em todas as pessoas que ainda estiverem de posse das mesmas, e fixar contribuições gerais, e deportar líderes e instigadores de rebelião, e entregar as propriedades desses líderes a moradores não abastados[181].

A imprensa provincial do Conselho também exibia com frequência anúncios como: "A Che-Ka provincial de Kostroma

---

180. Veja o *Izvestia* de Kiev, de 24 de julho de 1919.
181. Veja o *Nachalo* ("Principle" or "Guide"), de 19 de julho de 1919.

proclama que é dever de todo cidadão da R.S.F.S.R. atirar no cidadão Smorodinov, agora condenado por deserção intencional". Uma vez, um "Camarada Ilyin" escreveu de Vladikavkaz: "Cada um de vocês, comunistas, tem o direito de matar qualquer *agente-provocador*, ou pessoa culpada de sabotagem, ou pessoa que tente impedi-los de conquistar a vitória sobre o corpo de seu inimigo"[182]. Por fim, em 1918, um tribunal revolucionário no Sul chegou ao ponto de conferir a todos os seus partidários comunistas "poder de vida e morte sobre os contrarrevolucionários de todas as espécies", e uma associação da Guarda Vermelha em Astrakhan ordenou que, se um único tiro fosse disparado contra um trabalhador comunista ou um Guarda Vermelho, reféns da burguesia "seriam executados em vinte minutos".

---

182. Veja o *Narodnaya Vlast* ("Rule of the People"), de 24 de janeiro de 1919.

CAPÍTULO 6

A tirania da Che-Ka

> Os animais selvagens devem ser abatidos, mas não provocados e atormentados arbitrariamente.
>
> — A. P. Polonksy

Os instigadores do Terror Vermelho fizeram mais do que dar total espaço para a ilegalidade fora das instalações da Che-Ka; eles também estabeleceram um sistema completo de ilegalidade dentro dessas instalações, e uma simples olhada nos comentários oficiais sobre as listas de fuzilados trará à imaginação um espetáculo inesquecível de atrocidades. Frequentemente, pessoas eram fuziladas por ordem de oficiais que nem sequer sabiam quais eram as acusações, ou mesmo os nomes das vítimas. "Fuzilados – nomes desconhecidos"!

Em 18 de junho de 1918, o jornal de Gorky, o *Novaya Zhizn* [Nova vida], publicou uma entrevista com Dzherzhinsky e Zachs, na qual estes expuseram ao jornalista a política da Che-Ka, enquanto Dzherzhinsky, em particular, disse:

> Aqueles que nos acusam de assassinato secreto estão errados. Na verdade, a Che-Ka é formada por dezoito revolucionários testados, é representante do Comitê Central do Partido e do Comitê Executivo Central do Partido, e só pode proferir uma sentença de morte por decreto unânime – um único voto dissidente sendo suficiente para salvar a vida de um acusado. Acima de tudo, nossa força reside no fato de que não reconhecemos nem irmão nem amigo, e tratamos com especial severidade qualquer colega que demonstre falta de retidão. Por isso, a reputação pessoal da Che-Ka está

acima de qualquer suspeita. Além disso, é com rapidez que fazemos justiça: raramente deixamos passar mais de um, dois ou, no máximo, três dias entre a prisão e a sentença. Ao mesmo tempo, isso não significa que nossas conclusões não sejam invariavelmente bem fundamentadas. A possibilidade de um erro está sempre presente, mas até agora não ocorreu nenhum caso desse tipo, e a melhor prova do que digo pode ser encontrada em nossos protocolos, que mostrarão que, na maioria dos casos, um criminoso, ao ser confrontado com uma massa de evidências circunstanciais, confessa imediatamente sua culpa. E como a culpa poderia se tornar mais clara do que por meio de uma confissão do próprio acusado?

É verdade que o correspondente do *Novaya Zhizn* se referiu a rumores sobre o emprego de violência física durante os exames dos prisioneiros, mas Zachs respondeu imediatamente:

"Rumores desse tipo são falsos; e ainda mais porque fazemos questão de excluir de nossos trabalhos qualquer elemento que ameace se mostrar indigno de atuar".

Por isso, como mostrarei, a entrevista constituiu um tecido de mentiras.

INSENSIBILIDADE NAS EXECUÇÕES

Por um lado, a afirmação das autoridades mencionadas parágrafos antes, de que dezoito membros eram necessários para proferir uma sentença de morte era falsa. Com muita frequência, essa sentença era proferida por dois ou três membros apenas – ou mesmo por um, depois que o "juiz do povo" foi autorizado a aplicar a pena capital[183].

---

183. Veja o *Nachalo*, de 24 de julho de 1919.

"É com rapidez que fazemos justiça". Bem, é possível que Dzherzhinsky e seus semelhantes tenham feito justiça rapidamente em ocasiões de tiroteios em massa. Ao mesmo tempo, conheço inúmeros casos em que as coisas eram diferentes, e meses se passavam antes que o acusado fosse sequer interrogado, e, do início ao fim, os procedimentos gastavam mais de um ano antes de chegarem ao seu inevitável fim na execução.

"Somos acusados de assassinato secreto". É verdade. Raramente os fuzilamentos eram relatados oficialmente, embora em 5 de setembro de 1918, durante o auge de uma onda de Terrorismo Vermelho, uma resolução do Conselho de Comissários do Povo pediu "a publicação obrigatória dos nomes dos fuzilados e das razões para a aplicação da medida punitiva suprema!".

A maneira exata de cumprir essa resolução, no que diz respeito à prática, pode ser obtida por meio da leitura de anúncios ocasionais no *Weekly* da Che-Ka central, cujo objetivo era "coordenar e dirigir as atividades das Che-Kas provinciais". Para citar uma ilustração particularmente instrutiva, em 26 de outubro de 1918, seis semanas após o atentado da senhora Kaplau contra Lênin, a edição de número 6 do *Weekly* publicou o que parecia ser uma lista das pessoas mortas pelo ato. No entanto, apesar de, na realidade, o número de fuzilados ter chegado a várias centenas, o total escrito era de apenas noventa, e em 67 casos não havia nenhum nome de batismo ou patronímico. Em dois casos, apenas algumas iniciais. Em dezoito casos, apenas um sobrenome e o *status* social – "Razoumovsky, ex-tenente-coronel"; "Kotomazov, ex-estudante"; "Mouratov, funcionário de cooperativa"; e assim por diante. Somente em dez casos anexou-se algum motivo para a execução e, mesmo assim, o acusado foi meramente descrito como "um óbvio contrarrevolucionário" ou "um Guarda Branco" etc. Embora a lista também contivesse registros como "Khvostov, ex-ministro do Interior e um contrarrevolucionário" e "Vistorgov, arquissacerdote", o leitor era levado a supor que um simples registro de "Maklakov" se referia a outro homem que havia sido ministro do Interior. É verdade, neste último caso, que a identidade era fácil de discernir; mas o que dizer dos muitos Zhichkovskys, Ivanovs, Zhelinskys e outros que figuravam com ele? Ninguém poderia saber quem eram. Provavelmente, jamais saberemos.

Se as ordens da autoridade central fossem cumpridas pelas organizações subordinadas centrais dessa autoridade, o que deve ter acontecido nas províncias distantes do centro? Bem, lá, o Terror assumiu formas verdadeiramente bestiais, e os relatos oficiais de tiroteios tornaram-se ainda mais obscuros do que na vizinhança metropolitana. "Trinta e nove proeminentes proprietários de terras foram fuzilados após terem sido presos por estarem ligados à organização contrarrevolucionária conhecida como 'A União de Apoio ao Governo Provisório'"; "Seis adeptos do falecido regime imperial foram fuzilados", e assim por diante. Ou alguns nomes seriam publicados apenas com uma nota informando que as demais pessoas não identificadas na lista tinham tido o mesmo destino.

E o mesmo procedimento continuou mesmo após o que Moroz, o notório funcionário da Che-Ka, descreveu (na edição de número 6 do *Weekly*) como uma "desordem caótica". Por isso, a negação de Dzherzhinsky de que a sua Che-Ka tenha cometido um assassinato secreto estava fora de lugar, em todos os sentidos do termo. Às vezes, o tribunal proferia uma sentença de morte sem sequer ter visto a pessoa a quem estava condenando, ou mesmo ouvido uma defesa em seu nome. Além disso, raramente os nomes dos próprios condenados apareciam, ou a identidade permanente do pessoal de uma Che-Ka se tornava pública. (A propósito, os fuzilamentos realizados sem nenhuma notificação de ocorrência, ou de nomes, adquiriram o nome especial ou técnico de fuzilamentos em "becos sem saída").

Portanto, quanto descaramento deve ter sido necessário para um homem como Chicherin responder a um correspondente do *Chicago Tribune*, quando este lhe perguntou quantas pessoas haviam sido fuziladas "por ordem de tribunais secretos" e qual havia sido o destino dos membros sobreviventes da família do czar:

> Na Rússia, não existe um "tribunal secreto". E, no que diz respeito ao número de pessoas fuziladas por ordem da Che-Ka, o número já foi publicado. Tampouco sei nada sobre as filhas do czar, a não ser o que li em algum jornal, que elas agora estariam residindo na América![184]

Novamente, Dzherzhinsky falou de "confissões de culpa do próprio acusado". Bem, eu mesmo já ouvi tais "confissões" serem feitas – sob pressão de ameaças, sob a mira de um revólver. O mesmo aconteceu com muitos outros detentos das prisões de Che-Ka.

"Os rumores de que empregamos violência física são falsos". Isso é o que veremos, e, enquanto isso, pode-se dizer que as Che-Kas infligiam as torturas mais excruciantes, e não apenas nas províncias mais remotas. Pois a vida humana tornou-se tão sem valor na Rússia soviética, que Golodin (um deputado enviado de Moscou para fazer parte da Che-Ka de Kungur) resumiu as coisas ao dizer: "Hoje em dia, não é necessário nem suspeita, nem investigação, nem mesmo prova, para matar um acusado. Quando a medida é considerada aconselhável, pode simplesmente fuzilar e acabar com isso".

A seguir, vamos considerar algumas das razões *publicadas* para as execuções, conforme ocasionalmente apresentadas na imprensa bolchevique oficial e semioficial. Elas são significativas. Às vezes nos deparamos com uma razão, pelo menos, definida a ponto de descrever o "criminoso" como um "contrarrevolucionário astuto e ardiloso", ou "uma esposa totalmente ciente das atividades de seu marido", ou como "o filho" ou "a filha" "de um general" (esses exemplos são dos registros de Petrogrado); mas, mais frequentemente, o "crime", como no caso de Gorokhov, de um camponês

---

184. Veja o *Posledinaya Novosty*, de 25 de abril de 1922.

e de outros, era descrito com incrível desfaçatez, como "agredir um comissário". No caso de Rogov, um comerciante, foi descrito como "usar suas instalações para intrigas contra o Conselho" e assim por diante. Além disso, muitos foram simplesmente descritos como "fuzilados no curso normal do Terror Vermelho", e não há nada excessivamente explícito sobre "vinte conhecidos Guardas Brancos", "Zvierev, um médico e um Guarda Branco", "dezesseis *koulaki*", "um ex-membro do Partido Democrata Constitucional", "um contrarrevolucionário convicto" e registros do mesmo tipo. Na verdade, possuo uma série de recortes da imprensa oficial para aumentar essas instâncias, mas qualquer um poderia obtê-los examinando as seis primeiras edições do *Weekly*.

Uma lista trouxe especial tristeza a todos que conheciam as vítimas citadas. Essa lista continha os nomes de homens que já foram proeminentes no mundo acadêmico da Rússia e incluía, entre outros, intelectuais como N. N. Stchepkin, A. D. Apferov, A. S. Apferov, A. A. Volkov, A. I. Astrov, V. I. Astrov, N. A. Ogorodnikov, K. K. Chernoevitov, P. V. Gerasimov (que foi fuzilado sob o nome de "Grekov"), S. A. Kniazikov e muitos outros – os nomes, totalizando 66, apareceram nos jornais de Moscou em 23 de setembro de 1919. Esses assassinatos nunca serão perdoados pela consciência da sociedade. E isso se aplica especialmente aos casos de A. I. Astrov e V. I. Astrov, que foram fuzilados como "espiões a serviço de Denikin" porque, em sua casa, supostamente encontraram (1) "um plano para reorganizar nossos tribunais legais, meios de transporte e comissariados quando o Poder Soviético cair"; e (2) "uma proclamação ao Exército Voluntário".

Mas por que, também, N. I. Lazarevsky, o príncipe Oukhtomsky e outros foram fuzilados? O relatório oficial é datado de 1º de setembro e diz, sobre Lazarevsky, que

> [...] ele sempre foi um defensor convicto de um regime social-democrata e esperava que o Poder Soviético chegasse rapidamente ao fim, e preparou planos relacionados aos

problemas de (a) reorganização do governo autônomo local, (b) disposição de várias emissões de papel-moeda soviético e (c) restabelecimento do sistema de crédito no território russo;

enquanto do príncipe S. A. Oukhtomsky, o escultor, foi dito no relatório que "ele havia traído a uma organização envolvida na transmissão de informações para o exterior certos dados relativos à condição de nossos museus russos [!], e preparou um artigo sobre o assunto para a imprensa Branca". E outro dos fuzilados foi o poeta Goumilev.

Semelhante a esse relatório foi um sobre o julgamento de N. N. Stchepkin. O mesmo documento acrescentava que "Maria Alexandrovna Yakoubovskaya, membro do Partido Democrata Constitucional e professora de escola, havia se comunicado com um agente de Kolchak". Na verdade, o verdadeiro "crime" da referida senhora havia sido que, em 29 de agosto de 1919, alguns dias antes de os bolcheviques serem expulsos da cidade de Kiev, ela se encontrava em uma casa onde outras prisões (que não tinham nenhuma relação com ela) estavam prestes a ser realizadas.

No mesmo período, o *Izvestia* de Kiev publicou 127 nomes de pessoas que foram fuziladas por "realizarem fuzilamentos em massa de trabalhadores e membros do Partido Comunista em localidades recentemente desocupadas por Denikin e Petlura". Embora essas pessoas possam realmente ter sido os inimigos jurados dos trabalhadores e dos camponeses mais pobres, como o relatório declarou, temos apenas a palavra dos bolcheviques para o fato.

Novamente, vejamos os acontecimentos em Odessa:

> Nikiforov, ex-magistrado e, posteriormente, zelador das obras da Companhia de Navegação e Transporte de Odessa, foi fuzilado por tentar fugir da mobilização, por se recusar a trabalhar para o bem da Rússia Soviética e por obter seu posto nas referidas obras apenas com o propósito de se envolver em espionagem e propaganda entre membros não esclarecidos do proletariado.

Uma senhora idosa chamada Sigismundova foi fuzilada por ter recebido uma carta de seu filho oficial em Varna! Ela foi fuzilada, ou seja, por "ter se comunicado com Wrangel, um agente e mercenário da Entente"[185]. Em Odessa, em 1919, o general Baranov foi baleado por ter tirado uma fotografia do Memorial Catarina II naquela cidade – o referido memorial teve a infelicidade de estar situado na mesma praça em frente às instalações da Che-Ka local[186].

Vimos que, além disso, os tribunais revolucionários fuzilaram pessoas condenadas por delitos como embriaguez e pequenos furtos. E a mesma coisa aconteceu com um indivíduo que foi encontrado de posse dos distintivos de um oficial, e com outro por ter "recuperado criminosamente os restos mortais do filho", e com um açougueiro de Moscou por ter "insultado" as imagens de Marx e Engels, chamando-as de "espantalhos"[187], e com alguns médicos de Kronstadt por terem "se tornado populares entre os trabalhadores locais". Então, devemos nos surpreender que os oficiais comunistas de Ivanovo-Vornesensk tenham ameaçado fuzilar de forma semelhante qualquer pessoa que ocultasse ou deixasse de registrar uma máquina de costura[188], ou que Mitayev, o comandante de Vladikavkaz, tenha jurado "limpar da face da Terra" qualquer pessoa que vendesse bebidas alcoólicas[189], ou que o comissário de correios e telégrafos de Baku tenha emitido uma ordem para que qualquer telefonista considerada culpada de atraso na resposta a uma chamada ou de responder "de maneira incivil" fosse fuzilada em vinte e quatro horas?[190]

É verdade que, das sentenças de morte proferidas, a Che-Ka russa mantinha protocolos. Mas será que Dzherzhinsky realmente

---

185. Veja o *Posledniya Novosty*, de 24 de novembro de 1920.
186. A partir de dados coletados pela Comissão Denikin.
187. Possivelmente, nessa execução, a onda da injustiça bolchevique atingiu seu apogeu.
188. Veja o *Rabochy Krai* "The Workers'Realm"), de 19 de outubro de 1919.
189. Veja o *Posledniya Novosty*, de 6 de novembro de 1920.
190. Veja o *Posledniya Novosty*, de 6 de novembro de 1920.

imaginava que protocolos como os elaborados em Kiev durante 1919 eram bons o suficiente para serem usados? O número 4 da revista berlinense *Na Chouzhoi Storonyé* [Em terras estrangeiras] publicou alguns surpreendentes retornos de Kiev desse tipo, e alguns retornos parecidos elaborados pela Che-Ka totalmente ucraniana sob o comando do amigo Latzis. Essas declarações, com seus selos originais e assinaturas, estão agora nos arquivos da Comissão Denikin. Vamos pegar um ou dois exemplos delas. Elas mostram que, certa vez (tão fácil é assinar uma sentença de morte), a Che-Ka ucraniana decidiu 59 casos em uma sessão e que, em 19 de maio de 1919, a mesma Che-Ka não apenas concluiu seu trabalho de rotina normal do dia, mas também julgou quarenta casos "pessoais" e, em 25 destes, proferiu sentença de morte. E elas devem ter sido (para usar a palavra de Dzherzhinsky) "bem fundamentadas", pois as declarações nem sequer mencionam os "crimes" antecedentes. O mesmo se aplica a algumas execuções realizadas em Kharkov, quando dois funcionários da Che-Ka chamados Portugeis e Feldmann faziam breves e grosseiras anotações a lápis enquanto atiravam nos prisioneiros, como, por exemplo, "Baeva – fuzilado como criminoso incorrigível"[191].

Mas, é claro, para um funcionário da Che-Ka, para um indivíduo que desprezava a velha ética, os velhos "preconceitos burgueses", tais procedimentos pareceriam nada mais do que "julgamentos de forma legal que terminam em tiroteio justificado". De fato, Sigal, de Odessa, um ex-funcionário da Che-Ka e ex-aluno da Universidade de Novorossisk, declarou, em resposta a uma pergunta da Comissão de Denikin, que era prática comum o secretário da Che-Ka simplesmente mandar avisar que "o julgamento deve ser conduzido de tal forma que resulte em pelo menos quinze pessoas sendo mandadas para a parede".

---

191. Essa garota de dezessete anos foi morta ostensivamente por um pequeno furto, mas há razões para supor que seu verdadeiro crime foi ter chamado Steklov de "judeu".

E a mesma insensibilidade em relação à vida humana costumava fazer com que duas ou mais pessoas fossem baleadas pelo fato de terem nomes iguais ou semelhantes. Isso podia acontecer acidentalmente ou com o propósito de evitar equívoco. Eu mesmo conheço um caso em que, em Odessa, três médicos com nomes totalmente diferentes, como Volkov, Valsov e Vorobiev, foram fuzilados em um lote[192], enquanto, em outro caso, um homem chamado Ozerov foi fuzilado antes que o "promotor do povo" descobrisse que um erro havia sido cometido – e, então, o legítimo Ozerov também foi fuzilado[193]. Encontramos vários desses casos no livro de Averbuch, *The Che-Ka of Odessa* [A Che-Ka de Odessa].

Novamente, a mesma Che-Ka, certa vez, recebeu informações sobre algumas "atividades contra-revolucionárias" que se dizia terem sido realizadas por um homem chamado Aaron Chonsir, sem o seu endereço. Portanto, o "promotor do povo" envolvido no caso ordenou que o diretório local fosse consultado e, em seguida, fez com que *onze* pessoas com o nome do acusado fossem detidas e presas. Somente após quinze dias de investigações, *que incluíram várias sessões de tortura*, dois dos onze Chonsir foram selecionados e fuzilados. E a razão pela qual dois foram fuzilados (embora a acusação original tivesse exigido a acusação de apenas um) foi que o "departamento de inquisição" não tinha sido capaz de se decidir nem mesmo quanto ao par escolhido e, portanto, se certificara de pegar o verdadeiro "contrarrevolucionário" fuzilando tanto um quanto o outro. Da mesma forma, uma testemunha responsável, que dificilmente poderia ser suspeita de tentar inventar o testemunho, declarou que um ex-procurador assistente chamado A. S. Baranov foi fuzilado por engano, confundido com um oficial de mesmo nome. Uma vez, a testemunha estava presente em uma cela quando o nome "Vivordtsev, Alexey" foi chamado, como

---

192. Veja *Sovremenniya Zapisky* ("Contemporary Notes"), de Vishniak, I, p. 227.
193. Veja o *Obstchoyé Dielo* ("The Common Cause"), edição número 126.

denotando um certo prisioneiro destinado à execução, e quando o único Vivordtsev na cela foi apontado para as autoridades, mas declarou possuir as iniciais K. M., as autoridades, sem se deixar abater, responderam: "Não importa o nome exato! Tudo o que queremos é um Vivordtsev". Por fim, um proprietário de terras instruído testemunhou perante a Comissão de Denikin que um camponês chamado Yakov "Khromoy" ("Coxo"), da aldeia de Yavkino, foi fuzilado por engano, no lugar de um Yakov perfeitamente saudável da mesma aldeia, enquanto o homem executado era, como seu apelido indicava, um aleijado.

Ocasionalmente, entretanto, as vidas de pessoas colocadas em tal posição foram salvas no último momento por um acaso de sorte. Casos desse tipo ocorreram nos "departamentos de inquisição" de Moscou, e outros semelhantes podem ser encontrados no *British White Book* e no *The Che-Ka*; enquanto Nilostonsky relata incidentes semelhantes em Kiev.

De fato, as execuções "inadvertidas" se tornaram tão frequentes, que, por fim, deram origem a uma classe especial de vítimas que, na linguagem da Che-Ka, recebeu o nome de "erros". Em 1918, quando a Che-Ka de Moscou descobriu uma organização secreta de ex-oficiais conhecida como Levshinsky Club, todos os ex-oficiais que moravam em Levshinsky Perëonlok[194], sem exceção, foram presos e jogados na prisão de Butyrka – onde, como companheiros de cárcere, eles tinham as pessoas que haviam sido presas em conexão com o caso Lockhart. Desses ex-oficiais (ao todo, 28), apenas seis viveram para contar a história. E veja o seguinte:

> Em Brounitsy, perto de Moscou, os comissários passaram a atirar em qualquer pessoa cuja aparência os desagradasse de alguma forma. Assim, não havia necessidade alguma de o comitê executivo local se reunir: bastava que um de seus membros dissesse: "Decidimos fazer *etc.*, *etc.*", e nada mais

---

194. Travessa ou beco.

restava a fazer a não ser enviar Guardas Vermelhos para buscar a vítima, dar-lhe uma pá para cavar sua própria sepultura, levá-la para o pátio da escola de equitação local, fuzilar e enterrar.

Tudo isso, pelo menos, nos ajuda a entender as passagens dos artigos estatísticos de Latzis afirmando que os "fuzilamentos tinham de ser empregados para intimidar a população", "para produzir o efeito necessário" ou "para eliminar qualquer tendência à sabotagem e à conspiração", dentre outros argumentos. Em Yaroslav, por exemplo, ele e seu partido mataram reféns apenas com o argumento de que um levante de *koulaki* estava previsto, embora não tivesse acontecido de fato. Em 11 de fevereiro de 1919, o senhor Alston escreveu a lorde Curzon: "De acordo com os bolcheviques, a única maneira de impedir movimentos contrarrevolucionários nesta cidade (Ekaterinburgo) é aterrorizar antecipadamente os habitantes"[195].

Mas talvez o episódio mais vil de todos tenha sido o assassinato de uma família inteira de reféns em Elizabetgrad, em maio de 1920, quando as quatro filhas pequenas de um oficial, crianças de três a sete anos de idade, foram baleadas junto com a avó de sessenta e nove anos!

Um pensamento passageiro é: como os "contrarrevolucionários" às vezes eram fuzilados imediatamente e, às vezes, mantidos para mais tarde? Parece haver um mistério aqui. Quando, durante o outono de 1918, iniciou-se uma política de fuzilamento de ex--ministros czaristas, a vida de Bouligin, o ex-ministro do Interior, foi poupada até 5 de setembro de 1919. Então, ele foi levado para a Che-Ka de Petrogrado e julgado por ter seguido uma política reacionária em 1905! "Portanto, está decidido que o cidadão Bouligin seja fuzilado, e que sua propriedade seja confiscada e entregue

---

[195]. O já citado *British White Book*, p. 43.

ao Comitê Executivo, para ser transferida a certos trabalhadores de uma fábrica estatal"[196].

Talvez *este* tenha sido um dos protocolos que Dzherzhinsky declarou ser "bem fundamentado".

VIOLÊNCIA FÍSICA E TORTURA

Se o leitor se lembrar do que foi dito em relação às Che-Kas, dificilmente duvidará – na verdade, terá certeza – de que a violência física era praticada nas masmorras das Che-Kas. O apelo à opinião pública europeia feito pelo Comitê Executivo de Paris da Assembleia Constituinte Russa não exagerou, de forma alguma, quando protestou contra "a atual onda de assassinatos políticos na Rússia, com o emprego de tortura e ferimentos físicos". Tudo o que já foi escrito sobre as antigas prisões russas – em particular sobre "a Bastilha Russa", como foi chamada a Fortaleza de Schlüsselburg, depósito de criminosos políticos importantes do passado – empalidece diante do sistema prisional estabelecido pelo governo soviético. E vimos como Peter Kropotkin declarou que as condições das prisões soviéticas e a prática de tomar reféns constituem um retorno aos antigos métodos de tortura.

Durante o confinamento na prisão de Butyrka, conheci um doutor Moudrov, de Moscou, cujo "delito" desconheço – sei apenas que nunca houve nenhuma acusação definitiva contra ele e que, como passara vários meses nas masmorras do edifício da Che-Ka antes de ser transferido para Butyrka, ele havia se aclimatado de tal forma à atmosfera da prisão que as autoridades penitenciárias lhe confiaram as funções de médico do estabelecimento (antes não havia nenhuma equipe médica no local). Ele lidou de forma tão eficiente com a epidemia de tifo, que não foi investigado pela Che-Ka. Chegou um dia em que ele se afastou de nós no meio de

---

196. *Riazanskaya Izvestia* ("Riazan News"), de 7 de setembro de 1919.

sua missão de cura e nunca mais voltou; depois, soubemos que havia sido baleado. Nunca foi dada nenhuma explicação para esse ato insensato de crueldade, e provavelmente seria impossível dar uma. Tudo o que o *Izvestia* de 17 de outubro disse foi que o doutor Moudrov "foi membro do Partido Democrata Constitucional".

Outro encontro na prisão me afetou de forma semelhante. Quando, durante o verão de 1922, fui convocado para depor no grande julgamento de social-revolucionários que estava ocorrendo na época, caminhei das celas para o tribunal ao lado de um homem magro e de meia-idade, com quem conversei brevemente naqueles minutos. Descobri que se tratava do coronel Perkhourov, que participara do levante de Savinkov, em Yaroslavl, em 1918, e fora jogado no cárcere do prédio da Che-Ka. Embora, supostamente, as celas fossem apenas um local de detenção enquanto se aguardava o inquérito, ele estava faminto e não tinha tido permissão para ler, conversar ou se exercitar. Até agora, não posso determinar claramente se ele havia escapado da vista das autoridades ou se fora propositalmente detido para a tal ocasião, mas, de toda forma, o vi sendo conduzido ao tribunal na mesma condição que eu – como testemunha. Mas assim que os procedimentos começaram, transformaram-no de testemunha em acusado! Mais tarde, o coronel Perkhourov foi levado para Yaroslavl e, de acordo com uma declaração oficial, fuzilado.

Esses são exemplos com os quais eu mesmo tive contato, mas havia centenas de outros. Era o tipo de coisa que acontecia no centro do país em uma época em que as condições anárquicas dos primeiros dias de governo dos bolcheviques supostamente haviam dado lugar a uma aparência de ordem regular e estabelecida. O que deve ter acontecido em províncias distantes, onde o despotismo fora entronizado em suas formas mais vis?

Bem, havia tortura em andamento. O simples fato de ter que viver durante meses, até anos, na expectativa diária da morte, por si só, já constituía uma forma de tortura. O mesmo acontecia com o sistema universal de fuzilamentos simulados das Che-Kas provinciais, e durante o tempo em que estive em Butyrka, ouvi muitos casos de fuzilamentos relatados pessoalmente por informantes, e não tenho motivos para duvidar da veracidade de tais casos, uma vez que esses informantes me confidenciavam suas narrativas enquanto o choque transmitido a seus nervos por suas horríveis experiências ainda não havia desaparecido totalmente. Entre outros que foram submetidos a tal provação estavam alguns proeminentes funcionários de cooperativas de Petrogrado que haviam sido "julgados" perante o Supremo Tribunal Revolucionário durante o outono de 1920: no caso deles, a tortura assumiu a forma de serem levados todas as noites como se fossem para a execução, e forçados, apesar da geada intensa, a se despir até a última peça de roupa e a testemunhar execuções reais de outros prisioneiros antes de serem levados de volta às suas celas para todo o macabro "ensaio" ser repetido algumas noites depois.

Mas, às vezes, as pessoas submetidas a essa tortura mental perdiam o autocontrole a ponto de admitir qualquer coisa para não serem obrigadas a passar por essa experiência novamente. Um americano chamado Kalmatiano, que foi condenado à morte no julgamento de Lockhart e posteriormente libertado, disse a V. A. Miakotin e a mim, quando estávamos os três juntos em Butyrka, que ele e um outro acusado chamado Fride haviam sido levados para fora da prisão três vezes, como que para serem executados. Narrou que, embora em 10 de maio de 1920 tenha sido informado de que a sua sentença havia sido comutada, sua morte havia sido decretada no ano de 1918, e desde então ele passara o tempo na expectativa diária de ser fuzilado.

A senhora E. O. Kolbasina, que esteve presa conosco, relatou[197] que uma experiência semelhante lhe foi contada por uma companheira de cela. O cenário da experiência era o prédio da

---

197. No *Volya Rossii*, n. 4, 1922.

Che-Ka de Moscou, e o seguinte é o relato dessa senhora sobre o que aconteceu:

> Condenado por oferecer um suborno de 100 mil rublos pela vida de um oficial, fui conduzida ao porão do prédio, como se fosse para a execução, e lá vi vários cadáveres vestidos apenas com trapos de roupas. Não sei quantos havia, mas me lembro de dois em particular: o cadáver de uma mulher e o de um homem, este último vestindo apenas um par de meias. Em ambos os casos, os mortos haviam sido baleados na parte de trás da cabeça, e o chão parecia escorregadio sob meus pés, de tanto sangue. Relutante em me despir, deixei que os carrascos o fizessem por mim, mas eles gritaram "Dispa-se, você!" e senti as minhas mãos se levantarem mecanicamente e, automaticamente, abrirem os botões da minha capa, tirando-a. E justamente quando eu ia fazer o mesmo com o vestido, ouvi uma voz chegar até mim, como se estivesse meio abafada ou filtrada por uma lã de algodão, dizendo: "Ajoelhe-se". No mesmo instante, senti-me empurrado para um dos montes de cadáveres – na verdade, para um que ainda tremia e emitia suspiros! E então a voz, vinda de longe, veio até mim novamente, dizendo como em um sussurro: "Levante-se novamente, você, e rápido!", enquanto alguém puxava meu braço, e eu vi Romanovsky, o "promotor do povo", de pé, diante de mim, com um sorriso no rosto – ah, você conhece o olhar daquele semblante sórdido, baixo e dissimulado! – dizendo-me: "E agora, Ekaterina Petrovna? – pois também sabe como ele chama suas vítimas por seus nomes de batismo e patronímicos – "e então, Ekaterina Petrovna? Você levou um pequeno susto, não foi? Um pequeno choque nos nervos? Mas isso não é nada, nada. De qualquer forma, pode fazer com que você se sinta mais disposta a se comunicar conosco no futuro. Não é mesmo?"[198]

---

198. De *Six Months in Prison*, p. 65.

E a senhora N. Davidova, por sua vez, observou o seguinte:

> Hoje soubemos que [...] a Baronesa T-gen não foi baleada, afinal, mas apenas seu marido e alguns outros. No entanto, ela teve que ficar parada e ver isso acontecer, como se, supostamente, esperasse que a sua própria vez chegasse! Somente depois que todos os outros foram fuzilados, ela foi informada de que havia sido liberada e obrigada a limpar a sala de execução, lavando o sangue de seu marido e de seus companheiros. Disseram-me que seu cabelo ficou completamente grisalho.

Sobre a ravina de Saratov, um narrador disse em *The Che-Ka*:

> Em outubro de 1919, duas moças foram levadas para a ravina, despidas e, sob a ameaça de um revólver, obrigadas a ficar à beira do abismo – isso foi feito para forçá-las a revelar onde estavam alguns de seus parentes. E [o narrador acrescenta], quando mais tarde vi essas moças, seus cabelos tinham ficado brancos.

Considere também a agonia física e mental que Ivan Ivanovich Kotov, ex-membro da Assembleia Constituinte Russa, deve ter suportado em 1918, quando estava sendo arrastado para o matadouro do porão de uma barcaça, depois de ter uma perna e um braço quebrados e um olho arrancado[199].

A Che-Ka de Ekaterinodar, em particular, adotou medidas intimidatórias, e um exemplo delas pode ser visto no caso de um doutor Shestakov que, depois de ser levado para o outro lado do rio Kuban e forçado a cavar sua própria sepultura, e, de todas as formas, levado a supor que estava prestes a ser executado, foi alvejado apenas com uma salva de cartuchos vazios. E um homem chamado Korvin-Piotrovsky foi tratado de forma semelhante, e

---

199. Veja *The Che-Ka*, seção 108, e o capítulo IV do memorando emitido pelo Partido Social-Revolucionário.

repetidas vezes. O toque final, um açoitamento cruel, foi a informação de que sua esposa e filha de dez anos também haviam sido presas, e forçadas a uma execução "simulada" semelhante àquelas que haviam sido infligidas a ele próprio com tanta frequência.

Novamente, de acordo com um artigo do *The Che-Ka*:

> As torturas nesses distritos [Ekaterinodar e Kubanl] são tanto físicas quanto mentais. E Ekaterinodar tem um método particular de aplicação, como segue. A vítima é deitada de costas no chão de sua masmorra, enquanto dois funcionários corpulentos da Che-Ka puxam sua cabeça e outros dois, seus ombros, até que os músculos de seu pescoço estejam completamente esticados e tensos. Em seguida, um quinto homem passa a bater no pescoço da vítima com um instrumento rombudo – geralmente a coronha de um revólver – até que, com o pescoço inchado, o sangue jorre da boca e das narinas, causando uma agonia terrível. Também contarei aos senhores como a senhora Dombrovskaya, uma professora escolar foi torturada em sua cela de confinamento solitário. Parece que a acusação contra ela era de que havia sido descoberto em sua casa uma maleta com roupas de oficiais que o oficial em questão, um parente dela, havia deixado com ela para guardar enquanto o regime de Denikin estava em vigor na cidade. Além disso, parece que, embora a senhora Dombrovskaya tivesse confessado esse "crime", a Che-Ka foi informada de que ela possuia joias que outro parente, um general, havia depositado em sua guarda. Por isso, ao receber essa nova informação, foi ordenado que ela fosse torturada até que revelasse onde as joias estavam. Para começar, ela foi estuprada e violentada de modo geral – o estupro ocorrendo em ordem de antiguidade dos torturadores, com um homem chamado Friedmann estuprando-a primeiro, e os outros em sequência regular. Feito isso, ela foi questionada ainda mais sobre o paradeiro das joias e torturada ainda mais com incisões em seu corpo e com as pontas dos dedos esmagadas

com alicates e pinças. Até que, finalmente, em sua agonia, com o sangue jorrando de seus ferimentos, ela confessou que as joias estavam escondidas em um anexo de sua casa. Na mesma noite (6 de novembro), foi baleada. Quando já estava morta há cerca de uma hora, um dos funcionários da Che-Ka vasculhou o anexo indicado e encontrou escondidos lá um broche de ouro simples e alguns anéis! E mais uma vez, em um determinado vilarejo caucasiano, o instrumento usual de tortura era uma "luva" de ferro, uma peça sólida de metal, cravejada de pregos na parte externa e capaz de ser usada para torturar os prisioneiros. Quando colocada na mão direita do torturador, pode infringir golpes que causam não apenas dor terrível devido ao seu peso, mas também supuração devido à multiplicidade de feridas causadas pelos pregos. Essa tortura foi aplicada, entre outros, a um cidadão chamado Leliavin, de quem a Che-Ka desejava obter informações a respeito do paradeiro de um tesouro em moedas de ouro czaristas que, segundo se dizia, ele havia escondido. Quanto à cidade de Armavir, o instrumento de tortura da Che-Ka local era a "coroa", uma tira de couro comum, em uma das extremidades da qual havia uma porca de ferro e, na outra, um parafuso, de modo que, após a tira ser fixada ao redor da cabeça da vítima, a porca e o parafuso podiam ser apertados até que a compressão extrema do couro cabeludo causasse uma dor indescritível[200].

Em Piatigorsk, o chefe do "departamento operacional" da Che-Ka local costumava acompanhar os "interrogatórios" com golpes de um chicote de borracha – até vinte de cada vez. Certa vez, também, o sujeito ordenou que as enfermeiras que haviam prestado os primeiros socorros a alguns cossacos feridos recebessem quinze chicotadas cada uma[201]. Também era prática desse

---

200. Veja *The Che-Ka*, p. 230 e 231.
201. Relatório da Comissão Denikin.

Che-Ka enfiar alfinetes sob as unhas dos prisioneiros. Em geral, ele conduzia seus "inquéritos" com base em flagelação com chicotes, varas e punhos cerrados. Temos evidências de que tratamento semelhante foi dispensado ao almirante Miazgovsky, em Nikolaev, em 1919. O *Dielo* publicou, certa vez, uma declaração sobre como um cidadão de Lougansk havia sido torturado com água gelada derramada sobre seu corpo nu, suas unhas arrancadas para trás com alicates de aço, seu corpo todo picado com agulhas e cortado com lâminas[202]. Em outra ocasião, um correspondente do mesmo jornal[203] escreveu a respeito de Simferopol: "A Che-Ka inventou novas formas de tortura, injetando no reto enemas carregados de vidro moído e segurando velas acesas sob os órgãos genitais". Em Tsaritsin, as vítimas eram colocadas em uma grelha aquecida, açoitadas com barras de ferro ou com lâminas de borracha com ponta de metal, ou submetidas a torções nos braços até que os ossos se quebrassem[204].

Um capítulo inteiro do livro de Averbuch é dedicado às torturas praticadas em Odessa, com o sistema de grilhões da Che-Ka, confinamento em celas escuras como breu, castigos com varas de um centímetro de espessura e rabos de gato feitos de couro trançado, esmagamento das mãos com pinças e suspensões pelo pescoço. E uma ampliação das descrições de Averbuch pode ser encontrada nos materiais coletados pela Comissão Denikin, que detalha dois casos de fuzilamento simulado. No primeiro, a vítima foi empurrada para dentro de um caixote que já continha um cadáver e alvejada de tal forma que apenas uma orelha fosse chamuscada – depois, foi removida até que seus algozes achassem adequado repetir a tortura. No segundo caso, os procedimentos consistiram em forçar a vítima a cavar o que ela acreditava ser sua própria sepultura em

---

202. Veja o *Dielo,* n. 476.
203. Em sua edição de 27 de junho de 1921.
204. Materiais coletados pela Comissão Denikin.

uma cela condenada que tinha uma das paredes riscada: "Vinte e sete corpos estão enterrados aqui". Isso, é claro, foi planejado apenas para intimidar. Da mesma forma, em um terceiro caso, um homem era acordado todas as noites pelo carcereiro, levado para o pátio e, quando o carcereiro era instruído a "levá-lo de volta e deixá-lo viver pelo resto da noite", era devolvido à sua cela. Além disso, em Odessa, os membros da Che-Ka costumavam visitar as celas várias vezes ao dia e dizer, zombeteiramente: "Até hoje à noite o senhor terá se tornado algo diferente"[205].

Em 1919, durante um importante julgamento de prisioneiros políticos em Moscou, guardas armados foram posicionados sobre os prisioneiros enquanto estavam nas celas, e estas eram periodicamente visitadas por comunistas mulheres, que diziam aos guardas: "Esses prisioneiros são espiões. Atirem neles imediatamente se tentarem escapar". Mas o mais abominável de tudo foram as ações da presidente da Che-Ka de Penza, uma senhora chamada Boche, no ano de 1918. Elas se tornaram tão graves, que, por fim, as autoridades centrais tiveram de insistir em sua aposentadoria. Durante o inverno de 1920, era prática do chefe da Che-Ka de Vologda – de vinte anos de idade – sentar-se em uma cadeira ao lado do rio congelado, mandar preparar uma pilha de sacos, enviar ordens à prisão para trazer os cativos destinados ao "interrogatório" do dia e, após, forçar os infelizes a serem colocados nos sacos, mantê-los submersos em um buraco no gelo e, então, submetê-los às perguntas. No entanto, com o tempo, seu caso, assim como o caso da mulher Boche, chamou a atenção das autoridades centrais e, após um exame médico, foi constatado que ele era insano.

Em Tiumen, o principal modo de tortura era bater nos prisioneiros com varas de borracha[206]. E sobre os métodos da

---

205. Veja os materiais coletados pela Comissão Denikin, e também as reminiscências da senhora Kourakina na edição número 5 da *Rousskaya Lietopis* ("Russian Chronicle"), p. 201.
206. Veja o *Rabochnaya Zhizn* ("Working-Class Life"), de maio de 1918.

Che-Ka dos Urais, podemos ter uma ideia quando, pela pena de uma senhora Froumkina, lemos:

> Meder foi levado para dentro do galpão e obrigado a se ajoelhar ao lado de uma das paredes. Foram disparados tiros contra ele – primeiro à sua direita e depois à sua esquerda. E então Goldin, o "promotor do povo", disse: "Se não entregar o seu filho, o senhor será fuzilado. Mas não atiraremos imediatamente. Só o faremos quando tivermos quebrado seus braços e pernas". E, no dia seguinte, isso foi feito.

Na prisão de Novocherkassk, um "promotor do povo", certa vez, uma vez enfiou dois revólveres na boca de uma vítima, de modo a acertar a mira nos dentes da vítima e levá-los e partes dos ossos da gengiva[207].

Em seguida, considere a execução do general Roussky e seus companheiros, conforme detalhado nos materiais coletados pela Comissão Denikin:

> Os carrascos forçaram as vítimas a se ajoelharem e esticarem o pescoço. Em seguida, os cortaram com espadas. Em alguns casos, por inexperiência, não conseguiram desferir um golpe fatal na primeira tentativa, chegando a desferir cinco ou mais golpes antes que o refém com quem estavam lidando finalmente fosse morto. Foi com sua própria mão que Artabekov, o chefe da Che-Ka, esfaqueou o general Roussky. Algumas das vítimas tiveram seus braços e pernas extirpados antes de, por fim, terem o pescoço decepado.

Agora, chegou a hora de eu contar os feitos "heroicos" de Saenko, chefe da Che-Ka de Kharkov. Esse homem ganhou destaque na época em que, em 1919, a cidade foi ocupada pelos bolcheviques antes de sua posterior evacuação. Centenas de vítimas passaram por suas mãos maníacas e sádicas. Uma testemunha ocular relatou

---

207. Relatado por A. Nikolin na edição de número 9 do *Kazachyi Dumi* ("Cossack Opinion").

que, quando entrou pela primeira vez nas celas da Che-Ka, ficou impressionada com a aparência aterrorizada dos prisioneiros e perguntou a causa do medo deles. Eles disseram: "Saenko esteve aqui e levou Syichev e Bieloehkin para interrogatório. Prometeu que, esta noite, virá ver mais alguns de nós". Com certeza, alguns minutos depois, o Syichev em questão, um rapaz de dezenove anos, entrou nas celas, apoiado em dois Guardas Vermelhos, parecendo um fantasma. Seus companheiros gritaram: "O que foi feito com você?", e ele respondeu: "Ah, Saenko esteve me interrogando". Seu olho direito era apenas um hematoma enorme, a maçã direita de seu do rosto parecia ter sido aberta com a coronha de um revólver, quatro de seus dentes da frente estavam faltando, seu pescoço estava coberto de hematomas, sua escápula esquerda tinha sido toda cortada e, em suas costas, havia 37 contusões e escoriações. Dessa forma, Saenko "interrogava" as vítimas há cinco dias, de modo que, no final, uma das vítimas, o senhor Bielochkin, morreu de seus ferimentos na enfermaria da prisão. Um de seus truques favoritos era cravar a ponta de uma faca no corpo do examinado a uma profundidade de cerca de um centímetro e girá-la. Ele fazia isso bem na frente do "promotor do povo" e do resto da equipe da Che-Ka.

E ao relato anterior, a testemunha acrescentou um relato das execuções que Saenko realizou devidamente, conforme ameaçado, na noite do dia mencionado.

> Às nove horas, ele entrou nas celas com um capitão da equipe austríaca chamado Klochkovsky. Embriagado pela bebida ou por drogas, ordenou que três prisioneiros chamados Pshenichny, Ovcherenko e Bielonsov fossem levados para o pátio e, após despir-lhes as roupas, começou, com o "Camarada Klochkovsky", a cortar e esfaquear seus corpos nus, começando pelas partes inferiores e subindo gradualmente. Adagas foram usadas para tal fim, e os golpes só atimgiam os troncos das vítimas muito lentamente. Depois de terminar

as três execuções, ele voltou às celas e, todo coberto de sangue, disse aos demais prisioneiros: "Estão vendo este sangue? Bem, esse é o destino de qualquer um que se oponha a mim e ao Partido dos Trabalhadores e Camponeses". Dito isso, um funcionário da Che-Ka agarrou Syichev (o jovem que havia sido cruelmente espancado naquela manhã), arrastou-o para o pátio e obrigou-o a olhar para o corpo de Pshenichny. Como ainda se mexia, o funcionário finalmente o matou com um tiro de revólver. Depois disso, ele bateu em Syichev várias vezes com a bainha de uma espada e o levou de volta para as celas.

Uma ideia das agonias mentais sofridas pelos prisioneiros em Kharkov pode ser obtida a partir de inscrições encontradas nas paredes das masmorras. Tais inscrições incluem: "Há quatro dias venho sendo espancado. Perdi a consciência, e depois fui forçado a assinar um protocolo já escrito. Assinei-o porque não podia mais suportar a tortura"; e "Recebi 800 golpes com uma vareta de metal, até ficar como um pedaço de carne crua"; e "Às 7 horas do dia 6 de março – foi fuzilado, aos vinte e três anos de idade"; e "Que câmara de sofrimento é esta cela!"; e "Abandonem a esperança, todos os que entram aqui!" E temos mais confirmações dos horrores vividos nas "câmaras de sofrimento" de Kharkov a partir das histórias de sobreviventes e de relatos de pessoas que conseguiram escapar das garras da Che-Ka. Na maioria das vezes, as "investigações" da Che-Ka eram conduzidas à noite e acompanhadas de ameaças de açoitamento e fuzilamento, de modo que muitas das vítimas "confessaram" crimes que existiam apenas na imaginação dos torturadores. Mesmo que tais ameaças não surtissem efeito, as "confissões" eram extorquidas com espancamentos com varas de madeira até que a vítima perdesse a consciência. Dois oficiais que se destacaram nessas práticas foram um ex-assistente de barbeiro chamado Miroshinchenko e um jovem de dezoito anos chamado Iesel Mankin. Certa vez, o primeiro ameaçou uma criada chamada Kanisheva com um revólver até que ela "confessasse" ter abrigado alguns oficiais; e outra vez, o segundo disse a uma vítima, enquanto a mantinha sob a mira da arma: "Sua vida dependerá de o senhor me responder corretamente". Com o tempo, a Che-Ka começou a acrescentar torturas morais: as execuções passaram a ser realizadas tão perto das celas, que os outros prisioneiros podiam ouvir claramente os disparos dos rifles vindos da pequena e escura cozinha que Saenko havia convertido em uma câmara de tortura e execução. E quando, mais tarde, em junho do ano em questão, os investigadores de Denikin inspecionaram a sala, encontraram lá dois pesos de pud[208] amarrados juntos com um pedaço de tubo de borracha de um arshin[209] de comprimento, formando uma espécie de flagelo, o chão de palha encharcado com o sangue dos mortos, a parede em frente à porta marcada por buracos de bala, enquanto as outras paredes estavam salpicadas de sangue, fragmentos de couro cabeludo, cabelos e partículas de cérebro, e o chão também coberto de fragmentos semelhantes. E quando 107 cadáveres foram desenterrados no campo de concentração adjacente, as atrocidades mais horríveis foram reveladas – marcas terríveis de açoitamento, costelas e ossos das pernas quebrados, crânios fraturados, mãos e pés amputados, cabeças presas ao tronco apenas com uma tira de cartilagem, manchas onde a pele havia sido queimada com instrumentos em brasa, marcas de chicotadas nas costas e mutilações em geral.

> O primeiro corpo a ser exumado foi o de Zhakobritsky, um ex-corneta do 6º Regimento de Hussardos. Ele deve ter sido cruelmente espancado antes de morrer, pois algumas de suas costelas foram fraturadas e havia treze cicatrizes no corpo

---

208. Um pud equivale a aproximadamente 16,38 kg. Pud era uma unidade de peso usada na Rússia antes da adoção do sistema métrico, em julho de 1917. A implementação prática do novo sistema foi gradual, e as unidades tradicionais de peso e comprimento continuaram a ser usadas por muitos anos, especialmente entre a população rural. (N. T.)
209. Um arshin equivale a aproximadamente 71,12 cm. Arshin era uma unidade de comprimento usada na Rússia antes da adoção do sistema métrico. (N. T.)

causadas por pressão contra algum instrumento circular em brasa. Todas as cicatrizes estavam na parte da frente do corpo, com exceção de uma única faixa queimada nas costas. O crânio de outro cadáver foi encontrado achatado em um disco único, liso e redondo, com cerca de um centímetro de espessura. Esse achatamento da cabeça só poderia ter sido causado por uma enorme pressão entre dois objetos planos. Em uma mulher cuja identidade não pudemos estabelecer, encontramos sete ferimentos de facadas e tiros. Além disso, é evidente que ela claramente havia sido jogada na cova antes de morrer.

E a Comissão descobriu cadáveres de pessoas que haviam sido escaldadas da cabeça aos pés com líquido fervente, e de pessoas que haviam sido lentamente (começando com ferimentos destinados apenas a torturar, não a matar) *cortadas* até a morte[210]. E em todas as cidades da região onde havia esconderijos ocultos, cadáveres em condições semelhantes foram trazidos à luz. Isso foi particularmente verdadeiro em Odessa, Nikolaev e Tsaritsin. É verdade que, quando alguns cadáveres com crânios fraturados foram encontrados em uma pedreira perto do primeiro local mencionado, as fraturas podem ter sido causadas por uma queda, e o que pareciam ser traços externos de tortura pode ser resultado do contato prolongado com o solo úmido. Além disso, as conclusões dos médicos legistas podem ter sido influenciadas pela incapacidade de distinguir entre mudanças antes e depois da morte, entre macerações e feridas de escaldadura, e entre testículos inchados pela decomposição e testículos rompidos antes da morte; ainda assim, testemunhos oral e fotográfico mostram que nenhuma causa natural poderia ter feito os cadáveres parecerem como estavam quando, finalmente, foram exumados. Mais uma vez, mesmo que

---

210. Esses detalhes foram extraídos da parte dos materiais de Denikin publicados em Rostov-on-Don.

algumas das histórias de torturas físicas iguais às praticadas pela Inquisição na Espanha possam ter sido exageradas, não é provável que nossa consciência se sinta aliviada de saber que as torturas na Rússia do século XX foram um pouco, e apenas um pouco, menos cruéis do que as praticadas nos séculos da Inquisição. E embora se possa obter certa satisfação moral do fato de que a equipe do Teatro Anatômico para o qual a Che-Ka de Odessa enviava alguns dos cadáveres de suas vítimas tenha testemunhado que nenhum deles "apresentava sinais de violência física", dificilmente se poderia concluir que nenhuma tortura tenha sido praticada em Odessa. No máximo, pode-se inferir que o número de casos em que a tortura foi aplicada pode ter sido pequeno em comparação com o enorme total de vítimas ou que, por acaso, nenhum dos cadáveres torturados foi enviado ao referido Teatro. Além disso, pode-se acrescentar que, na maioria dos casos, as evidências relacionadas à tortura apresentados à Comissão Denikin vieram de pessoas que, justificadamente, poderiam ser consideradas pró-bolcheviques em suas simpatias.

Mas, voltando às façanhas de Saenko em Kharkov, um ex-prisioneiro social-revolucionário de Kharkov escreveu[211] :

> À medida que as forças de Denikin se aproximavam da cidade, a histeria sanguinária da Che-Ka local aumentava. Foi então que o verdadeiro "herói" apareceu em cena. Tratava-se de Saenko, um homem que originalmente era um funcionário menor, membro do tribunal revolucionário local, mas que agora se tornara notório entre seus companheiros aterrorizantes, sendo aquele que tinha em suas mãos a vida de todos os prisioneiros do local. Todas as noites, seu carro motorizado ia até a prisão para retirar os detentos. Geralmente, ele os matava com suas próprias mãos, e certa vez atirou em um paciente que sofria de tifo. Um sujeito de baixa estatura, com

---

211. Em *The Kremlin from behind Prison Bars*, p. 187.

o branco dos olhos brilhando de forma proeminente e as feições constantemente em espasmo, esse Saenko brandia um revólver em sua mão trêmula e corria pelo prédio como um louco. No início, ele escolheu como vítimas apenas as pessoas que haviam sido condenadas; mas, durante os dois dias imediatamente anteriores à evacuação, começou a escolhê-las indiscriminadamente entre os prisioneiros em geral, levando-as para o pátio e batendo nelas com a ponta de sua espada enquanto saíam. No último dia de todos (embora, até então, a prisão tivesse se tornado estranhamente silenciosa), o local ressoou com tiros individuais e de saraivada do início da manhã até tarde da noite – o pequeno pátio da prisão, naquele dia, viu serem abatidas 120 pessoas.

Essa é a narrativa de um dos vinte ou trinta prisioneiros que tiveram a sorte de ser evacuados posteriormente. Outro ex-prisioneiro nos deu uma descrição da triagem anterior – um processo terrível que durou três horas:

> O restante de nós foi obrigado a esperar no escritório, enquanto todo o odioso exame acontecia. Um jovem bem-vestido entrou, vindo de uma sala adjacente, um nome foi chamado, e um grupo de Guardas Vermelhos dirigiu-se à cela apropriada. Enquanto esperávamos, podíamos imaginar as masmorras e seus 2 mil detentos meio vivos, meio mortos, estirados em beliches miseráveis – jogando de um lado para o outro em uma expectativa agonizante – jogando de um lado para o outro em meio ao silêncio da noite, quebrado apenas por tiros de armas perto da cidade e por disparos de revólver vindos das horríveis ruínas onde seres humanos estavam sendo mortos! [...] Logo, ouvimos uma porta se abrir no corredor, e sabíamos que, entre um acompanhamento confuso de passos pesados, coronhadas de fuzil sendo fincadas no chão e o som metálico de uma fechadura, alguém erguia uma lanterna, enquanto outro examinava listas com um dedo nodoso, e outro ainda – deitado em

um beliche – tremia com um tremor que sacudia tanto o coração quanto a mente. [...] "É um?" [...] Um nome seria chamado. Então, lentamente, muito lentamente, o medo liberaria temporariamente suas garras – temporariamente o coração começaria a bater mais uniformemente. [...] "Sou eu?" Não, ainda não. Então, a pessoa convocada começaria a se vestir com os dedos entorpecidos pelo terror, incapazes de realizar a tarefa. Depois disso, um Guarda Vermelho lhe diria para se apressar. "Depressa!", repetia o guarda. "Não há tempo a perder". [...] Quantas vítimas passaram diante de nós durante essas três horas eu não sei, ou seria difícil dizer. Só sei que muitas, muitas, muitas passaram diante de nós – homens mais mortos do que vivos, homens que caminhavam com olhos vazios. E seu "julgamento" não demorou muito. "Julgamento", de fato! Consistia apenas em o chefe do tribunal (ou seu secretário, vestido com uma túnica elegante) olhar para algumas listas e dizer: "Remova-o". E imediatamente o condenado era levado para fora do escritório por outra porta.

E veja esta descrição dos horríveis incidentes da evacuação da prisão de Kharkov, conforme consta nos materiais de Denikin:

Logo após a meia-noite de 9 de junho, os prisioneiros no campo de concentração da rua Chaikovskaya foram despertados pelo som de tiros dentro da prisão e por muito tempo, enquanto escutavam, podiam ouvir os disparos, os passos dos carcereiros nos corredores, os estalos dos ferrolhos e o pesado e arrastado pisar dos condenados enquanto eram retirados das celas, e Saenko e seus assistentes marchando de porta em porta, e os oficiais chamando nomes, e "Saia, você!" e "Pegue suas coisas!" tão alto que deviam ser audíveis até nas masmorras mais distantes. [...] Automaticamente, um após o outro, cansados demais no corpo e na alma para protestar, os condenados se levantavam e se arrastavam em direção à porta que levava à escadaria da morte. E logo, vestidos apenas com suas camisas, ou completamente nus, ajoelhavam-se diante de uma grande cova recém-cavada. Por fim, Saenko, Edward e Bondavenko moviam-se de prisioneiro em prisioneiro e, metodicamente, atiravam na nuca de cada um deles, de modo que sangue e massa encefálica voavam dos crânios estilhaçados, e corpo após corpo caía para a frente sobre os predecessores ainda quentes. [...] As execuções duraram mais de três horas, e mais de cinquenta pessoas foram mortas. E na manhã seguinte, quando a notícia das execuções chegou aos habitantes, e amigos e parentes dos falecidos se reuniram na Rua Chaikovskaya e ali estavam parados, de repente as portas da *kommandantur* se abriram violentamente, e de lá saíram dois homens malvestidos, com Saenko e Ostapenko, armados com revólveres, atrás deles. E no momento em que os dois desconhecidos chegaram ao meio da prancha que atravessava uma grande cova aberta ao lado do muro da prisão, dois tiros os atingiram, e eles caíram para a frente. [...] Por fim, Saenko dispersou a multidão mandando espancar seus integrantes com coronhadas de rifle, ele próprio gritando: "Não tenham medo de que eu não vá levar o Terror Vermelho até o fim! Vou levá-lo até o fim atirando em cada um de vocês".

A mesma testemunha ocular descreveu também a viagem de Kharkov a Moscou. E o que ele diz confirma nossas informações sobre Saenko, pois relata como este continuou a executar prisioneiros ao longo do caminho. E confirmações também podem ser encontradas nos materiais de Denikin. Nossa testemunha ocular diz:

> As histórias sobre Saenko ainda circulam em Kharkov e não representam nada além da verdade. Uma vez, eu mesmo o vi atirar em um prisioneiro doente que estava em uma maca, enquanto, em outra ocasião ele matou um prisioneiro com uma adaga na presença de um de nossos camaradas, que posteriormente nos contou sobre o feito. Além disso, certa

vez, quando um dos prisioneiros sob sua custódia conseguiu escapar, ele compensou esse *contratempo* atirando no primeiro que encontrou pelo caminho. Ele era um homem cujos olhos estavam sempre turvos e inflamados, como os de alguém sob o efeito de morfina ou cocaína. E sempre que se encontrava nesse estado, os sintomas de seu sadismo tornavam-se mais evidentes do que nunca.

O livro de Nilostonsky, *Der Blutrausch des Bolschezvismus* [A fúria sangrenta do bolchevismo], uma obra baseada principalmente nas descobertas da Comissão Röhrberg, que realizou suas investigações imediatamente após a ocupação de Kiev pelo Exército de Voluntários, em agosto de 1919, nos dá uma imagem ainda mais angustiante:

> Na véspera da evacuação de Kiev, todas as vítimas possíveis foram assassinadas pela Che-Ka. Durante a noite de 26 de agosto de 1919, na rua Sadovaya, número 5, não menos de 127 pessoas foram mortas pela Che-Ka provincial, enquanto (como havia pouco tempo) outras cem foram baleadas no jardim do prédio da Che-Ka propriamente dito, e setenta no prédio da rua Elizabetinskaya, outras tantas nas dependências da Che-Ka da China, 51 ferroviários nas dependências da Che-Ka ferroviário, e outras em prédios pertencentes aos tribunais de Kiev. A principal razão para esses massacres foi o desejo de não ter nenhum prisioneiro para remover, e a razão secundária foi o desejo de vingança em retribuição ao avanço bem-sucedido de Denikin. Em um conjunto de prédios da Che-Ka, alguns prisioneiros ainda foram encontrados vivos, pois os bolcheviques estavam com tanta pressa que foram forçados a abandoná-los. O estado deles era terrível! Pareciam cadáveres e mal conseguiam se mover, mas nos olhavam com olhos fixos e vazios.

Nilostonsky continua a descrever a aparência de um "matadouro humano" (ele afirma que essa passou a ser a denominação *oficial* de tais lugares) quando, mais tarde, a Comissão Denikin inspecionou um deles.

> O local havia sido anteriormente uma garagem e, depois, o principal matadouro da Che-Ka provincial. Todo ele estava coberto de sangue – sangue até a altura dos tornozelos, coagulado com o calor da atmosfera e horrivelmente misturado com cérebros humanos, fragmentos de ossos cranianos, mechas de cabelo e coisas do gênero. Até mesmo as paredes estavam cobertas de sangue e fragmentos semelhantes de cérebro e couro cabeludo, além de estarem repletas de milhares de buracos de bala. No centro, havia um dreno com cerca de um quarto de metro de profundidade e largura, e cerca de dez metros de comprimento. Ele levava ao sistema sanitário da casa vizinha, mas estava entupido até a borda com sangue. A horrível cova continha 127 cadáveres, mas as vítimas do massacre anterior haviam sido enterradas às pressas no jardim adjacente. O que mais nos impressionou nos cadáveres foi o esfacelamento de seus crânios, ou o achatamento completo desses crânios, como se as vítimas tivessem sido esmagadas com algum instrumento como um bloco pesado. E havia cadáveres cujas cabeças estavam completamente faltando. Mas, nesses casos, as cabeças faltantes não poderiam ter sido cortadas; elas devem ter sido *arrancadas*. Em geral, os corpos só podiam ser identificados se ainda tivessem alguma marca, como um conjunto de dentes montados em ouro – deixados, é claro, apenas porque os bolcheviques não tiveram tempo de extraí-los. E, em todos os casos, os cadáveres estavam nus. Além disso, embora fosse regra dos bolcheviques carregar suas vítimas em carroças e caminhões assim que eram massacradas, e levá-las para fora da cidade para serem enterradas, descobrimos que um canto do jardim perto da vala já descrita havia outra vala, mais antiga, e que essa segunda vala continha oitenta corpos que, em todos os casos, apresentavam ferimentos e mutilações quase inimaginavelmente horríveis. Nessa vala,

encontramos cadáveres com as entranhas arrancadas, sem membros (como se os corpos tivessem sido literalmente picados), olhos arrancados e cabeças, pescoços, rostos e troncos repletos de ferimentos de faca. Mais uma vez, encontramos um corpo que tinha uma estaca pontiaguda atravessada em seu peito e vários com a língua faltando. E, colocados juntos em um canto da vala, encontramos uma mistura de braços e pernas soltos, bem como, perto da cerca do jardim, alguns cadáveres que não apresentavam nenhum sinal de morte por violência. Foi apenas alguns dias depois que, ao submeter esses corpos sem marcas a um exame *post-mortem*, nosso médico descobriu que suas bocas, gargantas e pulmões estavam cheios de terra. Claramente, os infelizes desgraçados haviam sido enterrados vivos e, em seus esforços desesperados para respirar, levaram a terra para seus órgãos respiratórios. E eram pessoas de todas as idades e de ambos os sexos – idosos, pessoas de meia-idade, mulheres e crianças – que encontramos na vala. Uma senhora estava amarrada com uma corda à sua filha, uma criança de oito anos, e ambas tinham ferimentos de bala. Além disso, uma vala no pátio do prédio continha o corpo de um tenente Sorokin (acusado de espionagem em nome do Exército Voluntário) e a cruz na qual ele havia sido crucificado uma semana antes de nossa chegada. Também encontramos uma cadeira parecida com uma cadeira de dentista, que ainda tinha presas a ela as correias para amarrar suas vítimas torturadas. E todo o piso de concreto ao redor dela estava manchado de sangue, e a própria cadeira estava cravejada de coágulos de sangue, fragmentos de pele humana e pedaços de couro cabeludo. O mesmo aconteceu com as instalações da Che-Ka distrital, onde, da mesma forma, o chão estava coberto de sangue e fragmentos de ossos e cérebros. Lá, também, um objeto notável era o bloco de madeira sobre o qual as vítimas tinham que colocar suas cabeças para serem esmagadas com uma barra de ferro, com, no chão ao lado, um buraco cheio até a borda com matéria cerebral humana resultante do esfacelamento dos crânios.

Novamente, aqui está uma descrição de uma forma de tortura que os chineses da Che-Ka de Kiev empregaram:

> A pessoa a ser torturada era primeiramente amarrada a uma parede ou a uma estaca. Em seguida, um tubo de ferro de alguns centímetros de diâmetro era preso a ela por uma de suas extremidades, e um rato vivo era inserido na outra extremidade, que então era coberta com uma rede de arame. O tubo era mantido sobre uma chama até que o rato, enlouquecido pelo calor, tentasse escapar roendo o corpo da vítima. E assim a tortura continuava por horas – às vezes, durante toda a noite e até o dia seguinte, até que a pessoa morresse. E a Comissão descobriu que a seguinte forma de tortura também havia sido empregada em Kiev. A pessoa a ser torturado era enterrada até o pescoço no chão e deixada lá até perder a consciência, quando era desenterrada. Então era enterrada novamente até o pescoço até que a inconsciência ocorresse mais uma vez. E assim por diante, indefinidamente. Como os bolcheviques estavam tratando algumas vítimas dessa maneira pouco antes de evacuarem Kiev, eles, na pressa de sua partida, deixaram algumas das vítimas *em statu quo* – para serem desenterradas, é claro, pelos Voluntários.

Na verdade, cada Che-Ka parece ter tido sua especialidade em tortura. Em Kharkov, por exemplo, sob o comando de Saenko, dedicava-se principalmente a escalpelamentos e esfolamentos de mãos; em Voronezh, a pessoa a ser torturada era primeiro despida e depois colocada dentro de um barril cravejado de pregos, sendo rolada dentro dele, ou então marcada na sua testa, uma estrela de cinco pontas, ou, se fosse membro do clero, o torturado era "coroado" com arame farpado. Quanto às Che-Kas de Tsaritsin e Kamishin, era costume serrar os ossos de suas vítimas, enquanto Poltava e Kremenchoug tinham como regra especial empalar membros do clero (certa vez, neste último lugar, sob o comando de um facínora chamado Grishka, dezoito monges foram transfixados em um único dia). Além disso, os habitantes testemunharam que Grishka queimava na fogueira qualquer camponês que tivesse se destacado em uma rebelião, e se sentava em uma cadeira para apreciar o espetáculo. A Che-Ka de Ekaterinoslav, mais uma vez, era a favor da crucificação e da morte por apedrejamento, e a de Odessa, da morte de oficiais acorrentando-os a tábuas e, lentamente, muito lentamente, empurrando-os para dentro de fornos, ou então rasgando seus corpos em uma roda de cabrestante, ou então imergindo-os em uma caldeira de água aquecida até o ponto de fervura e, em seguida, jogando-os no mar, antes de finalmente enviá-los às chamas novamente.

Na verdade, a lista de torturas é interminável. Outro método de Kiev era enfiar a vítima em um caixão grosseiro já contendo um corpo em decomposição, disparar tiros sobre ela enquanto ela estava deitada lá, e, em seguida, informá-la de que seria enterrada e enterrá-la (com o corpo em decomposição) por cerca de meia hora, e desenterrá-la novamente para mais "interrogatórios". E, considerando que tudo isso poderia ser repetido mais de uma vez, podemos nos surpreender que às vezes a vítima perdesse a razão?

Da mesma forma, o conhecido relatório das Irmãs da Misericórdia de Kiev menciona a prática local de trancar prisioneiros vivos com mortos. A declaração é confirmada por uma senhora letã que foi presa por "espionagem", em 1920, e relatou que, depois de ser açoitada com um chicote, ter as pontas dos dedos batidas com um instrumento de ferro e sua cabeça enroscada em um anel de ferro, ela foi empurrada para um porão.

> Logo a luz fraca do globo elétrico me permitiu perceber que eu estava entre cadáveres, e reconhecer o corpo de uma conhecida minha, uma senhora que havia sido baleada no dia anterior! Tudo estava coberto de sangue, de modo que todas as minhas roupas ficaram manchadas. Por fim,

o ambiente me horrorizou a ponto de eu sentir o suor frio brotar em minha testa. O que aconteceu em seguida, eu não sei. Só sei que, quando recuperei a consciência, estava de volta em minha própria cela[212].

O texto a seguir é um extrato de uma declaração emitida pelo escritório central do Partido Social-Revolucionário:

Em Kerensk, as vítimas geralmente eram torturadas com a sujeição a mudanças bruscas de temperatura. Primeiro eram colocadas em um banheiro fumegante; depois, levadas nuas para a neve. Em Alexievskoe e em outros vilarejos da província de Voronezh, as vítimas também eram levadas nuas para a rua no inverno, e enxarcadas com água fria até se tornarem estátuas vivas de gelo. E em Armavir, a "coroa da morte" era o instrumento mais usado. Ou seja, a cabeça da vítima era envolvida por uma tira de couro com uma porca de ferro e um parafuso nas extremidades, e a porca e o parafuso eram unidos e a cabeça cada vez mais comprimida. Por fim, a Che-Ka de uma *stanitsa* caucasiana[213] usava uma "luva" cravejada de ferro, feita para ser usada na mão do carrasco.

Em seu livro *Russia During Four Years of Revolution* [A Rússia durante quatro anos de Revolução), S. S. Maslov escreve:

Talvez o leitor possa dizer que esses casos de crueldade foram isolados; mas, infelizmente, e para a vergonha da humanidade, não foram. Por exemplo, a prática de transformar pessoas vivas em estátuas de gelo era muito difundida na província de Orel sempre que se tratava da cobrança de um "imposto revolucionário extraordinário". Uma vez, no distrito de Malo-Archangel, o destacamento de coleta de impostos colocou um comerciante chamado Yinshkevich

---

212. Esses detalhes foram extraídos do jornal estrangeiro *Brihwa Seme*. Se citei erroneamente o título do periódico, isso se deve ao fato de eu ter conseguido fazer apenas uma extração apressada do mesmo enquanto ainda morava em Moscou.
213. Assentamento cossaco na região do Cáucaso. (N. T.)

em um fogão em brasa até que sua dívida fosse paga. Na província de Voronezh, em 1920, alguns camponeses que estavam em atraso com o imposto sobre alimentos foram submetidos ao método de "persuasão" de serem baixados em um poço, mergulhados no fundo dele, trazidos à tona, e mais uma vez confrontados com exigências de pagamento integral do imposto.

De passagem, pode-se dizer que este autor não buscou suas informações apenas em fontes "contrarrevolucionárias", mas as coletou também de companheiros de prisão dos Partidos Democrata e Socialista.

Na presente era supostamente civilizada, seria motivo de alegria poder acreditar que algumas dessas histórias fossem exageros; mas fazer isso é difícil quando grupos inteiros de pessoas atestam sua veracidade. Um correspondente confiável do *Dni* de 13 de maio de 1923 escreve o seguinte sobre a Geórgia e a Che-Ka da Transcaucásia:

> A Che-Ka confina seus prisioneiros em masmorras úmidas, profundas e escondidas durante semanas a fio; enquanto isso, deixa-os praticamente sem comida e sem água. Não há camas, mesas e cadeiras nessas masmorras; em vez disso, os prisioneiros têm de se deitar em um chão composto de lama e sangue até os joelhos e, à noite, lutar contra os ratos. E se mesmo esses ambientes não afetarem o prisioneiro, ele é levado para um porão inferior, totalmente escuro, do tipo que faz o sangue gelar nas veias e o torna insensível ao frio. E então ele é trazido de volta para cima e novamente instruído a delatar seus companheiros e sua organização. E se ainda se recusar, é relegado pela segunda vez ao porão – e assim sucessivamente, até que morra ou revele as "informações" exigidas, não importa quão improvável essas "informações" possam ser. Em outros casos, as vítimas são despertadas por agentes da Che-Ka nas primeiras

horas da manhã, levadas para o pátio e submetidas a uma ou duas rajadas em branco, simulando uma execução real, e, por fim, meio vivas e meio mortas, relegadas ao porão. Ultimamente, também se tem feito muito uso da "coroa da morte". Rakaobadye, o social-democrata, foi submetido a essa tortura até concordar em entrar para o serviço da Che-Ka. Depois, recuperou a liberdade e contou aos seus camaradas sobre suas experiências[214].

Às vezes, denúncias de torturas infligidas durante "investigações" apareciam até mesmo na própria imprensa soviética. Esse foi especialmente o caso nos primeiros dias do bolchevismo, antes que os membros do partido usurpador deixassem de ficar chocados com o fato de que abusos e violência eram praticados em suas prisões "administradas pelos socialistas". Na carta "As câmaras de tortura medievais ainda existem?", a qual foi enviada ao *Izvestia* moscovita em 26 de janeiro de 1919 por um comunista que havia sido preso e temporariamente internado por um erro, o escritor declarou:

> Minha prisão foi acidental, e ocorreu pelo fato de eu ter sido descoberto em uma casa onde (como soube mais tarde) notas falsas de Kerensky haviam sido fabricadas. Por tudo isso, tive que passar dez dias na prisão antes mesmo de as autoridades me interrogarem, e, enquanto isso, sofri muito em minha mente.

Em seguida, falando sobre a "Comissão de Investigação" ligada a um dos bairros da cidade de Moscou, afirmou:

> Naquela prisão, as pessoas eram açoitadas até perderem os sentidos, e depois, ainda inconscientes, levadas para a câmara frigorífica do porão. A partir de então, eram espancadas durante dezoito horas por dia. Coisas desse tipo me impressionaram tanto que quase perdi a razão.

---

214. Do Apelo emitido pelos social-democratas georgianos em 5 de julho de 1923, conforme reimpresso na edição número 15 do *Socialistichesky Vestnik*.

Mais uma vez, no *Pravda* de março de 1919, somos informados que a Che-Ka de Vladimir mantinha um esconderijo especial para "espetar os calcanhares dos prisioneiros com agulhas", e que, quando um comunista preso apelou à opinião pública com as palavras: "Agora se tem tanto medo de viver quanto de trabalhar; pois mesmo o mais respeitável dos trabalhadores pode, a qualquer momento, se morar nas províncias, encontrar-se na posição em que estou agora". O caso só atraiu a atenção oficial porque um comunista estava envolvido, enquanto milhares de casos semelhantes já haviam sido ignorados em silêncio.

"Envergonho-me de sua câmara de tortura", também escreveu L. Reisner à Che-Ka de Petrogrado em dezembro de 1918, mas suas palavras foram vistas como "sentimentalismo" e poucas vozes se juntaram ao protesto; mesmo estas logo cederam ao coro predominante.

Em fevereiro de 1919, o *Pravda* citou um caso que claramente ilustra as *vantagens* reais dos fuzilamentos simulados: tratava-se de um camponês abastado que se recusara a cumprir uma ordem de requisição de 20 puds de peso de grãos como "imposto extraordinário sobre alimentos". Ele foi preso, e ainda se recusou a pagar. Em seguida, foi colocado contra o muro do cemitério da igreja local, e ainda assim se recusou a pagar. Levou um tiro em seus ouvidos, e – oh, milagre dos milagres! – finalmente concordou em pagar o que era exigido.

Um caso igualmente surpreendente pode ser encontrado no *Weekly* da Che-ka – um artigo que nos fornece ainda mais provas históricas do nosso ponto de vista e que trazia como título: "Por que a Che-Ka hesita?"

> Diga-nos [perguntaram os signatários do artigo – o chefe da Che-Ka de Nolinsk e outros] por que o senhor não submeteu aquele sujeito, Lockhart[215], à mais refinada de todas as

---

215. O então cônsul britânico em Petrogrado.

torturas possíveis e, assim, arrancou dele as informações de que necessitamos e o repertório de endereços valiosos que um funcionário desse tipo sempre possui? Por que, repetimos, o senhor permitiu que ele deixasse suas instalações sem ter sido submetido a torturas que fariam gelar o sangue de todos os contrarrevolucionários do país? [...] O senhor não pode mais se deixar levar por essa hesitação! Quando um patife perigoso é pego, deve-se extrair todas as informações possíveis dele e, então, despachá-lo para um mundo melhor.

Esse foi um artigo publicado em um jornal oficial[216], o mesmo que pretendia "dar uma direção sábia às atividades das Che-Kas locais e propagar as ideias e métodos de guerra que o própria Che-Ka de Toda a Rússia emprega"! No entanto, no sexto Congresso dos Conselhos, os representantes da Che-Ka de Toda a Rússia concordaram, dizendo: "Reconhecemos que chegou a hora de eliminar os métodos de hesitação e de enrolação de nossas relações com a burguesia e com os servos da burguesia".

Portanto, desde o momento em que o slogan da Che-Ka – "Não tenha piedade da ralé *burguesa*!" – soou nas províncias, essa palavra de ordem estava fadada a ser interpretada pelos oficiais como um apelo e uma sanção à crueldade, e a anular antecipadamente as instruções subsequentes da Che-Ka para que se mantivesse uma vigilância sobre a "legalidade" dos procedimentos dos comitês executivos provinciais. Isso era ainda mais provável, porque essas instruções eram teóricas e não práticas[217]. Pois as províncias, é claro, seguiram o exemplo do centro, onde, como afirmam os relatórios britânicos, um precedente para a tortura foi estabelecido com Kannegiesser, o assassino de Uritsky. Mas foi ou não a senhora Kaplau, agressora de Lênin, torturada? De

---

216. O artigo pode ser encontrado na edição do *Weekly* de 6 de outubro de 1918.
217. Elas foram emitidas em 3 de março de 1919, conforme confirmado pelas reminiscências de P. Mayer sobre seu serviço anterior no Comissariado da Justiça.

qualquer forma, rumores nesse sentido ganharam força em Moscou; e, embora eu não possa, de minha parte, ter certeza sobre o assunto, sei de uma coisa: uma noite, enquanto estava deitado no Butyrka, e que agora acredito ter sido a noite imediatamente após o atentado a Lênin, pudemos ouvir que *alguém* estava sendo torturado no prédio, e ficamos deitados por muito tempo ouvindo os sons. Além disso, embora naquela época fosse tão incomum que notícias sobre torturas chegassem aos ouvidos do público quanto hoje, ouvi falar do "julgamento dos cofres", em agosto de 1920, e soube dos detalhes da colocação das vítimas no gelo (e o resto), apresentados ao Supremo Tribunal Revolucionário. E o quadro se torna ainda mais vívido quando lemos sobre o grande julgamento político no Turquestão, em outubro de 1919, quando os acusados, cerca de doze, repudiaram as evidências que supostamente haviam fornecido anteriormente à Che-Ka local, e apontaram que suas assinaturas nas "confissões" haviam sido obtidas por meio de tortura, levando o Tribunal a questionar o "destacamento especial" da Che-Ka que havia infligido a tortura e, dessa forma, a extrair o fato de que a tortura havia sido um item regular da rotina daquela Che-Ka. "Diante disso", disse um correspondente *do Volya Rossii*[218] que estava presente, "soluços e gritos surgiram no salão e fizeram o prédio ecoar". Como resultado, os juízes ignoraram o fato de o advogado de acusação ter chamado os protestos de "meras lamentações *burguesas*" e proferiram uma condenação formal do que havia sido feito.

Apenas recentemente o *Izvestia*[219] de Moscou relatou uma sessão do tribunal provincial de Omsk, na qual foram julgados Hermann, comandante da milícia distrital em Sherbanov, um colega miliciano e o doutor Trotsky, sob a acusação de terem torturado prisioneiros durante o exame, derramando lacre quente nas palmas

---

218. Veja o *Volya Rossii* de 7 de dezembro de 1923.
219. Veja o *Izvestia* de Moscou de 12 de dezembro de 1923.

das mãos, braços, pescoços e couro cabeludo das vítimas e, em seguida, arrancando a cera e, com ela, partes inteiras da pele. "Não podemos", moralizou o Presidente da Corte, "tolerar tais métodos de investigação, pois eles são dignos da Inquisição Espanhola". No entanto, eram "métodos de investigação" que haviam recebido praticamente a sanção da "lei", e obtivemos informações adicionais valiosas sobre o assunto no *Socialistichesky Vestnik*:

> Na primavera passada, rumores persistentes e revelações de certas ocorrências fizeram com que o tribunal provincial de Stavropol nomeasse uma comissão especial de inquérito sobre torturas que teriam sido infligidas pelo departamento de investigação criminal local. [...] A comissão constatou que, além de açoites, suspensões e outras violências físicas, os seguintes meios de tortura haviam sido empregados: (*a*) Em primeiro lugar, o confinamento era feito no "porão quente", uma cela escura e afundada com três passos de comprimento e um passo e meio de largura, com o piso dividido em degraus. Para fins de tormento, dezoito pessoas foram colocadas ao mesmo tempo nessa cela, de modo que, como não havia espaço para todos, tiveram de ficar constantemente apoiados nos ombros de seus companheiros, enquanto a atmosfera era tal que nem uma lâmpada queimava, nem fósforos acendiam. No entanto, os prisioneiros foram deixados ali de quarenta e oito a setenta e duas horas. Enquanto isso, não receberam comida nem água, nem permissão para sair da cela para propósitos naturais. Até mesmo mulheres, assim como homens, haviam sido encarceradas ali – um caso em questão era uma certa senhora Weitzmann. (*b*) Em segundo lugar, havia o confinamento no "porão frio", um cofre que se comunicava com o poço de uma casa de gelo desativada. Nesse caso, os prisioneiros foram totalmente despidos de suas roupas e baixados para o poço da casa de gelo em uma escada deslizante. A escada foi retirada, e água fria foi derramada sobre os prisioneiros. Essa tortura foi

infligida mesmo em épocas de geada intensa e, em alguns casos, incluiu o derramamento de até oito baldes de água sobre um único prisioneiro. (*c*) Em terceiro lugar, houve medição [compressão] do crânio.

Além disso, parecia que esse departamento de investigação criminal estava matando prisioneiros por supostas tentativas de fuga. Em abril de 1922, usou o pretexto para matar, em particular, um certo Mastriukov. Na verdade, quando a comissão de investigação emitiu suas conclusões, elas se baseavam em depoimentos de vítimas e testemunhas oculares, em descobertas feitas por médicos qualificados, em resultados de exames *post-mortem*, e em confissões de funcionários da Che-Ka, os verdadeiros autores das torturas – a alegação desses últimos era que haviam agido apenas sob as ordens expressas de um certo Grigorovich, que era chefe do Departamento de Investigações Criminais local, do comitê executivo e do comitê provincial local do Partido Comunista. Além disso, eles disseram que receberam instruções de Povetsky, assistente de Grigorovich, e de Topishev, conselheiro judicial do Departamento de Investigações Criminais, e realizaram as torturas *com a ajuda pessoal desses dois oficiais*. No entanto, embora a comissão tenha ordenado a prisão e o processo das pessoas incriminadas, suas prisões foram consideradas impraticáveis devido ao fato de que um certo Chernobrovy, chefe do O.G.P.U. local, os escondeu por um tempo em instalações anexas aos seus aposentos oficiais, e depois apresentou em sua defesa uma circular secreta emitida pela Che-Ka central. Esse documento determinava que, se durante um "processo de investigação" ou uma fase preliminar de interrogatório os prisioneiros resistissem às provas circunstanciais, aos confrontos e às "ameaças", recusando-se a confessar os crimes que lhes eram imputados, "o velho e comprovado remédio" deveria ser aplicado a eles. A origem da circular, aparentemente, foi a seguinte: durante o verão de 1921, Voul, um notório "promotor do povo" ligado à Che-Ka de Moscou, foi acusado de empregar tortura e violência inquisitoriais e, diante disso, ameaçou pedir demissão, alegando que, se a tortura fosse proibida, ele não seria responsável por impedir qualquer aumento adicional do "banditismo" em Moscou. Essa ameaça assustou tanto Menzhinsky, que ele imediatamente concedeu a Voul permissão para seguir seus métodos de inquisição como antes, e emitiu a circular mencionada sobre o "remédio antigo e comprovado" citada antes. Assim, o resultado usual aconteceu, e nenhum dos oficiais de Stavropol que empregaram a tortura foi preso – as únicas pessoas a serem presas foram aquelas que demonstraram um zelo e uma iniciativa totalmente desnecessários ao investigar os mistérios da investigação criminal da Stavropol! Temos uma confirmação detalhada disso em uma carta publicada na edição de número 1 da revista *Pouti Revolutsyi* [Caminhos para a Revolução], do Partido Social-Revolucionário de Esquerda.

Semelhante ao ocorrido em Stavropol foi o caso do Turquestão. Lá, o principal torturador foi, por certo tempo, um ex-palhaço de circo chamado Drozhin, membro e carrasco empregado pela Che-Ka local. Com o tempo, porém, esse homem foi demitido de seu cargo sob a acusação de tortura apenas para ser renomeado, com base em seu histórico como "questionador", para o cargo de comissário político local[220]. E como podemos imaginar as façanhas do ex-palhaço de circo em seu novo papel! Não que saibamos muito sobre suas façanhas nessa parte específica do mundo. O que sabemos sobre ele é sua carreira em uma esfera semelhante no outro extremo da Rússia, em Archangel. Já citei anteriormente um relatório do *The Che-Ka* sobre o campo de concentração de Kholmogory. Embora eu não tenha conhecimento pessoal da identidade do autor do relatório, do homem que, em face a todos os possíveis perigos e dificuldades, viajou para o extremo Norte para

---

220. E, se não me engano, foi recompensado com a "Ordem da Bandeira Vermelha". Veja o *Digest*, n. 344, dos resumos compilados pela equipe de Denikin.

reunir informações autênticas sobre os horrores que chegaram até nós, mesmo em Moscou, foi em Moscou que ele buscou meios de ajudar os infelizes prisioneiros do "Campo da Morte", e eu estava presente quando um documento foi lido em seu nome. O escrito provou ser ainda mais terrível, tanto que ficamos petrificados e percebemos imediatamente que não havia nenhuma forma possível de ajuda. E se eu citar alguns detalhes do documento, eles ajudarão o leitor a entender quais eram as condições de vida naquele inferno de campo.

> Enquanto o abominavelmente cruel Bakhoulis esteve no comando do lugar, pessoas foram fuziladas em grande número por ofensas puramente triviais. Verdadeiramente detestáveis são as histórias contadas sobre ele! Entre outras coisas, tinha como prática dividir seus prisioneiros em grupos de dez e punir um grupo inteiro se qualquer um de seus membros cometesse um delito. Certa vez, um membro de um grupo escapou e não pôde ser encontrado – os outros nove foram imediatamente fuzilados. Quando o próprio infrator foi pego, ele também recebeu uma sentença de morte e foi levado para o lado de uma cova já cavada, xingado por um tempo pelo comandante e, por fim, golpeado na cabeça de forma a cair na cova meio atordoado, e ser enterrado vivo. Esse incidente foi contado por um dos próprios guardas do campo. Mais tarde, quando Bakhoulis foi transferido para o comando do campo de Portaminsk, o campo mais ao Norte de todos (situado a cerca de cem verstas ao Norte de Archangel), ele continuou com suas práticas lá, e fez com que os prisioneiros fossem alimentados apenas com peixe seco (de modo que nunca viam pão). Em geral, soltou as rédeas de sua crueldade. Diz-se, em particular, que dos duzentos prisioneiros que ele levou de Kholmogory para lá, pouquíssimos sobreviveram. Descobri que o próprio nome Portaminsk inspirava medo nos prisioneiros, tanto que passou a significar praticamente uma sentença de morte.

No entanto, as condições de Portaminsk pouco diferiam das de Kholmogory.[221]

Mais detalhes sobre a vida no mosteiro desativado de Portaminsk nos chegam por meio de uma carta particular enviada secretamente a Petrogrado[222].

> Certa vez, quando estávamos começando a trabalhar às 6 horas da manhã e ainda não tínhamos saído do pátio, um dos prisioneiros, um homem recém-recuperado do tifo e, portanto, ainda fraco por causa do ataque, desmaiou. Então, o comandante declarou que ele não estava realmente doente e, para puni-lo por "fingir", mandou despi-lo completamente, colocá-lo em uma cela gelada e atirarem neve nele. Mais tarde, o homem morreu de frio.

O escritor também registra como um homem doente, que não conseguiu acompanhar um comboio de prisioneiros que ia de um vilarejo a outro, foi baleado diante dos olhos de seus companheiros. Uma testemunha ocular escreveu:

> O que se segue pode dar aos senhores uma ideia das abominações cometidas aqui. Enquanto alguns prisioneiros estavam cavando areia para construção em frente à casa do comandante, ele percebeu que se sentaram para descansar. Assim, sem se mover de seu lugar na janela, ele sacou seu revólver, disparou e matou e feriu vários dos prisioneiros. Então, os prisioneiros entraram em greve de fome e, quando isso chegou aos ouvidos de Moscou, uma comissão de investigação foi enviada a Portaminsk, e o comandante foi afastado. O novo comandante, um marinheiro do "Gangut", é tão cruel quanto seu antecessor, e os fuzilamentos aleatórios de prisioneiros pelos guardas diante dos olhos de seus companheiros são tão comuns como sempre.

---

221. Veja *The Che-Ka*, p. 242, 243.
222. E publicado no *Revolutsionnoyé Dielo*, n. 2.

O simples fato de que em seis meses, durante os anos de 1921 e 1922, 442 dos 1.200 prisioneiros morreram deve nos mostrar quais eram as condições de confinamento no Norte.

Em Kholmogory, as pessoas eram jogadas em uma cela escura como breu ou confinadas em prédios, conhecidos respectivamente como "a torre fria" e "a casa branca" – este último, um edifício isolado cujo único e pequeno cômodo não tinha banheiro, às vezes comportava até quarenta pessoas. Os pacientes com tifo confinados ali tinham de passar os dez dias que antecediam a "crise" da doença sem nenhum tipo de atenção médica, e era muito comum perderem a razão enquanto estavam no prédio.

Já que, em Moscou, só conseguíamos obter notícias fragmentadas sobre esses acontecimentos e estávamos sob o poder de funcionários protegidos contra qualquer punição por seus atos, como poderíamos protestar com segurança, mesmo que tivéssemos a possibilidade de fazê-lo? Mais de uma vez, durante minha estada na prisão de Butyrka, vi prisioneiros sofrerem maus-tratos enquanto eram examinados, e me implorarem para manter silêncio sobre o assunto. Os próprios médicos da prisão eram proibidos de revelar que açoites estavam sendo praticados. Certa vez, quando um doutor Sheglov deu a alguns socialistas um atestado de que haviam sido submetidos a violência física, ele foi mandado para o exílio em Archangel e designado para limpar o lixo sanitário. Ouvimos notícias de açoites fora da prisão, e de um social-democrata chamado Treigav que foi colocado em uma cela de três por dois metros e obrigado a dividi-la com um lunático chinês com tendência homicida. Esses e outros casos do gênero podem ser encontrados em detalhes nas edições de número 1 e 14 da *Revolutsionnaya Rossia*. Mais uma vez, uma carta de um social-revolucionário de esquerda chamado Shebalin, enviada secretamente para nós, contava como ele havia sido torturado (em Petrogrado), tendo seus braços e pernas espancados com a coronha de um revólver, suas órbitas oculares e testículos cutucados e comprimidos até que ele desmaiasse com a agonia, e seu corpo açoitado de tal forma que não deixava cicatrizes ou sangue, mas fazia com que o sangue da flagelação saísse apenas de sua garganta[223]. Semelhante a essas declarações sobre a compressão dos testículos foi a evidência dada por Sinovary perante o tribunal em Lausanne. Eu mesmo conheci Shebalin, que durante seis meses foi meu companheiro de prisão no Butyrka e, portanto, posso testemunhar que ele era um homem incapaz de mentir ou mesmo de exagerar.

> Posso assegurar-lhe (escreveu ele) que esta carta está sendo enviada ao senhor de um estabelecimento de tortura cujo regime e recursos superam até mesmo os das antigas "Bastilhas da Rússia", a Fortaleza de Schlüsselburg e a de Petropavlovsk, em ambas as quais estive preso por ofender a Coroa Imperial.

Além disso, a carta mencionava celas engenhosamente planejadas, que tinham acabado de ser criadas nas instalações da rua Gorokhovaya da Che-Ka de Petrogrado – pequenas, apertadas e geladas, com paredes de cortiça com revestimento duplo, de modo a impedir que qualquer som chegasse ao mundo exterior. Lá, segundo o nosso informante, os prisioneiros eram "interrogados", congelados, queimados e torturados de outras formas – geralmente durante cinco a dez dias seguidos, ou até mesmo por um mês[224]. Em um livro escrito no exterior, baseado principalmente em materiais que o autor havia trazido da Rússia, S. S. Maslov afirmou que era comum, quase universal, que os prisioneiros fossem chutados e espancados com coronhas de rifle e revólver por todo o corpo. Além disso, ele cita um exemplo de barbárie que é ainda mais característico da "justiça" bolchevique,

---

223. Veja o *Ponti Revolutsyi*, de 9 de abril de 1922.
224. Em uma edição do *Rabochy Listok*, encontramos menção de que a Che-Ka de Petrogrado colocou prisioneiros em grilhões enquanto estes aguardavam investigação. A edição de número 5 do *Socialistichesky Vestnik* fala de prisioneiros que foram enviados a manicômios para serem confinados com maníacos perigosos.

cujos princípios são tão entusiasticamente exaltados na imprensa soviética como "tendendo menos a punir e mais a reformar", já que o caso não tinha nenhum tipo de relação com política.

Em Moscou, em maio de 1920, alguns jovens batedores de carteira de onze a quinze anos de idade foram presos, jogados em um porão nas instalações da Che-Ka e mantidos separados do restante dos prisioneiros. A Che-Ka havia decidido dar um uso oficial a eles e obter, por meio deles, os nomes dos batedores de carteira com os quais se associaram no passado. No entanto, apesar de as autoridades terem persuadido e ameaçado, as crianças persistiram em dizer que não sabiam nada sobre o assunto, e todas as investigações foram infrutíferas. Em seguida, funcionários da Che-Ka entraram na cela e espancaram as crianças com os punhos e, quando as vítimas caíram sob os golpes, bateram nelas com os calcanhares. As crianças prometeram denunciar seus últimos companheiros, mas, sem nunca terem sabido os nomes verdadeiros deles, tiveram que ser levadas pelas ruas em carros motorizados e bondes, ou então levadas para as estações ferroviárias, na chance de que, no caminho, pudessem apontar um ou mais dos culpados procurados. Embora no primeiro dia evitassem persistentemente denunciar qualquer antigo camarada, elas foram tão cruelmente espancadas por isso quando retornaram ao prédio da Che-Ka à noite, e todas as noites depois disso, que finalmente começaram a trair antigos companheiros, e então, por medo de mais açoites, até mesmo a informar sobre *pessoas perfeitamente inocentes*, que nunca haviam conhecido. Quando isso já estava acontecendo há mais ou menos três semanas, foram recebidas ordens para que fossem transferidas das instalações da Che-Ka para a prisão de Butyrka. A essa altura, as crianças estavam emaciadas, cobertas de hematomas, vestindo trapos, marcadas pelo medo, até parecerem pequenos animais diante da morte. Tremiam com frequência e, mesmo durante o sono à noite, gemiam e choravam. Depois de duas ou três semanas na prisão de Butyrka, chegaram ordens para que fossem devolvidas às instalações da Che-Ka. Desde então, prisioneiros que haviam sido confinados muitas vezes e por muito tempo na prisão me disseram que nunca em suas vidas – nem mesmo durante sua prisão na Sibéria – haviam ouvido gritos tão terríveis como os daquelas crianças quando perceberam que seriam levadas para os porões da Che-Ka novamente. Meus informantes disseram que nunca haviam sentido um ódio tão ardente por seus opressores como quando sua visão embaçada pelas lágrimas testemunhou o sofrimento daquelas jovens criaturas e viu suas formas juvenis sendo levadas para o pátio em um frenesi de choro.

Só recentemente ouvi dizer que, em Irkutsk, um velho revolucionário chamado Kulikovsky havia sido morto durante um exame feito por um agente da O.G.P.U. Desde então, li no jornal *Dni* os detalhes da ocorrência: quando Kulikovsky se recusou a responder às perguntas de seu torturador, este o golpeou com uma coronha de revólver até que, com o crânio fraturado, o velho homem caiu e morreu.

O VALOR DA LICENÇA CONCEDIDA AOS EXECUTORES

Eu disse que Saenko era um sádico e descrevi algumas de suas ações. Dos escritos do socialista Karelin também obtivemos informações sobre o principal assistente de Saenko, o marinheiro Edward, um sujeito que conversava e brincava amigavelmente com um grupo de prisioneiros e, de repente, sacava seu revólver e atirava na nuca de um dos infelizes.

De um escritor chamado Averbuch, um homem bem familiarizado com os assuntos de Odessa, ouvimos falar das ações abomináveis de Kalinchenko, o chefe da Che-Ka daquela cidade.

Muitas histórias são atribuídas aos seus caprichos fantásticos e à sua louca aplicação da "justiça". Por exemplo, certa vez, comemorou seu aniversário mandando buscar na prisão local "três dos burgueses mais gordos que pudessem ser obtidos". Em seu frenesi de embriaguez, atirou neles ali mesmo. Averbuch também escreveu:

> Certa vez, quando fui ao Café Astra (um lugar frequentado quase exclusivamente por oficiais bolcheviques), ouvi dos próprios lábios de Vaska, o carrasco, a história do fuzilamento de dois burgueses. Sim, ele me descreveu suas agonias mentais antes da morte, seus beijos nas mãos e nos pés, seus pedidos de misericórdia. E acrescentou: "Afinal de contas, só cumpri meu dever como revolucionário".

Em Odessa, também, havia um carrasco chamado Johnson, um homem enviado de Moscou para lá. Sobre ele, Averbuch escreveu[225]:

> Em pouco tempo, o nome do sujeito tornou-se sinônimo de tudo o que era cruel e vil. Pois apenas ele, apenas esse Johnson, apenas esse carrasco negro poderia esfolar uma vítima antes de matá-la, ou cortar os membros de um prisioneiro, um por um, durante o suplício do interrogatório.

Mas Johnson *era* o único facínora capaz de fazer tais coisas? Em uma exposição bolchevique realizada em Moscou durante os anos de 1920 a 1921, um dos itens exibidos era um par de "luvas" arrancadas de mãos humanas. Embora os bolcheviques tenham apresentado esse artefato como uma prova das atrocidades cometidas pelos Brancos, rumores sobre Saenko arrancando "luvas" de vítimas em Kharkov já haviam chegado a Moscou muito antes disso. Além do que, semelhantes "luvas" haviam sido encontradas no porão da sede da Che-Ka e, posteriormente, anarquistas trazidos de Kharkov para a prisão de Butyrka atestaram de maneira unânime que tais abominações foram,

---

225. Em *The Che-Ka of Odessa*, publicado por Kishinev, 1920, p. 30.

de fato, cometidas. No entanto, Lounacharsky, um membro do Partido que exibira as "luvas" de Saenko como uma amostra da crueldade cometida pelo lado oposto, disse o seguinte em uma sessão do Conselho realizada em 4 de dezembro de 1918: "Embora sejamos acusados de um padrão de moralidade hotentote, não vamos admitir o *impeachment!*".

A Johnson estava associada uma jovem carrasca chamada Vera Grebenninkova (ou "Dora"). O talento dessa mulher para a barbárie rivalizava com o do próprio negro, e, entre outras histórias de sua ferocidade, podemos incluir o fato de que ela arrancava os cabelos das vítimas em punhados antes de fazer o mesmo com elas, membro por membro, cortando orelhas, deslocando mandíbulas e coisas do tipo. Suas atividades podem ser resumidas no fato de que, durante seus dois meses e meio com a Che-Ka de Odessa, ela matou mais de setecentas pessoas – um terço do total![226]

Em Kiev, era costume fazer os condenados se prostrarem em meio ao sangue coalhado no chão antes de serem mortos com um tiro na nuca ou no cérebro. Em certos casos, eram até mesmo obrigados a se prostrar sobre as vítimas baleadas instantes antes, ou eram levados para o jardim com o propósito de uma "caçada humana" do tipo relatado pelas Irmãs da Misericórdia de Kiev. "Mikhailov, o imaculado chefe da Che-Ka, tinha uma predileção especial por despir os prisioneiros e, em seguida, levá-los ao jardim da Che-Ka brandindo um revólver"[227].

Há uma reminiscência semelhante registrada pela escritora francesa Odette Kun, uma autodenominada comunista que, devido a circunstâncias adversas, foi confinada em celas da Che-Ka em Sebastopol, Simferopol, Kharkov e Moscou. Em uma passagem, ela descreve uma caçada de mulheres prisioneiras em Petrogrado, que

---

226. Veja *The Che-Ka of Odessa,* de Averbuch, p. 36.
227. *Archives of the Russian Revolution*, vol. VI.

lhe foi relatada por uma testemunha ocular real do "esporte"[228]. Parece que, em 1920, a sua informante havia sido encarcerada, com outras vinte mulheres, por "atividade contrarrevolucionária".

> Certa noite, um bando de soldados chegou ao prédio e levou algumas de minhas companheiras para o pátio. No momento seguinte, quando um coro de gritos quase desumanos chegou aos nossos ouvidos e olhamos pela janela, vimos que elas haviam sido despidas de todas as suas roupas e estavam sendo colocadas em uma carroça. Mais tarde, descobrimos que foram levadas para o campo e instruídas a correr para salvar suas vidas, com a promessa de que a primeira que atingisse um determinado objetivo teria sua vida poupada. Não é preciso dizer que todas elas foram mortas.

As memórias de S. N. Volkonsky, mais uma vez, afirmam que, em Briansk, o padrão era atirar nas costas dos prisioneiros assim que um exame era concluído[229], e que, na Sibéria, os prisioneiros eram mortos com um "chocalho" de ferro. Uma senhora relatou:

> Logo abaixo de nossa janela, vi um ex-agente da Okhrana (a antiga polícia política secreta) sendo morto no pátio da Che-Ka com uma vara ou com uma coronhada de fuzil. Demorou mais de uma hora para acabarem com ele, e o tempo todo ele estava implorando aos homens por misericórdia.

Em Ekaterinoslav, também, um sujeito chamado Valiavko, que fuzilava "contrarrevolucionários" às centenas, soltava de dez a quinze prisioneiros em um pequeno jardim, ao redor do qual ele havia mandado construir uma cerca especial, e, então, entrava com dois ou três amigos e começava a atirar no "alvo"[230]. Na mesma

---

228. Veja *Sous Lênine, Notes d'une Femme Déportée en Russie par les Anglais*, de Odette Kun, p. 179, e também o n. 3 da revista *Na Chouzhoi Storonyé*. Odette Kun começou sendo deportada de Constantinopla pelas autoridades britânicas, que suspeitavam que ela estivesse fazendo propaganda comunista.
229. Veja *My Memoirs*, de S. N. Volkonsky, p. 263.
230. Veja Z. U. Arbatov, em *Archives of the Russian Revolution*, vol. XII, p. 89.

cidade, o "Camarada" Trepelov, chefe da Che-Ka, selecionava as vítimas para execução simplesmente marcando nas listas os nomes cuja aparência o desagradava, e assim, riscando "Raz"[231] em lápis vermelho grosso, assinava a sentença de morte das vítimas. Outro artifício dele era marcar as listas de tal forma que tornava impossível determinar exatamente quais nomes estavam sendo indicados. Além disso, quando a prisão local estava sendo evacuada, ele economizava tempo, fazendo com que todas as pessoas de sua lista (cinquenta no total) fossem fuziladas indiscriminadamente.

No *Revolutsionnoyé Diel*[232] de Petrogrado, encontramos os seguintes detalhes de como sessenta pessoas foram fuziladas após o julgamento de Tagantsev:

> Os fuzilamentos ocorreram em uma estação da ferrovia Irinovskaya, onde os prisioneiros foram levados ao amanhecer e instruídos a cavar suas próprias sepulturas. Depois, quando as covas estavam meio cavadas, eram instruídos a tirar suas roupas. De todos os lados vinham gemidos e gritos de clemência, mas as vítimas eram empurradas para dentro dos buracos e alvejadas. Então, outro lote era empurrado por cima e repetia-se o processo, até que todos os túmulos estivessem cheios de mortos e gemidos.

Os carrascos de Moscou faziam seu trabalho diário em masmorras equipadas com pisos de asfalto, calhas e alçapões para escorrer o sangue. Encontramos uma boa descrição dos facínoras em um artigo intitulado *O navio da morte*, incluído na coleção *The Che-Ka*. Os três carrascos mais proeminentes em Moscou eram homens chamados Emelianov, Pankratov e Zhoukov – todos registrados no Partido Comunista e, portanto, pessoas acostumadas a viver com a gordura da terra. Como todos os outros carrascos, também eram pagos por peça e recebiam as roupas e joias de suas vítimas como

---

231. Forma abreviada da gíria *Raskhod*, que equivale a "ser morto" ou "executado".
232. Veja o *Revolutsionnoyé Diel* de março de 1922.

benefícios. Por isso, muitos acumularam fortunas com dentes de ouro arrancados e cruzes peitorais roubadas.

Uma testemunha ocular declarou no jornal *Echo* de Kovno que, em certa época, os tiroteios nos porões dos números 13 e 14 da rua Bretenka, em Moscou, eram realizados posicionando-se um rifle em um suporte na extremidade mais próxima do porão, de modo a apontar para o local exato onde a cabeça da vítima naturalmente chegaria, e que se a vítima fosse muito baixa para alcançar o local, eram colocados degraus sob seus pés[233].

Mais uma vez, S. S. Maslov fala de uma mulher carrasca que ele viu com frequência durante o ano de 1919. A cada dois ou três dias, essa senhora aparecia no hospital da prisão central com um cigarro entre os dentes, um chicote na mão e um revólver destravado na cintura. Enquanto percorria as alas de onde o próximo grupo de vítimas estava prestes a ser removido para a execução, ela insultava e açoitava como cães quaisquer pacientes que estivessem tão entorpecidos pelo terror a ponto de demorar a reunir seus pertences, ou que soluçassem alto demais ao se despedir dos companheiros. Era uma mulher muito jovem, não mais que uns vinte anos, e não era a única carrasca em Moscou.

Do mesmo Maslov, que como ex-membro da Assembleia Constituinte da província de Vologda estava bem familiarizado com os acontecimentos naquela região, temos a descrição de uma carrasca não profissional chamada Rebekah Plastinina-Maisel, que era assistente de cirurgião em uma pequena cidade na província de Tver e, sozinha, matou mais de cem vítimas. Sobre essa harpia e seu segundo marido, o notório Kedrov, uma mulher chamada E. D. Kouskova, que na época vivia como exilada em Vologda, declarou que interrogavam os prisioneiros no salão de viagem nas estações ferroviárias e, em seguida, fuzilavam os infelizes assim que Rebekah terminava de maltratá-los, gritar com eles e atacá-los

---

233. No mesmo sentido, veja o *Posledniya Novosty* de 17 de julho de 1921.

com os punhos, enquanto sempre gritava histericamente: "Que sejam fuzilados! Coloquem-nos contra a parede!" E, acrescenta Maslov, "eu mesmo sei de pelo menos dez casos em que as mulheres carrascas se divertiam por um tempo *furando* a cabeça de suas vítimas". De um correspondente do jornal *Golos Rossii*[234] temos uma descrição de atividades semelhantes em Archangel, durante a primavera e o verão de 1920, tendo como "heroína", mais uma vez, Rebekah Plastinina-Maise"[235].

> Em Archangel (diz o correspondente), após a falsa procissão fúnebre de caixões vermelhos vazios, Rebekah começou a desencadear sua vingança contra seus antigos adversários políticos. De fato, ela se tornou uma maníaca, sobre cuja cabeça devem ter recaído as maldições de centenas de mães e esposas, pois sua maldade superou até mesmo a de seus colegas masculinos na Che-Ka de toda a Rússia. Para começar, ela retribuiu pequenos insultos que havia recebido da família de seu primeiro marido ao crucificá-los em massa. [...] Tão cruel, insana e histérica era ela, que inventou uma história de que oficiais Brancos, certa vez, amarraram-na à cauda de um cavalo e fizeram o animal galopar. Ela passou a acreditar tão firmemente nessa lenda inventada por si mesma, que, ao chegar a Solovetsky, assumiu o posto de diretora de atrocidades daquele estabelecimento, posição antes ocupada por seu marido. Mais tarde, mandou devolver a Solovetsky as vítimas que a comissão de Eydouk havia prendido e enviado a Moscou. Essas vítimas foram embarcadas em um navio a vapor para Kholmogory (aquele cemitério da flor da juventude da Rússia!), onde foram despidas, carregadas em barcaças, executadas a tiros e lançadas ao mar. Até o final do verão, a cidade gemeu sob o peso de seu terrorismo.

---

234. Veja o *Golos Rossii*, de 25 de março de 1922.
235. Isso foi antes de ela se tornar esposa de Kedrov.

Em outra comunicação ao mesmo jornal, o correspondente acrescenta: "Somente em Archangel, essa Rebekah Plastinina-Maisel matou 87 oficiais e 33 cidadãos. E em outra ocasião, ela afundou com suas próprias mãos uma barcaça carregada com quinhentos refugiados e soldados Miller"[236].

Veja também o seguinte esboço de uma testemunha ocular que estava presente no tiroteio de 52 pessoas em uma única noite:

> A carrasca chefe, uma mulher letã com um rosto tão brutalizado que lhe rendeu, entre os prisioneiros, o apelido de "A Pug", era uma mulher sádica. Ela sempre usava calções até os joelhos e sempre carregava dois revólveres no cinto. Mas, posteriormente, essa mesma "Camarada Louba" (creio que ela era de Baku) foi fuzilada por roubar propriedade do governo"[237].

Outra mulher desse tipo era a chefe feminina da Che-Ka de Ounech, que, mais como um animal feroz do que como um ser humano, era par perfeito para a bruxa letã e nunca dava um passo sem revólveres e um bom estoque de cartuchos em seu cinto de couro. Certa vez, um refugiado que acabara de chegar da Rússia me disse: "Os habitantes de Ounech falam dela com a respiração suspensa, literalmente". Que a história preserve seu nome para o benefício das gerações futuras!

A cidade de Rybinsk também tinha sua mulher-fera, uma criatura chamada Zina; e Ekaterinoslav, Sebastopol e outros lugares, da mesma forma, produziram monstruosidades femininas[238].

Quanto ao restante, os nervos humanos são falíveis, e até mesmo os algozes bolcheviques podem se cansar de "uma tarefa para o benefício do povo". Assim, em muitos casos, os massacres eram conduzidos por facínoras mergulhados na embriaguez e

---

236. Veja o *Golos Rossii*, de 27 de janeiro de 1922.
237. Veja o *Posledniya Nooosty*, de 2 de março de 1921.
238. *Der Blutrausch des Bolschewismus*, p. 19.

entorpecimento, no estado necessário de "irresponsabilidade" para matar seus semelhantes. Muitas vezes, eu mesmo, enquanto estava na prisão de Butyrka, pude ver que os funcionários administrativos mais duros, do comandante para baixo, haviam feito uso de cocaína ou de alguma outra droga antes que o funcionário que chamávamos de "Comissário da Morte" festivesse para chegar à prisão em busca de suas vítimas, que precisariam ser recolhidas das celas por aqueles funcionários. "Em quase todos os armários", diz Nilostousky sobre a Che-Kas em Kiev, "e em quase todas as gavetas, encontramos frascos vazios de cocaína empilhados". Drogados dessa forma, é claro, os carrascos perdiam o último vestígio de humanidade, e uma testemunha confiável nos deu um exemplo particularmente bom disso, conforme relatado a essa testemunha por um alto funcionário da Che-Ka de Toda a Rússia[239]:

> Certa vez (disse o informante), o carrasco-chefe de Moscou, um homem chamado Maga, um sujeito que havia matado milhares de pessoas com suas próprias mãos (e o informante deu a estimativa quase fantástica de 11 mil!), completou o fuzilamento de cerca de quinze a vinte vítimas atirando também em Popov, o diretor da seção especial, que havia assistido ao lote de execuções apenas pelo prazer do espetáculo. Os olhos de Maga estavam injetados e seu corpo, coberto de sangue e miolos. De fato, ele parecia louco e horrível. Felizmente, embora Popov tenha perdido a cabeça, corrido para salvar sua vida e uma confusão tenha acontecido, outros oficiais da Che-Ka vieram em seu socorro e dominaram Maga.

No entanto, as drogas nem sempre permitiam que as mentes dos carrascos suportassem a tensão. No relatório das Irmãs da Misericórdia de Kiev, ao qual já me referi mais de uma vez, lemos que, às vezes, Avdokhin, chefe do principal Che-Ka de Kiev, sentia

---

239. Consulte a seção "A Year in the Butyrka" em *The Che-Ka*, p. 146

tanto a tensão nervosa que chegava a desabafar seus problemas com as Irmãs! "Estou doente, Irmãs", dizia ele. "Minha cabeça está queimando e não consigo dormir. Os mortos me torturam a noite toda". Diz outra das Irmãs:

> Jamais poderei pensar nos rostos de Terekhov, Nikiforov, Ougarov, Abnaver, Gousig e de outros membros desses Che-Kas sem me sentir mais do que nunca convencida de que são anormais, sádicos, demônios da cocaína, homens que perderam a última aparência de humanidade.

De qualquer forma, não há dúvida de que, durante algum tempo, os manicômios da Rússia registraram muitos casos de uma doença que ficou conhecida como "demência do carrasco" devido à sua tendência de fazer com que seus portadores fossem vítimas de remorso real ou imaginário pelo derramamento de sangue e de alucinações das mais angustiantes. Da mesma forma, testemunhas oculares relataram que marinheiros bolcheviques foram subitamente acometidos de paroxismos em locais públicos, e um correspondente moscovita do *Dni* escreveu certa vez: "O Departamento Político do Estado tem tentado se livrar desses loucos atirando neles – um recurso que, por si só, permitiu que mais de um desses sofredores se libertasse de seus pesadelos terríveis e assombrosos".

Além disso, havia carrascos que demonstravam os sintomas mais claros possíveis de degeneração mental. Lembro-me bem de um garoto carrasco que, com apenas quatorze anos, compartilhou minha prisão no Butyrka. Esse rapaz era tão intelectualmente deficiente e tão insensível à enormidade do que havia feito, que se vangloriava de suas façanhas para seus companheiros de prisão, e as relatava com todos os detalhes. Quando, em janeiro de 1922, Remover, a Húngara – uma mulher "promotora do povo" de uma das Che-Kas de Kiev –, foi presa sob a acusação de ter atirado sem autorização em um grupo de oitenta prisioneiros, *a maioria homens jovens*, descobriu-se que ela era sexualmente perturbada, e que havia atirado não apenas em pessoas realmente suspeitas, mas também em testemunhas que, infelizmente, haviam excitado seu desejo doentio durante o tempo em que depunham perante a Che-Ka. Por fim, um médico descreveu para nós uma comissária chamada Nesterenko, que obrigava os Guardas Vermelhos a violar mulheres e meninas indefesas – sim, e crianças pequenas – em sua própria presença[240].

Mais uma vez, basta examinar os registros da Comissão Denikin para ver que, em dezenas de casos, oficiais superiores, funcionários que não eram encarregados de realizar as execuções, mataram as vítimas com suas próprias mãos. Um exemplo é Vichmann, de Odessa, que tinha seis carrascos à sua disposição (um deles, a propósito, atuava sob o pseudônimo de "Amour[241]"!), mas entrava nas celas e matava prisioneiros para seu prazer pessoal. Sabe-se que Atarbekov, de Piatigorsk, esfaqueou as vítimas com um punhal. Novar, de Odessa, matou um homem chamado Grigoriev e seu filho de doze anos diante de testemunhas. Outro oficial da Che-Ka tinha um fraco por "fazer sua vítima se ajoelhar na frente dele, comprimir a cabeça do infeliz entre seus joelhos e atirar em sua nuca"[242]. Esses casos, na verdade, são infinitos.

Além disso, a morte se tornou tão comum na Rússia, que, como mencionado anteriormente, uma fraseologia especial de cinismo se infiltrou na imprensa oficial ao detalhar as listas de fuzilamentos. Exemplos podiam ser vistos quando as vítimas eram descritas como tendo sido "pagas", "recebido uma mudança", "enviadas para encontrar seu pai" ou "despachadas para o quartel-general de Doukhonin". E quando Voul, de Moscou, adotou a prática de escrever que havia "tocado guitarra" sobre elas ou que as havia

---

240. Veja o *Novoyd Russkoyi Slovo*, de Nova York, de 19 de fevereiro de 1924.
241. "Amor", em francês. (N. T.)
242. Veja o *Dni*, de 7 de março de 1924.

"selado", e quando os jornalistas de Piatigorsk começaram a falar em "dar o *natsokal*" (uma palavra onomatopeica baseada no som do gatilho de um revólver sendo puxado) e de "enviá-las ao Mashouk para cheirar violetas", essas expressões passaram a ser formas veladas de se referir a execuções. Por fim, certa vez, o próprio Comandante da Che-Ka de Petrogrado foi ouvido gritando ao telefone para sua esposa: "Hoje vou levar alguns galos-monteses para Kronstadt"[243].

Uma quantidade igual de brutalidade e cinismo marcava a realização das execuções. Em Odessa, quando a sentença de morte era pronunciada contra um acusado, os carrascos despiam-no, penduravam uma etiqueta numerada em seu pescoço para fins de identificação quando chegasse o momento da matança, e forçavam-no a assinar um papel, reconhecendo que tinha ouvido a proclamação de sua condenação. Foi em Odessa, também, que as celas dos condenados eram visitadas por oficiais que, zombeteiramente, cobravam dos condenados que fornecessem detalhes biográficos para seus próprios anúncios de obituário! Um exemplo semelhante de zombaria com prisioneiros condenados é descrito pela senhora Vyroubova. Nesse caso, um grupo de marinheiros, liderado por um ex-advogado chamado Levitsky, circulava repetidamente ao redor de uma prisão, cantando, tocando acordeão e gritando: "Ei, seus burgueses! Estamos entoando o seu réquiem!"[244]

Mas Petrogrado, em vez disso, passou a observar escrupulosamente a "legalidade" na realização das execuções, e até reservou uma sala especialmente para informar os prisioneiros sobre seu destino, o que fez com que essa sala ficasse conhecida como "A Câmara das Partidas". É verdade que, certa vez, o *Pravda* ridicularizou uma afirmação da imprensa inglesa de que bandas militares costumavam tocar durante as execuções; no entanto,

---

243. Outros exemplos desse tipo de fraseologia são dados por Kartzevsky em seu *The Speech of Warfare and Revolution*, publicado em 1923 em Berlim.
244. *Archives of the Revolution*, vol. VIII, p. 153.

isso não é mais do que o que realmente aconteceu em uma ocasião durante o Terror de setembro de 1918, quando Moscou fuzilou ex-ministros czaristas e outros. De passagem, deve-se dizer que, naquele período, todas as execuções moscovitas eram realizadas pelos Guardas Vermelhos na planície de Khodynka. Mais tarde, alguns chineses substituíram esses guardas; depois, um grupo especial de carrascos pagos, auxiliados, quando necessário, por amadores. Mais uma vez, as testemunhas examinadas pela Comissão Denikin afirmaram que, tanto em Nikolaev quanto em Saratov, os criminosos comuns eram encarregados de executar seus companheiros políticos, e recebiam suas próprias vidas como recompensa, enquanto, no extremo Turquestão, os próprios juízes atuavam como carrascos – costume que parece ainda existir. É claro que é uma questão discutível se a pessoa que proferiu uma sentença de morte não deveria também executá-la; mas, seja como for, temos à nossa disposição uma declaração de que, em 1923, um juiz V. matava seus próprios condenados; assim que os sentenciava, fazia com que fossem despidos de suas roupas em uma sala adjacente e os fuzilava. Sobre a Che-Ka de Odessa, diz-se que, em 1923, ele inventou, para fins de execução, uma passagem escura e estreita que tinha uma cavidade no piso em sua extremidade mais distante e uma fresta em cada uma das paredes laterais, de modo que, quando o condenado caminhava desprevenido pela passagem, ele caía no poço e podia ser alvejado pelas frestas sem que os carrascos sequer vissem seu rosto.

Preciso abrir espaço para apenas mais uma descrição desse tipo, que foi publicada na quarta edição do censurado *Bulletin*[245] dos Esquerdistas Social-Revolucionários, a qual se refere a tiroteios perpetrados pela Che-Ka moscovita no período em que os "direitos" das provinciais e dos tribunais revolucionários estavam

---

245. Na edição desse jornal [*Bulletin*] de abril de 1919.

em discussão. Como descrição, ela é ainda mais valiosa por ter sido obtida de uma testemunha ocular:

> Quase todas as noites, um certo número de prisioneiros é retirado das celas para ser "despachado para Irkutsk", como dizem nossos modernos *oprichniki*[246]. Antigamente, os condenados eram levados para a Planície de Khodynsky para serem executados, mas desde então seu destino passou a ser, em primeiro lugar, o número 11, Varsonofievsky Pereulok, e depois o número 7, onde, em grupos de 30, 12, 8 ou 4, conforme o caso, são conduzidos a uma sala no quarto andar para serem despidos até as camisas, e então levados novamente escada abaixo. Seminus, são posicionados contra pilhas de lenha no final de um pátio coberto de neve e baleados na parte de trás da cabeça. E se algum disparo não for fatal e a vítima cair ainda com vida, ela recebe uma rajada inteira de tiros ou então alguns dos executores correm até ela, pulam sobre seu peito, pisoteiam-no e desferem golpes contra sua cabeça. Foi assim que na noite de 10 para 11 de março uma senhora Olekhovskaya foi executada por um delito que tornaria absurda até mesmo uma pena de um único dia de prisão. Revelou-se tão difícil matá-la, que, mesmo após ter sua cabeça e peito atingidos por sete balas, seu corpo ainda tremia. Foi então que Koudravtsev, um ex-oficial czarista que trabalhava para a Che-Ka (e, portanto, um homem inflamado pelo fervor de um convertido comunista), correu até ela, agarrou-a pelo pescoço, arrancou-lhe a blusa, torceu e pressionou as vértebras de seu pescoço até que a vida a abandonasse. Ela tinha apenas dezenove anos. [...] Recentemente, ao perceberem que a neve no pátio estava tingida de vermelho e marrom com o sangue que respingava por todo o local, a Che-Ka decidiu que seria melhor derretê-la. Como havia bastante lenha disponível, grandes

---

246. *Oprichniki* era a temida guarda de elite de Ivan, o Terrível, primeiro czar da Rússia (de 1547 a 1584), conhecido por sua brutalidade. (N. T.)

fogueiras foram acesas tanto no pátio quanto na rua ao lado. Infelizmente, à medida que a neve derretia, dissolvia-se em um fluxo coagulado e avermelhado, que escorria do pátio para formar poças na rua. Para remover as evidências condenatórias, tiveram de improvisar um escoadouro. Sim, misturado àquela substância escura, acusadora e terrível, havia sangue que, minutos antes, pulsara nos corações de pessoas tão vivas quanto seus executores!

De modo arrogante, os bolcheviques proclamam: "não temos guilhotina". Ah, eu sei muito bem. Sei que, com o acompanhamento de motores em funcionamento para abafar o som dos tiros, as execuções ainda estão ocorrendo em masmorras e porões secretos.

Não era apenas à noite que os tiroteios aconteciam. Havia uma pequena praça em frente a uma fábrica de Archangel, onde eles aconteciam à luz do dia, "onde multidões de crianças da vizinhança podiam se reunir para testemunhá-los"[247]. Da mesma forma, em Odessa, pessoas foram executadas à luz do dia. E o mesmo aconteceu em Mogilev, diante dos olhos de seus parentes.

> Todas as noites, entre cinco e sete horas, um caminhão parava diante das instalações do tribunal revolucionário do Décimo Sexto Exército; e quando uma dúzia de carrascos entrava nele, munidos de um arsenal completo de armas e um par de pás, os condenados à morte também eram carregados no veículo, que partia. Quando, uma hora depois, quando o caminhão retornava, os carrascos descarregavam sacos cheios de botas e roupas que os falecidos haviam usado recentemente. Tudo isso era feito exclusivamente durante o dia (os relógios eram adiantados em três horas para esse fim), na presença dos parentes e amigos das vítimas – homens, mulheres e crianças[248].

---

247. De *Posledinya Novosty*, de 21 de setembro de 1920.
248. De *Posledinya Novosty*, n. 168.

Mas as condições sob as quais o falecido czar e sua família foram assassinados em Ekaterinburg constituem o episódio que certamente transcenderá qualquer outro desse tipo, causando repulsa no coração de qualquer pessoa que não esteja morta para o sentimento humano ou embriagada pelo fanatismo político: o episódio da noite em que um czar, uma czarina e seus filhos foram levados para um porão e mortos diante dos olhos uns dos outros. Posteriormente, um Guarda Vermelho chamado Medviedev, testemunha das execuções, declarou à Comissão de Inquérito realizada em fevereiro de 1919 que as vítimas se prepararam lentamente, como se adivinhassem o que lhes estava reservado. A história não tem nada igual aos assassinatos cometidos em Ekaterinburg na noite de 16 para 17 de julho de 1918[249].

OS CONDENADOS

Sabemos que, em uma época passada, as pessoas subiam ao cadafalso cantando a Marselhesa. Da mesma forma, em Odessa, quando os social-revolucionários de esquerda condenados à execução eram amarrados aos pares e carregados em um caminhão, eles cantaram a *sua* Marselhesa, mesmo quando o peso de 35 cadáveres era amontoado sobre eles. Acima de tudo, foi dentro dos portões da prisão russa que a morte passou a parecer um incidente cotidiano. Em *The Che-Ka*, encontramos descritas as emoções de um prisioneiro quando se viu pela primeira vez em uma cela condenada.

> Uma forte *tropa* de Guardas Vermelhos nos trouxe a essa horrível masmorra às 7 horas da noite: mal havíamos percebido o nosso entorno quando os ferrolhos da porta de ferro rangeram, e a própria porta rangeu em suas dobradiças, e o comandante entrou com um grupo de carcereiros.

---

249. O depoimento de Medviedev e outros perante a Comissão foi publicado pela Telburg, nos Estados Unidos, e na edição número 5 da revista *The Contemporary Historian,* na Alemanha.

– Quantos são? – ele perguntou.

– Sessenta e sete.

– Sessenta e sete, quando já foi cavada uma cova para noventa?

E o comandante pareceu confuso, mas, ainda mais, apático e entediado. E nós? Nós apenas nos sentamos, entorpecidos. A morte já parecia pairar sobre nós. Ficamos como homens paralisados.

– É claro – exclamou o comandante de repente. – Eu havia me esquecido de que há trinta prisioneiros a serem trazidos da seção especial...

E assim começaram as horríveis e infinitamente longas horas de espera pela morte. Por algum milagre, um padre preso conosco havia conseguido conservar seu crucifixo peitoral. Agora, ele o tirou, ajoelhou-se e começou a rezar. Sim, e um prisioneiro comunista seguiu o seu exemplo. No entanto, enquanto os soluços podiam ser ouvidos dentro da cela, do lado de fora se ouviam os sons de uma valsa tocada em um piano desafinado e de canções folclóricas alegres. Ah, como essas canções nos dilaceravam o coração! Os sons vinham do que havia sido a capela da prisão, onde alguns jovens comunistas estavam realizando um ensaio musical! Assim, a ironia do destino fez com que a vida e a morte se entrelaçassem![250]

Esperando à porta da morte ao som de um piano deafinado! É ao livro de Nilostonsky que devemos essa descrição de uma cela de condenados, embora também saibamos que, em muitas delas, e em muitos porões, reinava a escuridão permanente. De quinze a vinte pessoas ficavam confinadas em um local de 4 arshins (9 pés e meio[251]) de comprimento por 2 arshins de largura; entre elas havia mulheres e velhos; ninguém tinha permissão para sair

---

250. Veja *The Che-Ka*, p. 232, 233.
251. Equivalente a, aproximadamente, 2,90 metros. (N. T.)

da cela, logo as funções naturais tinham de ser realizadas no local. Em Petrogrado, os prisioneiros condenados eram mantidos assim por até trinta e seis horas após a sentença de morte ter sido pronunciada, sem que lhes fosse concedida comida ou água, nem permissão para sair da cela por um único momento.

> Pense na tortura mental sofrida por qualquer pessoa que, como eu, teve de observar as vítimas se preparando para serem fuziladas. Lembro-me especialmente de julho de 1920, quando eu estava detido na prisão de Butyrka. Certa noite, como um "privilegiado" prisioneiro, eu estava sentado sozinho no pátio da prisão quando me aconteceu a seguinte experiência, um episódio que ainda me deixa em dúvida se fiquei mais horrorizado ou mais espantado, mas não duvido do fato de que o contraste antinatural que a experiência apresentou tocou meus sentidos como a ponta de uma agulha. Aconteceu que, da parte do prédio da prisão reservada exclusivamente para os presos comunistas, vinha um barulhento festival música de piano, canções ciganas e contação de histórias, pois estava em andamento um dos entretenimentos, com artistas especiais contratados, que a administração organizava periodicamente para a diversão dos "infratores privilegiados". Mas, de repente, enquanto os sons da música e do piano ecoavam pelo pátio da prisão, e eu os ouvia em silêncio, aconteceu de eu olhar para a janela da "Câmara das Almas" e ver um rosto trás das grades – um rosto contorcido de agonia, um rosto pressionado avidamente para a frente, como que para inalar ar livre. Eu o reconheci como o rosto de uma vítima que seria fuzilada naquela noite, e lembrei-me de que várias outras, mais de vinte delas, estavam esperando sua vez de morrer. [...] Mais tarde, naquela noite, todas foram levadas pelo "Comissário da Morte". [...] O que aconteceu depois da visão eu mal me lembro, mas sei que, depois disso, nunca mais me senti inclinado a entrar no pátio da prisão, exceto quando outros

> prisioneiros estavam presentes. Muitas vezes, desde então, pensei nos versos de *An Incident of the Past* [Um incidente do passado], de Korolenko, supostamente escritos por um prisioneiro quando uma sentença de morte estava prestes a ser executada dentro dos muros da prisão: "[...] o lugar está silencioso, com um silêncio que é o silêncio da morte e, portanto, um silêncio que, apesar de nossa familiaridade com a desvalorização da vida na Rússia, ninguém quebraria de bom grado [...]".

A seguir, gostaria de citar a descrição de um determinado incidente em Mogilev. Minha fonte é um correspondente da *Postedniya Novosty*[252].

> Na véspera da sessão do tribunal de Gomel, vimos anunciado nas esquinas que o tribunal iria julgar publicamente alguns desertores do Exército Vermelho. Mais tarde, quando o julgamento foi aberto no teatro local, eu o assisti. Lá, vi os três homens que supostamente deveriam julgar os acusados (cerca de cem) apenas gritarem com eles por um tempo e, em seguida, condená-los à morte. [...] Quando saí do prédio pelo saguão, vi pessoas comprando calmamente ingressos para a apresentação teatral da noite seguinte!

E os condenados? Bem, a maioria foi para o matadouro silenciosamente, sem protestos nem resistência, depois de se submeterem a ser presos com arame farpado.

> Se (escreveu a irmã Medviedeva no relatório de Kiev)[253] o senhor pudesse ver nossos condenados sendo levados para a execução, veria que eles já estão praticamente mortos. Os poucos que resistem ou fazem um pedido abjeto e inútil aos carrascos são espancados e chutados antes de serem arrastados para o porão onde a matança os aguarda.

---

252. *Postedniya Novosty*, n. 168.
253. Publicado na *Rousskaya Lietopis*, n. 5, p. 199 e 200.

Veja outra lembrança de Kiev, relatada pela senhora Kourakina:

> Ficamos horrorizados, e nossos corações pareceram parar quando a noite caiu e alguns homens chegaram para levar os condenados. A sala estava abafada em um silêncio sepulcral. No entanto, os infelizes sabiam como morrer: eles foram para o seu destino sem um som, com uma calma verdadeiramente surpreendente. Apenas a palidez de seus rostos e a abstração de seus olhares mostravam que já haviam deixado de pertencer a esta existência atual. No entanto, algumas pobres criaturas se rebelaram contra o pensamento da morte, e foram elas que me causaram a impressão mais angustiante de todas, pois lutaram horrivelmente, até o último momento, contra a violência dos guardas, agarrando-se a beliches, cantos e portas, chorando e gritando no frenesi de seu terror. Os guardas, por seu turno, apenas riam deles, dizendo: "Então o senhor não quer ser colocado na muralha, hein? Mas para a parede os senhores devem ir".

Aparentemente, os condenados que cometiam suicídio antes da execução o faziam menos por medo da morte e mais por medo do massacre. Por exemplo, lembro-me de um tártaro no Butyrka que se esforçou imensamente para cortar a garganta com um caco de vidro para não ser executado. Os suicídios incluíam muitos casos de autoincineração, conforme mencionado em *The Che-Ka* e nos materiais reunidos pela Comissão Denikin, mas os carrascos sempre tentavam devolver a vida aos suicidas. E por que isso? Porque sempre quiseram acabar com os infelizes com suas próprias mãos – era contra a regra dos comunistas deixar uma única vítima, quando condenada, escapar da "justiça revolucionária". Há muitos exemplos surpreendentes de tal insistência no cumprimento da "justiça" incluídos nos dados compilados pela Comissão Denikin, e citarei um deles. Certa vez, quando alguns corpos de pessoas que haviam sido executadas estavam sendo levados para o necrotério de Odessa, o motorista notou que as pálpebras de uma das vítimas tremiam e apontou o fato para o funcionário do necrotério. E, de fato, mal a mulher havia sido levada para o necrotério, ela recuperou os sentidos o suficiente para gritar (ainda meio atordoada e, segundo afirmou uma testemunha, porque avistara seu marido perto dela): "Estou com frio!" e "Onde está minha cruz?" Embora o atendente lhe suplicasse que ficasse em silêncio, ela insistiu até que alguns carrascos a ouviram, vieram e lhe deram o golpe de misericórdia. E outro depoente relatou que, quando um homem já estava em seu caixão, ele recuperou a consciência e foi prontamente morto. E há registro de um caso em que, quando a tampa de um caixão se abriu lentamente e de dentro dele veio um grito – "Meus Camaradas, ainda estou vivo!" –, uma mensagem telefônica foi enviada à Che-Ka, recebendo como resposta: "Acabem com ele com um tijolo", enquanto um apelo adicional ao chefe da Che-Ka (Vichmann) provocou a piada: "Devemos requisitar o melhor cirurgião de Odessa, suponho?" e, finalmente, um funcionário da Che-Ka teve de ser enviado ao local para atirar na vítima uma segunda vez com um revólver.

Com relação aos familiares que buscavam informações sobre o destino de seus parentes presos, eu mesmo sei quantas vezes a Che-Ka de Moscou se livrou de tais perguntas, dando-lhes permissão para ver aqueles que já sabia estarem no necrotério de Lefortovsky. Até mesmo mulheres e crianças, que chegavam com pacotes para os prisioneiros, recebiam a resposta: "Nenhuma pessoa com esse nome está confinada nesta prisão", ou a enigmática declaração de que "essa pessoa foi removida para outro lugar na cidade".

Por fim, nas reminiscências de S. M. Oustinov, encontramos a seguinte imagem horrível, porém apropriada: "Na rua principal, uma mulher descalça e maltrapilha rodopiava loucamente de um lado para o outro diante do avanço das tropas. Na noite anterior, antes de deixar a cidade, os bolcheviques haviam atirado em seu marido".

TRATAMENTO BOLCHEVIQUE ÀS MULHERES

Ao ler os relatos sobre os abusos bolcheviques contra mulheres, não surpreende que tenham provocado um desejo de vingança. Veja a seguinte descrição dos sofrimentos suportados pelas mulheres no campo de concentração de Kholmogory:

> As autoridades recrutam suas cozinheiras, lavadeiras e outras servidoras exclusivamente entre as prisioneiras. Em sua maioria, selecionam mulheres educadas com carinho. Além disso, os funcionários (especialmente um homem chamado Okren) obrigam as prisioneiras que lhes agradam a visitá-los à noite, sob o argumento de que há trabalho doméstico a ser feito – na realidade, usam essas moças como suas amantes. E as vítimas, aterrorizadas, não podem recusar; devem suportar esses insultos em silêncio. Certa vez, uma prisioneira expressou sua repulsa (isso foi durante os dias em que Bakhoulis estava no comando), e foi baleada no local. Em outra ocasião, quando uma ex-aluna foi chamada pelo comandante assistente a uma hora da manhã e, a princípio, recusou-se a atender à convocação, suas companheiras realmente imploraram que ela fosse, para que todas não sofressem com sua recusa. Da mesma forma, sempre que as mulheres prisioneiras eram levadas para a casa de banhos, elas encontravam os Guardas Vermelhos à sua espera, tanto lá quanto nas salas de descanso[254].

Narrativas semelhantes foram obtidas na seção especial da região de Kuban, além de casos notáveis em outros lugares, como o de uma ex-professora, a senhora Dombrovskaya, que foi estuprada antes de ser fuzilada; e de uma jovem que, condenada à morte pela Che-Ka de Kislovodsk por "comércio especulativo", foi

---

254. De *The Che-Ka*.

posteriormente violada pelo chefe do "departamento de contraespionagem" antes de ele a matar com sua própria e desmembrar seu corpo nu como em um esporte macabro.

Há a declaração de uma testemunha de que, antes de a esposa e a filha do General Ch. serem executadas perto de Chernigov, a filha, de vinte anos, foi estuprada – esses fatos foram relatados pelos motoristas que levaram o grupo ao local da execução. Outra declaração diz:

> Algumas mulheres estavam se contorcendo histericamente no chão entre um grupo de carrascos que, com risadas bêbadas e piadas obscenas e imundas, continuavam a rasgar as roupas delas sob o pretexto de "buscas". De repente, o carcereiro-chefe (um dos funcionários regulares da prisão, não da Che-Ka) gritou com uma voz trêmula, como se estivesse apreensivo: "Não toquem nas mulheres! Não se pode confiar em sujeitos como os senhores com mulheres quando elas vão ser fuziladas".

O leitor pode descrever assim uma noite comum de execução (a data era 17 de novembro de 1919), em Saratov! A *Revolutsionnaya Rossi*[255] também fornece detalhes de estupros. Recentemente, uma exilada escreveu para o jornal *Anarkhichesky Vestnik*[256], publicado em Berlim, sobre suas experiências na prisão de transporte de Vologda:

> Antes de nos deixar, a enfermeira nos avisou para ficarmos atentas, pois infalivelmente, ao cair da noite, o superintendente ou o diretor entraria "com as intenções habituais". O procedimento, disse ela, era tão comum, que pouquíssimas mulheres passavam pela prisão sem que algo do gênero fosse feito a elas. Como a maioria dos oficiais tinha sífilis, na maioria dos casos, elas contraíam a doença. Descobrimos que não foi à toa que recebemos o aviso.

---

255. Na décima edição do *Revolutsionnaya Rossi*.
256. Números 3 e 4 de *Anarkhichesky Vestnik*.

Eu mesmo me lembro de uma prisioneira sendo violada no último andar do prédio de confinamento solitário dos homens em Moscou (a então prisão da Força Especial moscovita, uma instituição notória pela severidade de seu regime), e o Guarda Vermelho envolvido no caso se desculpando, com o argumento de que a mulher havia se entregado a ele por meio quilo de pão. E isso não é impossível. Por meio quilo de pão sujo, preto, de prisão! Sim. Que comentário mais é necessário?

Perante o Tribunal de Lausanne, a testemunha Sinovary contou sobre uma grande quantidade de estupros em Petrogrado. E o trecho a seguir nos permite ler o que foi feito dessa forma pela Che-Ka da região de Kuban:

> Naquele vilarejo cossaco, Saraev tinha domínio tão ilimitado, que possuía poder de vida e morte sobre todos os habitantes e podia realizar os confiscos, as requisições e os fuzilamentos que quisesse. No entanto, embora já estivesse exausto de prazeres sensuais, ele ainda desejava satisfazer seus instintos animais e nunca deixava que uma mulher bonita passasse por sua vista sem ultrajá-la. Seu método de procedimento era igualmente simples, primitivo, sem lei e cruel. Assim que cobiçava uma vítima do sexo feminino, ele começava prendendo o parente mais próximo do sexo masculino – irmão, marido, pai ou qualquer outro, ou todos eles juntos – e o condenava à morte. Depois disso, os habitantes influentes apresentavam petições e intercessões, e Saraev aproveitava o fato para confrontar a mulher com o ultimato de que, a menos que ela se tornasse sua amante, seus parentes ficariam perdidos para ela. Então, forçada a escolher entre dois males, a mulher, naturalmente, escolhia, na maioria dos casos, a alternativa da degradação. Enquanto ela continuasse, Saraev manteria o julgamento do homem acusado. A população, aterrorizada, não ousava fazer o menor protesto, mas tinha que permanecer privada do direito elementar de toda população, o direito de defender seus próprios interesses.

Em outro vilarejo cossaco, uma senhora Pashkovskaya, esposa de um oficial cossaco, foi cobiçada pelos olhos do chefe do comitê executivo local e, a partir daí, começou uma perseguição ao marido dela. O chefe do comitê chegou ao ponto de requisitar uma parte da casa do marido para sua própria residência. Por fim, como o objeto de suas atenções não conseguiu ser afetado nem mesmo pelo fator da proximidade, o chefe do comitê removeu o marido, o obstáculo, mandando-o para a prisão como "um ex-fuzileiro e contrarrevolucionário" e, finalmente, fuzilando-o.

Outra vez, um inquisidor da Che-Ka disse a uma de suas prisioneiras, uma tal senhora G.: "A senhora é muito bonita e seu marido não é digno da senhora". Então, como se tivesse sido uma reflexão posterior, ele acrescentou: "Tenho muita vontade de libertar a senhora e fuzilar seu marido como um contrarrevolucionário. Mas, não, eu libertarei tanto ele quanto a senhora, se a senhora se tornar minha amante assim que eu a libertar". Quase fora de si, a senhora G. consultou um colega prisioneiro sobre o assunto, sendo aconselhada a salvar seu marido a todo custo. Ela permitiu que o inquisidor começasse a visitá-la, mas seu marido foi fuzilado como se nenhum acordo tivesse sido feito!

Mais uma vez, a senhora M., esposa de um ex-policial, foi presa por uma seção especial e o inquisidor lhe disse que, se ela se tornasse sua amante, seria libertada. Então, ela concordou e foi libertada, e o inquisidor passou a morar em sua casa. Mais tarde, porém, ela confessou:

> Eu o detesto, mas o que posso fazer contra ele se meu marido está ausente e só tenho em casa os meus três filhos pequenos? Tudo o que posso dizer por mim mesma é que pelo menos me sinto segura, na medida em que não tenho mais motivos para temer buscas inquisitoriais ou para viver diariamente com medo de ter minha casa invadida e de ser arrastada diante da Che-Ka novamente.

Uma testemunha que já citei em relação aos eventos na Crimeia disse ao Tribunal de Lausanne que cada um dos marinheiros ativos naquela região possuía quatro ou cinco amantes e que, na maioria dos casos, as pobres mulheres eram esposas de oficiais massacrados ou foragidos. A rejeição às investidas dos marinheiros significava execução, e apenas algumas senhoras de mente mais forte conseguiam reunir coragem suficiente para resolver o problema por meio do suicídio.

> Embriagados de sangue, os marinheiros se descontrolaram, apoderaram-se das listas de execução e, de forma aleatória, colocaram cruzes em qualquer nome que os desagradasse por sua aparência. Em suas orgias da meia-noite, envolveram até mesmo as Irmãs da Misericórdia, as esposas de oficiais presos ou fugitivos, e mulheres mantidas como reféns. E antes que a noite terminasse, todos aqueles cujos nomes haviam sido marcados com cruzes foram executados.

Mais uma vez, uma testemunha declarou perante a Comissão Denikin que orgias licenciosas tinham sido realizadas *sistematicamente* pela Che-Ka e pelo tribunal de Nikolaev, e incluíram até mesmo mulheres que haviam vindo implorar pela libertação de seus parentes, o preço pela liberdade de seus entes queridos. Da irmã Medviedeva, a mesma Comissão ouviu um incidente ocorrido em Kiev de ainda maior desfaçatez:

> Nem um empregado da Che-Ka deixava de ter um certo número de mulheres. Na verdade, esses indivíduos podiam lançar o olhar da luxúria sobre *todas* as mulheres, e o estado das coisas era absolutamente repugnante. Sorin, em particular, adorava orgias luxuriosas. Na véspera da Páscoa, o grande salão que costumava pertencer a Demechenko testemunhou o seguinte. Duas senhoras entraram no salão para apresentar uma petição em favor de um prisioneiro e, no momento em que faziam isso, algumas cortinas foram

fechadas e revelaram três mulheres nuas tocando piano; e foi na presença dessas mulheres que as senhoras tiveram de apresentar a Sorin sua petição. Elas mesmas me contaram o ocorrido mais tarde.

Naturalmente, diante de tal ordem de vida na Rússia, as "quinzenas para inculcar o respeito pelas mulheres", defendidas pela *Prabochnaya Gazeta* e pela *Proletarskaya Pravda*[257] provaram ser uma conclusão inevitável, e se estabeleceu um sistema de "comunização das mulheres" e de "dias de amor livre", que se tornou uma manifestação estabelecida e inegável do verdadeiro significado da tirania bolchevique, mesmo que tanto os jornais bolcheviques quanto os não bolcheviques tenham tentado ridicularizar a ideia de que o sistema tenha existido de fato. A existência dele é corroborada por uma série de documentos.

"ESPREMENDO A BURGUESIA"

O Terror significava assassinato, derramamento de sangue e pena capital. E significava ainda mais, pois tinha à sua disposição meios de afetar o pensamento e a imaginação contemporâneos de maneiras ainda mais profundas. E esses meios eram intermináveis e diversos em forma como sempre acontece quando a tirania e a violência se manifestam. Mas, acima de tudo, o Terror significava pena de morte – pena morte em todos os lugares, a cada passo, em cada canto e recanto.

Assim escreveu Herr Steinberg em *The Moral Aspect of the Revolution* [O aspecto moral da Revolução], que ajudou a provocar o levante de outubro e que, no início, era a favor da construção de um sistema social. Desde então, ele declarou ter "como sua coroa

---

257. Respectivamente, *The Workman's Gazette* e *Proletarian Truth*.

sangrenta, como seu trágico apogeu, a pena de morte", e que está "matando diária e persistentemente a alma do povo". Bem, é melhor que ele tenha escrito essas palavras em Petrogrado, em 1917, do que em Berlim, em 1923, pois desde 1917 a tirania bolchevique vem diariamente aniquilando a vida humana, sufocando a liberdade de expressão, apertando a alma popular com os pesados grilhões da censura e matando os melhores escritores e jornalistas da Rússia.

Mas devo chamar a atenção do leitor para a forma incomparavelmente desajeitada e sem sentido de terror popular que, conhecida como "espremer a burguesia", era uma prática aplicada às classes instruídas em todos os lugares, mas especialmente no Sul. O procedimento consistia em separar dias especiais para realizar buscas domiciliares em massa, que despojavam os habitantes da maior parte de suas roupas, roupas de cama e outros artigos, deixando-lhes, como "ração", apenas uma camisa cada, alguns lenços e assim por diante. Vejamos a descrição de um "dia de aperto" específico que, em 1921, foi realizado em Ekaterinodar no aniversário da Comuna de Paris[258].

> Ao anoitecer daquele dia, todas as casas habitadas por pessoas azaradas o suficiente para terem sido "nobreza", comerciantes, cidadãos proeminentes, advogados ou oficiais antes da Revolução, e para serem médicos, professores ou engenheiros (em suma, burgueses) no momento atual, foram invadidas por Guardas Vermelhos e bolcheviques armados até os dentes, que fizeram uma busca cuidadosa em todos os lugares, retiraram todo o dinheiro e objetos de valor, arrastaram os ocupantes das casas para fora com suas roupas de dormir e, sem levar em conta idade ou sexo ou mesmo estado de saúde (de modo que as pessoas que sofriam de tifo foram levadas), carregaram-nos em vagões e os despacharam para outros destinos – metade para

---

258. Essa descrição é citada nas edições 12, 13 e 14 do *Revolutsionnaya Rossia*.

um campo de concentração local e a outra metade para Petrovsk, para trabalhos forçados na pesca do Cáspio. Essa deportação atroz de centenas de famílias continuou por um dia e meio, acompanhada do confisco dos bens dos deportados e da distribuição dos mesmos entre os trabalhadores locais – embora, na verdade, não saibamos até que ponto isso realmente chegou a esses trabalhadores; só sabemos que, pelo menos, chegaram ao mercado e, em muitos casos, foram recomprados por seus donos dos especuladores que os haviam adquirido. Assim, tornou-se bastante comum ver suas próprias roupas sendo usadas por comissários, suas esposas e parentes, e, durante o primeiro ano da usurpação bolchevique, o sistema agregou a si um sistema secundário de "contribuições" que, com o tempo, alcançou dimensões quase fantásticas. No entanto, recusar-se a pagar essas "contribuições" significava detenção e prisão e, não raro, morte[259].

Talvez um discurso proferido pelo notório líder bolchevista Mouraviev em uma reunião forçada de burgueses, realizada após a tomada de Odessa pelos bolcheviques, em 1918, ilustre melhor o que o termo "contribuições" ou "moedas doadas para a causa revolucionária" realmente significava. Disse Mouraviev:

> Cheguei tarde ao salão, e o inimigo já está batendo nos portões da cidade. E, talvez, os senhores burgueses gostem do som disso? No entanto, não se alegrem tão cedo, pois se eu tiver que entregar Odessa ao inimigo, não pretendo deixar aos senhores nem suas casas nem suas vidas. Portanto, vejam bem. O que os senhores têm de fazer é, dentro de três dias, pagar-me dez milhões de rublos. Se não o fizerem, ai dos senhores, afogarei cada um com uma pedra no pescoço e deportarei sua família.

---

259. Veja *Years of Fire*, de Margoulies.

Nos mesmos moldes do exposto anteriormente, houve um "dia de protesto pacífico" que os bolcheviques de Odessa anunciaram para 13 de maio de 1919, exatamente um ano após o citado discurso de Mouraviev. Para os propósitos do dia, esses bolcheviques formaram até sessenta bandos encarregados de despojar as classes proprietárias de Odessa de todos "excedente" de comida, calçados, roupas externas e íntimas, além de dinheiro; depois disso, eles espalhavam ameaças de que qualquer um que deixasse de observar o dia decretado, conforme ordenado pelo "conselho local de deputados operários", seria preso, e qualquer um que se opusesse ativamente ao decreto seria fuzilado. Além disso, o comitê elaborou uma "Instrução" que estabelecia, em detalhes minuciosos, os artigos a serem confiscados, mas ao menos deixava para cada habitante três camisas, três pares de cuecas e três pares de meias. Essa última provisão teve o efeito de inspirar Pieshekhonov, nosso informante, a dizer que o diabo nem sempre é tão feio quanto o pintam. é pintado. Pieshekhonov, então continua:

> Infelizmente, com a chegada do dia, os cidadãos sucumbiram ao pânico e correram de um lado para o outro em terror e perplexidade, sem saber onde esconder seus bens. Eu, por minha vez, só pude sorrir diante da ideia de que alguém pudesse roubar várias centenas de milhares de pessoas em um único dia, e de forma tão minuciosa a ponto de incluir até mesmo o dinheiro escondido em recantos e cantos secretos. "Não!", disse a mim mesmo. "Uma de duas coisas acontecerá. Ou os bandos bolcheviques serão detidos assim que entrarem nas primeiras casas, ou um roubo organizado pelos bolcheviques se transformará em um banditismo popular e descontrolado, forçando os próprios bolcheviques a contê-lo." E foi exatamente isso que aconteceu – os bandos bolcheviques foram detidos logo na entrada das primeiras casas e – bem, o inesperado ocorreu porque foi justamente nas localidades habitadas

pelos trabalhadores que esses bandos encontraram a maior resistência e foram recebidos com insultos. Na verdade, não demorou muito para que sons de tiros começassem a ser ouvidos nesses bairros e, no final, os bolcheviques tiveram que abandonar completamente seu "dia de protesto pacífico", ou teriam se deparado com uma rebelião armada, não tanto da burguesia, mas do próprio proletariado. É verdade que, mais tarde (em 1920), os bolcheviques de Odessa conseguiram, ao que parece, realizar uma "confiscação de todos os excedentes". No entanto, naquela época, eu já havia deixado o local e não posso afirmar como essa confiscação foi conduzida, salvo, provavelmente, permitindo que muitas pessoas escapassem completamente da situação. Uma confiscação de excedentes em Kharkov no mesmo ano teve um desfecho igualmente insatisfatório, pois, embora na primeira noite os bolcheviques tenham tomado o cuidado de realizar buscas rigorosas, casa por casa, na noite seguinte cometeram o erro de visitar apenas residências previamente selecionadas – as mais prósperas – o que resultou em protestos de habitantes influentes, que denunciaram a ação como roubo não autorizado, o que acabou forçando a interrupção das buscas. Quanto à minha experiência pessoal em Kharkov, os agentes de busca jamais chegaram à casa onde eu estava. A principal razão para o fracasso dos bolcheviques em Odessa, [escreveu Margoulies], foi que cometeram o gigantesco erro tático de não isentar previamente das buscas todas as casas pertencentes aos trabalhadores industriais e aos pequenos funcionários públicos. Por não terem feito isso, assim que a notícia do iminente "protesto pacífico" chegou à cidade, instalou-se um pânico não tanto entre a burguesia, mas entre o proletariado. Isso levou a uma paralisação do trabalho na maioria das fábricas, pois os operários correram para casa para proteger seus bens da ilegalidade que, supostamente, ameaçava até mesmo os pertences dos próprios comunistas. O resultado foi uma cena indescritível: os destacamentos de requisição – compostos, em sua maioria, por jovens e mulheres de caráter questionável – foram recebidos com xingamentos, insultos e, em alguns casos, até com violência física e baldes de água fervente. A agitação popular cresceu tanto, que não restou alternativa senão abandonar o plano antes que os casos isolados de protesto se transformassem em uma revolta generalizada. Assim, já à uma da tarde, ou seja, apenas quatro horas após o início do "protesto pacífico", foi enviado um comunicado urgente ordenando o fim das buscas domiciliares. No dia seguinte, foi publicado um pronunciamento direcionado aos trabalhadores, que dizia: "Sentimo-nos profundamente magoados pelo fato de que, ontem, os trabalhadores pareceram tomar o partido da burguesia. Na verdade, era impossível incluir em nossas instruções uma ordem para que as buscas não fossem realizadas nos distritos operários, pois, nesse caso, a burguesia teria corrido em massa para esses locais para esconder toda a riqueza roubada que vêm acumulando." Mas o apelo concluía: "O mal-entendido ocorrido é ainda mais lamentável porque está fadado a representar um retrocesso para aquilo que constitui um fator primário na causa dos trabalhadores".

Um mês antes, uma exigência semelhante havia sido feita a Odessa, mas, nesse caso, para uma contribuição definitiva de 500 milhões de rublos. Tanto em Odessa quanto em outros lugares, os despejos foram realizados após um aviso de apenas vinte e quatro horas, enquanto em Vladikavkaz, mulheres encontradas andando na rua eram mandadas para trabalhos servis nos hospitais, e em Sebastopol e outras cidades da Crimeia, os membros da burguesia eram apreendidos e submetidos a trabalho forçado. "Todos os membros do sexo masculino que forem encontrados usando colarinhos engomados e todos os membros do sexo feminino que forem encontrados usando chapéus deverão ser designados para tarefas severas". Essas pessoas eram detidas como estavam, levadas imediatamente para os arredores da cidade, e colocadas para cavar trincheiras. Com o tempo, esse tipo de apreensão casual nas ruas foi aprimorado com a coleta noturna de casa em casa e o envio dos burgueses capturados para os campos da milícia. Lá, na manhã seguinte, os homens eram, independentemente da idade, separados em grupos de dez e colocados para carregar vagões ferroviários e cavar trincheiras – tarefas que, para quem nunca antes havia feito um trabalho braçal, não eram muito fáceis e só permitiam um desempenho lento, o que atraía tanto as reprimendas severas do feitor quanto os golpes de seu chicote. Enquanto isso, as mulheres da burguesia capturadas foram encarregadas de limpar e esfregar os quartéis da Guarda Vermelha, as casas dos comissários e os estabelecimentos comunistas em geral. Em um domingo de Páscoa, um grupo de moças em Sebastopol foi inesperadamente requisitado para tarefas braçais em público com o único propósito de fazer delas um espetáculo. Depois de receberem ordens para se reunirem em determinados pontos, foram enviadas para limpar os quartéis da Guarda Vermelha que estavam, nem é preciso dizer, mergulhados em uma sujeira extrema. Essas moças gentilmente educadas (que, em sua maioria, estavam apenas em idade escolar) não apenas tinham que realizar suas tarefas com roupas comuns (que não eram de trabalho), mas também eram proibidas de trazer consigo qualquer utensílio de limpeza necessário para esse trabalho. Sob a mira dos revólveres dos comissários e ameaçadas com a chibata, tinham que raspar os banheiros dos quartéis com os dedos nus![260]

---

260. Esses detalhes foram extraídos dos dados manuscritos relacionados à Crimeia coletados pela Comissão Denikin.

Kiev também teve sua "semana de confisco de excedentes", e a maneira como esta foi realizada faz com que seja possível afirmar que Steinberg estava certo quando, em seu livro, afirmou que nenhum sistema regulava de fato as requisições e confiscações bolcheviques, de modo que, como sempre acontece nesses casos, a espoliação, que supostamente tinha como alvo os bem alimentados e os privilegiados, acabou deixando muitos deles de fora e atingindo, em sua maioria, os subalimentados e os sobrecarregados de trabalho.

Em Vladikavkaz, uma ordem promulgada em 9 de abril de 1918 dizia que "todos os membros da burguesia devem se reunir no Teatro de Inverno às 20 horas de hoje (independentemente de terem ou não pago suas contribuições), devendo ser fuzilados caso não cumpram essa ordem". Além disso, talvez seja bom citar a seguinte conversa entre Peters e alguns jornalistas comunistas, conforme relatado no *Izvestia* de Kiev:

> Deixe-me lembrar aos senhores [disse Peters aos jornalistas] como os trabalhadores de Petrogrado responderam ao meu apelo por buscas voluntárias nas residências da burguesia, que chegaram a ter a participação de 20 mil trabalhadores (homens e mulheres), com marinheiros e Guardas Vermelhos. Nunca se poderia elogiar suficientemente o rigor com que esses voluntários executaram sua tarefa! E qual foi o resultado? As buscas trouxeram à tona 2 mil bombas, 3 mil binóculos prismáticos, 30 mil bússolas e muitos outros artigos de equipamento militar. Pela primeira vez, pudemos entrar no rastro das organizações contrarrevolucionárias que, posteriormente, descobrimos terem surgido em todas as partes da Rússia. Aqui em Kiev, infelizmente, não existe esse tipo de disciplina popular; os saqueadores e especuladores têm permissão para inflacionar os preços e esconder os alimentos necessários para a cidade. Apenas ontem, alguns agentes de busca a nosso serviço descobriram

novos estoques de mantimentos, o que me coloca diante da necessidade de submeter os detentores desses estoques à medida punitiva máxima por não terem cumprido minha Ordem de Registro de Suprimentos.

E na mesma edição do *Izvestia* de Kiev foram publicados os nomes dos 127 proprietários dos estoques em questão – como executados.

CAPÍTULO 7

Exílio e prisão

Vimos, até certo ponto, como algumas das prisões e campos de concentração da Rússia Soviética ficaram cheios até transbordar com reféns e outros. As condições de vida nesses lugares eram as mesmas de outros estabelecimentos semelhantes de confinamento. "Não éramos tratados assim nem mesmo nas minas da Sibéria sob o regime czarista", escreveu a senhora Spiridonova. Por exemplo, era bastante comum que os comandantes de prisões e campos de concentração se especializassem em criar humilhações para suas vítimas – os prisioneiros do sexo masculino eram obrigados a enterrar os companheiros executados, e as prisioneiras do sexo feminino, a lavar as celas para limpar o sangue após as execuções e a raspar restos de cérebro humano – incluindo, às vezes, cérebro arrancado das cabeças de seus próprios entes queridos. Universalmente, os prisioneiros eram ultrajados ao serem obrigados a esvaziar banheiros *com as próprias mãos* – algumas senhoras de Odessa, em particular, eram designadas para esse tipo de trabalho, e quando a náusea as dominava, eram espancadas com coronhadas de rifles; até mesmo o general Roussky não era poupado de tal indignidade. Além disso, os prisioneiros políticos eram alojados em acantonamentos para doenças contagiosas e, em Teodósia, os membros masculinos da burguesia eram obrigados a varrer as ruas com chapéus de seda especialmente requisitados para esse fim, e, em Piatigorsk, eram obrigados a varrer as ruas e, em seguida, recebiam a ordem: "Voltem para seus canis, seus cães sujos!"[261]

---

261. Muitos outros detalhes desse tipo podem ser encontrados no *Memorando sobre Prisioneiros Políticos na Rússia Soviética*, que o Congresso de Paris da Assembleia Constituinte Russa elaborou.

Outra prática era realizar, de forma inesperada, buscas noturnas ou chamadas noturnas de prisioneiros, transferindo-os das celas superiores para as celas do porão e mantendo-os lá por um ou dois dias antes de transferi-los de volta. Essas transferências eram frequentes em Moscou, como eu mesmo tive motivo para saber, e em Odessa elas eram ainda maias frequentesocorriam ainda mais vezes. Em todos os casos, tratava-se de um expediente peculiarmente inútil e sem sentido, empregado apenas para minar o *moral* dos prisioneiros.

.Mas os campos de concentração eram estabelecimentos bolcheviques *por excelência*, projetados (para citar um protesto endereçado ao Comitê Executivo Central de toda a Rússia por um grupo de internados social-revolucionários) para "realizar uma vingança bárbara e a criação de epidemias que, espera-se, possam eliminar as vítimas em massa". Já citei estatísticas de mortalidade relacionadas ao campo de Kholmogory. Em Archangel, em 1922, dos 5 mil rebeldes de Kronstadt, apenas 1.500 sobreviveram ao ano.

Algumas prisões bolcheviques ostentam a inscrição "Casa de *Detenção* Soviética". "Detenção"! Ora, a detenção nesses estabelecimentos é pior do que o encarceramento nas antigas instituições penais czaristas. Estas últimas, pelo menos, não mantinham regras contra exercícios e leitura, tampouco tinham persianas de ferro que encobriam as janelas a ponto de a escuridão absoluta ser uma condição permanente dentro delas. De fato, as celas da prisão da Che-Ka, na rua Gorokhovaya (Petrogrado), foram descritas como "caixões de madeira", pois não tinham janelas, mediam apenas 2 metros por 1 metro, aproximadamente, e abrigaram 84 almas em 13 delas, em um espaço no chão anteriormente ocupado apenas por três[262].

Em Kiev, havia uma cela feita a partir de uma fenda na parede que, de acordo com nossas Irmãs da Misericórdia, ainda assim, era usada para abrigar três prisioneiros – um homem idoso, sua

---

262. Veja o *Socialistichesky Vestnik*, n. 15.

filha e o oficial marido da filha. Em 1922, uma mulher membro do Partido Social-Revolucionário (senhora Samorodova) teve que passar um mês em um cofre, uma masmorra subterrânea, que não tinha nenhuma janela, onde o dia e a noite eram iguais. Algumas de suas companheiras foram forçadas a aguardar julgamento em Baku, em cavernas fétidas, sem janelas e sem luz, onde trabalhadores industriais estavam amontoados juntamente com profissionais liberais e, perto dali, um jovem de dezesseis anos teve que passar vinte e quatro horas em uma cela cheia de resíduos de nafta, espalhados com pregos e lascas de vidro[263].

Além disso, enquanto os estabelecimentos penais czaristas permitiam aos prisioneiros uma alimentação adequada, o que acontece agora? Em 1918, era costume que os prisioneiros em Moscou recebessem, como ração diária, apenas um oitavo de libra de pão[264] e um pouco de batata podre e repolho. Embora, mais tarde, a ração tenha aumentado para meia libra de pão, um prisioneiro camponês escreveu: "Tudo o que recebemos é uma libra de pão para durar três dias, com sopa de repolho que não é sopa, mas uma porcaria e sem sal". No *Revolutsionnoyé Dielo*, de fevereiro de 1922, lemos, a respeito de cerca de 2 mil camponeses de Tambov (incluindo mulheres e crianças): "Vagando por essa prisão [a prisão de Vyborg, em Petrogrado] há sombras horríveis em vez de seres humanos. Durante todo o dia, o local ressoa com gemidos de pessoas que morrem de fome a uma taxa de muitos por dia". Por meses a fio, os prisioneiros não eram autorizados a receber pacotes de comida de seus familiares, uma forma de punição amplamente utilizada para extorquir depoimentos adicionais[265].

---

263. Veja o *Revolutsionnaya Rossia*, números 33 e 34 (1924).
264. O público britânico pode ser lembrado de que a libra russa é equivalente a apenas nove décimos da libra avoirdupois. [1 libra avoirdupois equivale a 453,60 gramas, ou 16 onças. O sistema avoirdupois ainda é utilizado nos Estados Unidos e Reino Unido. (N. T.)]
265. Além disso, pode-se dizer que, em muitas prisões, as autoridades tornavam os pacotes de comida propriedade comum, ou seja, dividiam o escasso conteúdo entre um grande número de prisioneiros – ou simplesmente confiscavam os alimentos para si.

O resultado de tudo isso foi uma mortalidade tão grande por desnutrição, que 75% do total de mortes em hospitais de prisões pode ser atribuído a essa causa, e até mesmo um documento *oficial* reproduzido pela imprensa bolchevique teve de admitir que o governador da prisão de Taganka declarou que 40% da mortalidade em seu estabelecimento era causada pelo fator desnutrição[266]. Ao mesmo tempo, devemos admitir que essas revelações, somadas a certas investigações pessoais, conseguiram causar uma impressão temporária nos membros mais "sentimentais" do Partido Bolchevique. Em particular, um certo Diakonov contribuiu para o *Izvestia* com um artigo intitulado *A Cemetery of Still Living Bodies* [Um cemitério de corpos ainda vivos], descrevendo algumas das celas anexas ao departamento inquisitorial da prisão de Taganka, declarando que estavam abarrotadas de pacientes com febre, com temperaturas variando de 38 °C a 40 °C, e com gripe e tifo. E os pobres coitados, dizia o artigo, em muitos casos estavam doentes há uma semana ou mais, sem que ninguém sequer pensasse em removê-los para o hospital. Embora a temperatura nas celas fosse tão baixa quanto 7 °C ou 5 °C, ou mesmo 3 °C, tudo o que os pacientes tinham para se cobrir era um cobertor fino – e nem mesmo isso em alguns casos, mas apenas alguns retalhos de roupa. Também não havia lençóis nem travesseiros: os pacientes simplesmente se deitavam no chão sujo ou no que pareciam ser capas de colchão vazias. Há pelo menos dois meses, as roupas de cama dos prisioneiros não haviam sido lavadas, enquanto eles exibiam rostos cadavéricos, corpos quase transparentes e olhos de quem está à beira da morte. Se ao menos, dizia o artigo, houvesse um único atendente para cuidar dos doentes (que somavam cerca de cem), as coisas poderiam ter sido diferentes; no entanto, não havia nenhum enfermeiro presente.

---

266. Esse documento foi reproduzido no *Izvestia* de 26 de dezembro de 1918.

O médico que me acompanhou pela prisão estava no serviço penitenciário do Estado há vinte anos, e trabalhou sob mais de um regime. Entre outras coisas, ele me disse que as mortes por inanição tinham sido muito numerosas ultimamente, e que o tifo e a gripe estavam cobrando seu preço diariamente. Em cada corredor e em cada cela do "confinamento solitário" eu via a mesma sujeira, os mesmos semblantes emaciados, os mesmos olhos famintos e suplicantes, as mesmas mãos magras estendidas para nós através das grades. Pois naquele lugar havia mais de mil vítimas gemendo e implorando para serem libertadas, e gritando que estavam na prisão há dois ou três meses sem inquérito, ou mesmo há um ano. Essa visita tem me assombrado desde então como um pesadelo. Agora que já apresentei os fatos, que aqueles de meus companheiros que ainda têm um pingo de simpatia e compreensão tentem imaginar por si mesmos as torturas mentais e físicas implícitas em tal morada de horror. Até mesmo o pior crime concebível seria expurgado se uma pessoa tivesse que passar um mês dentro daquelas paredes maciças e atrás daquelas barras de ferro – e lá há *pessoas totalmente inocentes.* Mais uma vez, pergunto: que tortura pior, que tortura mais absoluta poderia ser imaginada do que ser jogado em uma gaiola durante meses e privado de calor, de ar, de descanso e de capacidade de se movimentar, e alimentado apenas em raros intervalos, e, até que a morte finalmente o liberte, sofrer uma morte viva por meio de vermes? Francamente, esse sistema é uma vergonha para nossa República Comunista, uma infâmia que não pode mais ser tolerada. Governadores, juízes, comissários, oficiais, comunistas de todos os níveis, os senhores estão ouvindo o que estou dizendo? Então, apressem-se em reparar o mal e não esperem até que ocorram outras tragédias sangrentas. Sim, eu digo! Abram os túmulos nos quais ainda há seres humanos vivos enterrados. Ou, se a rotina oficial não puder ser apressada de outra forma, que seja declarada uma anistia geral. Pois nem mesmo a libertação de centenas de prisioneiros nos prejudicaria como a existência das masmorras que descrevi está fazendo diariamente. O comunismo e a Revolução não precisam ser reforçados com a criação de "casas de mortos". Existem outros meios de defender a Revolução.

Na Crimeia, em 1921, um conhecido literato, de idade avançada, foi jogado em um calabouço por seis dias em companhia de tantos prisioneiros, homens e mulheres, que nenhum deles conseguia se deitar. No entanto, um dia chegaram ainda mais prisioneiros; depois disso, *até mesmo ficar em pé* tornou-se impossível até que uma certa proporção dos prisioneiros tivesse sido removida e fuzilada. Durante os primeiros dias de confinamento dos prisioneiros, eles não receberam nem um pouco de comida – supunha-se, naturalmente, que todos deveriam ser executados. Apenas água fria era fornecida, e isso apenas uma vez por dia. Também não foram permitidos pacotes de alimentos, e todos os parentes que vinham com esses pacotes foram dispersados com rajadas de tiros de festim.

Tenho diante de mim um memorando endereçado pela Seção Política da Cruz Vermelha ao Presídio do Comitê Executivo Central de Toda a Rússia, em 1922. Ele começa com as seguintes palavras:

> Nós, do Ramo Político da Cruz Vermelha, consideramos nosso dever chamar a atenção do Presídio para o agravamento da situação dos prisioneiros políticos na Rússia que está sendo propositalmente efetuado. Sem dúvida, as condições de confinamento de tais prisioneiros estão se aproximando mais uma vez daquelas que existiam durante os primeiros e mais agudos dias do conflito civil.

A seguir, também, vem uma descrição do que poderia ser o exílio, feita pela senhora R. M. Youdovicha, uma moscovita banida para a região Norte de Dvinsk durante o outono de 1921. Relatando suas viagens de uma prisão local para outra, ela diz:

Era tarde da noite quando chegamos à prisão de transporte em Vologda, e os funcionários nos receberam com insultos obscenos antes de nos despojar da maioria de nossos pertences, até as poucas colheres e copos que nos pareciam tão preciosos em nossa fuga desesperada e desamparada. Senti-me tão indignada que protestei. É claro que isso foi inútil. Quando fomos levados para as celas e cheguei à porta da ala feminina, quase desmaiei, pois não há palavras realmente capazes de descrever os horrores de um lugar onde, em uma escuridão quase total, 35 ou 40 criaturas meio mortas e meio vivas rastejavam sobre uma massa de lama imunda e nojenta entre paredes cobertas de excreções e outras coisas nojentas. A manhã trouxe ainda outro horror na forma de comida, quando nós, prisioneiros, recebemos um pouco de peixe em estado de putrefação e nada mais – nem mesmo mingau foi distribuído, já que as autoridades se apropriaram de todos os cereais para si. Vologda era uma prisão central e, portanto, os exilados passavam por ela em um fluxo contínuo, vindos de todos os cantos da Rússia. Assim, a confusão era incrível, e ninguém se ocupava em ver o que acontecia nas cozinhas, onde os utensílios nunca eram lavados, e sujeira e comida eram cozidas juntas, e vermes eram deixados entupindo as caldeiras com sua imunda, gordurosa e permanentemente fervente mistura de "sopa". E depois de Vologda, Viatka, onde as condições me pareceram um pouco melhores do que no lugar anterior, pois as celas eram um pouco maiores e talvez um pouco menos imundas. No entanto, quando perguntei se poderia me lavar, minhas companheiras simplesmente apontaram para a ala geral e disseram que "era melhor eu ir ver". Naquela ala, encontrei cerca de quarenta mulheres. De todas elas, eu era a única internada política. Nove beliches desmontáveis, cuja madeira nua não tinha colchões ou travesseiros, tinham algumas figuras femininas semelhantes a cadáveres estendidas sobre eles. E outras figuras semelhantes estavam espalhadas pelo chão, todas com roupas em farrapos, se não praticamente nuas. E nem precisei ser informada de que o piso de cimento da prisão raramente era lavado. Na verdade, nunca passei uma noite de horror igual àquela primeira noite em Viatka, pois, além disso, o quarto estava infestado de vermes e meus companheiros gemiam e se reviravam constantemente durante o sono, ou imploravam por água, já que a maioria deles estava com febre. Quando amanheceu, descobriu-se que dezessete deles haviam desenvolvido tifo. No entanto, quando pedimos que eles fossem levados para o hospital, nosso pedido foi inútil. E às 8 horas foi servido nosso café da manhã com "sopa". Nunca vi nada que se assemelhasse àquilo, pois consistia em pedaços pútridos de cabeça de cavalo, alguns pedaços de crina e couro, alguns trapos e pedaços de uma espécie de substância gelatinosa, todos flutuando juntos em um líquido de cor escura e malcheiroso. E junto com ele havia algumas batatas com casca. No entanto, as mulheres se lançaram sobre essa mistura horrível com uma avidez animal e, engolindo-a, começaram a lutar até mesmo pelas cascas das batatas antes de, em não poucos casos, vomitar em questão de minutos E, assim, o dia se arrastava e, com o tempo, era substituído pelos horrores da noite.

A mesma escritora menciona que, como começou a se sentir mal pouco antes de deixar Moscou, notificou as autoridades a esse respeito, e acrescentou: "Vendo, também, que fui privada de minhas roupas, estou menos do que nunca em condições de seguir para o Norte", ao que foi respondido: "No entanto, a senhora seguirá como lhe foi ordenado". De fato, essa deportação sem comunicação prévia, sem tempo para recolher os pertences, tornou-se a regra geral, usada para a humilhação especial dos exilados políticos. Assim, na noite de 19 de outubro de 1920, um grupo de burgueses que havia sido preso e condenado a trabalhos forçados foi levado do campo de Ivanovsky, perto de Moscou, e despachado para Ekaterinburg. A remessa incluía alguns socialistas conhecidos por toda alma instruída da Rússia, e citarei alguns detalhes da viagem, conforme anotados por um dos que tiveram de fazê-la:

Entre os 96 prisioneiros que foram retirados do campo estavam indivíduos de sessenta e setenta anos, e ainda por cima inválidos. No entanto, seus apelos para que fossem deixados para trás foram inúteis. Muitos, na verdade a maioria de nós, não tinham roupas quentes e, embora o tempo estivesse relativamente quente até então, aconteceu que, por acaso, aquele dia nos trouxe a primeira grande nevasca da estação. Além disso, muitos tinham apenas lapti[267] como calçados, e nenhum estoque particular de provisões para a viagem. Tivemos que fazer as malas com tanta pressa, que deixamos para trás alguns de nossos bens mais queridos. O caso começou por volta das oito, ou oito e meia, da noite, quando nos disseram para entrar em uma galeria gelada, coberta de vidro, e esperar. Esperamos por mais de uma hora. Depois de tudo o que trazíamos ter sido cuidadosamente inspecionado, fomos levados a um pátio onde a lista de chamada foi repetida várias vezes. Sob uma forte escolta de homens da Força de Defesa Doméstica, fomos para a estação de mercadorias da Northern Railway – os guardas constantemente abusavam de nós no caminho e nos diziam para acelerar o ritmo, apesar de muitos de nós sermos idosos e estarmos carregando bagagem. Já passava da meia-noite quando chegamos à estação, mas não havia nenhum trem pronto, ou nenhuma autoridade responsável para receber e despachar os prisioneiros. Assim, naquele local varrido pelo vento e exposto a uma geada de 10 °C a 15 °C[268] e a uma tempestade de neve, esperamos por três horas e meia. Por volta de 1 hora da manhã, ou um pouco mais

---

267. Sapatos baixos camponeses de casca de árvore.
268. O autor, provavelmente, referiu-se a graus negativos. (N. T.)

tarde, juntaram-se a nós cerca de trinta outros prisioneiros do campo de Andronievsky: assim que pararam perto de nós, ficamos surpresos ao reconhecer entre eles homens que haviam sido transferidos do nosso próprio campo para o de Andronievsky há apenas algumas semanas, sob a alegação de que seriam mandados para casa novamente! Além disso, mesmo em nosso próprio contingente de 96 pessoas, havia de 30 a 35 poloneses que, obviamente, deveriam ter sido tratados como prisioneiros de guerra e não como estavam sendo tratados agora. Por volta das três e meia da tarde, o treinamento começou. No entanto, visto que o trem só partiu às nove ou dez horas, por que deveríamos ter sido obrigados a apressar nossas malas durante a noite e depois esperar na fria linha férrea por tantas horas? O material rodante consistia em sessenta compartimentos, pois não éramos apenas nós (os prisioneiros dos campos de Ivanovsky e Andronievsky) que estávamos viajando, mas também cem prisioneiros do campo de Ordin, alguns poucos dos campos de Novo-Peskovsk e Pokrovsk, 500 alunos para o "curso político para comandantes Vermelhos" (esses eram ex-oficiais Brancos dos exércitos de Kolchak e Denikin) e 450 candidatos para o mesmo curso. Na verdade, a carga total do trem era de 1.400 a 1.500 pessoas. Quando chegamos a Ekaterinburg, ficamos sabendo o seguinte sobre os alunos e os candidatos. Os primeiros, segundo soubemos, eram ex-oficiais Brancos que já haviam sido teoricamente admitidos para postos no Exército Vermelho, mas que primeiro precisavam passar por um curto período de "estudo político", com duração de seis semanas, incluindo palestras de membros importantes do Partido Comunista sobre os princípios do governo soviético e do comunismo. Como os estudantes que estavam sendo enviados conosco para Ekaterinburg tinham praticamente concluído o curso, eles receberiam, em poucos dias, cargos nas forças soviéticas. Até então, eles não tinham sido tratados como prisioneiros, mas tinham sido autorizados a viver juntos na antiga Escola Militar de Alexandrovskoyé, em Moscou. Depois, no dia 18, ou melhor, durante a madrugada do dia 19, foram transferidos, sem motivo, para o campo de Kozhukhovsky (que ficava a doze ou quinze verstas de Moscou). Agora, durante a noite do dia 20, estavam viajando conosco para Ekaterinburg. Quanto aos candidatos, eles haviam sido convocados a Moscou para o curso, vindos de vários campos provinciais. Enquanto estavam em Moscou, aguardando sua vez para o currículo (que chegaria apenas quando todos os alunos tivessem terminado), não havia nenhuma restrição quanto a seus movimentos, mas viviam, alguns deles em diferentes albergues moscovitas e o restante em casas particulares, com a mera obrigação comum de responder a uma chamada diária. Na noite de que estou falando (20 de outubro), a seção que vivia em casas particulares não havia se apresentado para a chamada e, assim como estava, sem roupas quentes e sem permissão para se despedir de seus companheiros nos albergues, foi despachada para a estação ferroviária e lá, como vimos, embarcou para Ekaterinburg. O trem em que viajamos não tinha nenhum aquecimento; nem a comida fornecida a nós, prisioneiros, destoava dessa condição e das muitas outras privações da jornada.

Provavelmente, ninguém que não esteja familiarizado com a vida política na Rússia de hoje acreditaria facilmente que os bolcheviques pudessem prender crianças de três anos e pessoas com mais de noventa anos. No entanto, lembro-me de um "espião" de oitenta anos de idade que foi colocado para compartilhar meu cativeiro na Butyrka, e de homens, mulheres e crianças sendo tirados de suas casas *em massa*. E não é apenas o fato de as prisões da Rússia contemporânea serem lugares de horror para seus detentos. Elas também são lugares de horror para os parentes desses detentos, pois é apenas por acaso que estes ficam sabendo do destino de seus entes queridos, ou que os pais ficam sabendo se seus filhos estão vivos ou mortos. De fato, não é permitido aos parentes nem mesmo o último consolo. Eles não têm permissão para dar a seus entes queridos um enterro digno. Mais uma vez, posso citar um caso em Moscou, em 1920, em que a Che-Ka informou aos pais de um jovem de dezesseis anos que seu filho havia sido preso e julgado em companhia de outros membros de um clube de tênis, e fuzilado em 4 de dezembro, enquanto, posteriormente, descobriu-se que o jovem não havia sido fuzilado até o dia 22 daquele mês. A informação falsa foi dada aos pais apenas para evitar qualquer possibilidade de que pudessem apresentar um apelo por seu filho, e assim, de acordo com Latzis, desperdiçar o tempo da Che-Ka. No memorando já citado, emitido pela Seção Política da Cruz Vermelha, lemos:

Em 1921, os familiares de quatrocentas pessoas que a Agência Secreta prendeu na noite de 14 de abril não conseguiram, durante três semanas, descobrir onde estavam seus parentes. Consequentemente, não puderam lhes fornecer itens básicos e alimentos".

Nos artigos estatísticos de Latzis, ele cita, como prova do "procedimento humano do Poder Soviético", o fato de que, durante os anos de 1918 e 1919, a Che-Ka Central "prendeu apenas 128 mil pessoas em toda a vasta área da Rússia Soviética", e acrescenta: "É *essa* a 'tirania desenfreada' à qual alguns de nossos cidadãos nunca perdem a chance de se referir?". Bem, se lembrarmos que, de acordo com declarações oficiais publicadas para o ano de 1918, a capacidade de detenção das prisões russas era de apenas 36 mil pessoas, os números de Latzis nos parecerão suficientemente grandes![269]

Além disso, Latzis afirmou em seus artigos que, "durante os anos de 1918 e 1919, mais da metade dos detidos recuperou a liberdade".

> Mas, talvez, nos perguntem por que tantas pessoas inocentes foram detidas? A razão é que, se uma instituição inteira, se

---

269. Às vezes, o Butyrka, embora tenha sido construído para conter apenas 1.100 prisioneiros, continha mais de 3 mil.

uma unidade inteira se envolve em uma conspiração, a única maneira de evitar que alguns culpados escapem é prendendo a instituição ou a unidade como um todo. Então, depois de fazer uma investigação cuidadosa e separar os inocentes dos culpados, pode-se, com prudência, liberar os primeiros.

Que método bolchevique de detectar os culpados! E a inviolabilidade da pessoa? Bem, para um bolchevique, a inviolabilidade da pessoa é um "mero preconceito burguês".

Rakovsky também declarou, certa vez, que as pessoas eram presas na Rússia Soviética somente se tivessem cometido um crime. Mas os fatos o desmentem, tanto quanto o memorando da Cruz Vermelha que citei:

> O decreto emitido pelo Presídio do Comitê Executivo Central de Toda a Rússia em 1º de fevereiro de 1919, que determinava que qualquer advogado de acusação da Che-Ka de Toda a Rússia deveria concluir suas investigações dentro de um mês após o início dessas investigações, não está sendo cumprido.

Sempre foi assim. Em 29 de outubro de 1919, Peters declarou que, das 2 mil pessoas presas até aquele momento, cada uma delas havia sido investigadas, quando, na verdade, essas pessoas estavam na prisão há meses sem nenhuma investigação – a Che-Ka falhara completamente em desvendar seu próprio emaranhado administrativo-prisional. E o que ocorria em 1919 continuava ocorrendo ainda em 1922, mesmo depois que as Che-Kas adotaram a aparência do Departamento Político do Estado, e continua ocorrendo até hoje, apesar de um decreto oficial do Comitê Executivo Central de Toda a Rússia determinar que todos os prisioneiros devem ser interrogados dentro de quarenta e oito horas após a prisão, informados da acusação contra eles dentro de quinze dias e ter seu processo de investigação concluído em até dois meses – após o que devem ser libertados ou levados a julgamento. Além disso, para que um prisioneiro seja detido por mais de dois meses, deve ser apresentado um pedido especial à Suprema Autoridade Judicial. Como se alguém acreditasse em uma tal "Lei de Habeas Corpus"! "Que nenhuma exceção seja feita a este decreto". Bem, nenhuma poderia ser feita!

Recentemente, o décimo Congresso dos Conselhos recebeu dos Comissariados do Interior e da Justiça números que indicam que, em 1º de dezembro de 1922, o número de criminosos políticos no exílio era de 10.638; e o de criminosos políticos nas prisões era de 48.819. E esses números se aplicavam apenas à Rússia Central!

Em 1º de julho de 1923, havia um total de 72.685 prisioneiros nas cadeias, de acordo com os registros do Departamento Político do Estado, sendo dois terços deles prisioneiros políticos[270].

Além disso, comparando esses retornos com as estatísticas de mortes na prisão de 1918 já citadas, a composição social dos prisioneiros do governo soviético parece ter mudado pouco em cinco anos, pois vemos que os camponeses e trabalhadores industriais ainda formam cerca de 40% do total, com o próprio Supremo Tribunal Revolucionário dando as proporções sociais para 1923 como: "intelectuais 34%, camponeses 29%, burgueses 26% e trabalhadores industriais 11%"[271]. De fato, nunca o Terror Vermelho foi dirigido exclusivamente contra uma única classe, já que na Rússia, como em qualquer outro lugar, o terrorismo tem de combater todas as classes com a única arma da tirania.

Com relação ao exílio, um número fenomenal de pessoas foi deportado desde 1921[272], e cada um dos destinos do antigo regime para exilados foi restaurado para esse fim – Turquestão, a fronteira da Romênia, a Ilha Solovetsky e o restante. "No Norte remoto, no Turquestão assolado pela fome, e em vilas e cidades

---

270. Isso, é claro, além de milhares de outros que foram deportados para províncias distantes ou jogados nas prisões de Tíflis e Kukais.
271. Veja o *Zveno* ("Link"), 1923.
272. Tão fenomenal, de fato, que até mesmo doze médicos que se aventuraram a criticar a política de fome do governo para os prisioneiros foram deportados.

sombrias no centro, vivem que foram arrancadas de seus entes queridos e estão sem comida, sem as comodidades rudimentares da civilização e sob a sombra da morte". As palavras são do "Apelo" emitido pela Sociedade de Berlim para o Auxílio de Prisioneiros Políticos e Exilados na Rússia.

Já falei do campo de Portaminsk, nas margens do Oceano Ártico, como um local para onde os exilados têm sido enviados de Moscou desde o final do ano passado (1922). Sobre isso, posso citar as seguintes condições de vida[273]:

> Nesse acampamento, que se concentra em torno de um antigo monastério que vem se deteriorando rapidamente, não há aparatos para cozinhar ou aquecer, e quase não há água potável. Além disso, a comida é insuficiente e não existe nenhum sistema de atendimento médico. Por fim, duas vezes por ano as estradas que levam ao local ficam inundadas e, enquanto isso, o acampamento fica, por longas e cansativas semanas, isolado do mundo exterior, e os exilados são privados do contato com seus semelhantes.

Mas, aparentemente, os horrores de Portaminsk não se mostraram suficientes para as autoridades, pois Solovetsky também se tornou um dos principais locais de banimento durante o ano passado. O local, onde neste momento mais de duzentos prisioneiros estão vivendo em uma miséria abjeta, foi retratado da seguinte forma:

> Uma *desiatina* (2,7 acres) de terra é tudo o que é concedido aos prisioneiros, e eles nunca têm permissão para sair dela; os guardas têm ordens para atirar sem hesitar em qualquer pessoa que tente fazer isso. E assim que a navegação cessa, a ilha fica completamente isolada de todos os lugares. Nesse lugar, a crueldade que universalmente distingue o governo comunista criou condições sob as quais os prisioneiros têm

---

273. Como complemento, é claro, ao relato já apresentado.

de viver condenados a um destino, físico e moral que não tem igual na história – não, nem mesmo na trágica história das minas da Sibéria.

Mais detalhes sobre Solovetsky são fornecidos pelo autor de uma carta publicada na edição de número 31 da *Revolutsionnaya Rossia*. A carta diz:

> Uma das principais características que distinguem esse local de exílio das minas da Sibéria da época do czarismo é o fato de que todo funcionário do local, do mais alto ao mais baixo (exceto o comandante), são ex-criminosos do tipo comum, eles próprios cumprindo pena de detenção. Esse corpo seleto de oficiais consiste, em sua maior parte, de funcionários da Che-Ka que foram condenados por peculato, extorsão, agressão ou algum outro delito contra o código penal comum. Fora de qualquer controle social e legal como estão em Solovetsky, esses "funcionários de confiança do Estado" podem fazer o que quiserem e manter toda a instituição sob seu domínio. Os prisioneiros não têm poder de reclamação – na verdade, não têm o direito sequer de reclamar –, devendo andar famintos, nus e descalços, à mercê de seus guardiões, trabalhar quatorze horas por dia, e ser punidos (mesmo pelos menores delitos) com o cacete ou o chicote, e jogados em celas conhecidas como "bolsões de pedra" ou expostos, sem comida ou abrigo, a ataques de mosquitos ao ar livre. [...] Na extremidade mais distante da ilha fica o Mosteiro de Savatievsky, onde os socialistas são presos, e que, assim como o campo de Solovetsky, ocupa cerca de uma desiatina de terra e o canto de um lago. Ao redor dele há arame farpado. Um edifício normalmente feito para acomodar no máximo setenta pessoas, abriga duzentos socialistas de todas as correntes de pensamento e alguns anarquistas. O único privilégio de seus internos é que, desde que permaneçam dentro do recinto, podem fazer o que quiserem nele – podem passar fome nele, podem

> adoecer nele, podem morrer ou enlouquecer nele, sem que a administração coloque o menor obstáculo em seu caminho, pois não pensaria em interferir em assuntos tão puramente pessoais e privados. Sempre que buscam falar com o comandante, este lhes responde com pura insolência [...]. O que mais afeta os prisioneiros não são as condições reais do lugar, mas o conhecimento de que sempre, durante oito meses do ano, a vida terá de ser arrastada em completo isolamento do resto do mundo. Os prisioneiros que adoecem perigosamente ou perdem a razão não recebem assistência médica, mas devem continuar vivendo com os demais nas celas apertadas e barulhentas. [...] Raramente as cartas enviadas da ilha chegam ao seu destino [...].

Seis semanas apenas se passaram desde que o livro do qual essa citação foi retirada foi publicado, e os horrores que ele descreve já estão se tornando conhecidos no mundo. Já ouvimos falar de casos de suicídio na ilha e ficamos sabendo, até mesmo por meio de comunicados oficiais, de açoites em massa que, não raro, terminam em morte. Somente em 10 de fevereiro deste ano (1924), a 34ª edição do *Izvestia* publicou o *Report on Recent Events in Solovestsky* [Relatório Sobre Eventos Recentes em Solovetsky], que incluía o seguinte:

> Às 6 horas da noite de 19 de dezembro, ocorreu no complexo do Mosteiro de Savatievsky (que faz parte do campo de Solovetsky) um incidente muito lamentável, pois vários prisioneiros entraram em colisão com o destacamento da Guarda Vermelha que estava encarregado do estabelecimento.

Esse tem sido o destino dos socialistas na ilha. E quanto aos outros presos políticos de lá? Recebemos a resposta de um correspondente do *Socialistichesky Vestnik*:

> Além do campo de concentração para socialistas, existe, em Solovetsky, uma prisão especial chamada "O Kremlin", que

fica longe de onde os socialistas estão confinados e é um mundo à parte, pois reúne, em primeiro lugar, criminosos comuns, homens impregnados com os velhos hábitos e moral da esfera criminal; em segundo lugar, "economistas", ou homens condenados por delitos financeiros, aceitação de subornos, peculato e coisas do gênero; e, em terceiro lugar, alguns prisioneiros políticos, consistindo principalmente de eclesiásticos e contrarrevolucionários condenados. Não há como descrever os horrores do regime do Kremlin. É verdade que as celas estão sempre destrancadas, mas ali ocorrem açoites impiedosos, pois os prisioneiros são espancados até mesmo pelo menor erro em uma tarefa (os carcereiros e o capataz dos grupos de trabalho andam com bastões) e, no geral, são punidos de maneiras que são dignas apenas da Inquisição. Por exemplo, no verão, os prisioneiros são despidos e deixados expostos ao ar livre até que seus corpos sejam devorados por mosquitos. Ou, então, são jogados por sete dias seguidos em masmorras escuras como breu, apertadas demais para permitir que os detentos se deitem. No inverno, são jogados em uma torre cujas paredes internas são permanentemente revestidas de gelo. A comida é sempre horrível, pois os oficiais roubam a ração dos prisioneiros. A situação das prisioneiras é ainda pior; elas são ainda mais indefesas do que os homens e não podem conquistar respeito nem por sua origem, nem por sua educação, nem por seus hábitos, mas estão completamente sob o poder das autoridades e, a qualquer momento, podem ter seus "serviços" exigidos, sendo obrigadas a trocar sua virtude por uma ração de pão. Em muitos casos, são infectadas por doenças venéreas. A todo momento, estão sujeitas à tuberculose e ao escorbuto. Assim, o campo é uma comunidade de escravos no pior sentido do termo, pois carece de qualquer vestígio de direitos dos prisioneiros e tem de viver sob condições que tendem a um sistema detestável de fome, tortura, violência e agressão. Na verdade, é um

> sistema que envergonharia os bolcheviques mesmo se eles o usassem com os piores criminosos, mas aqueles a quem estão aplicando são meramente inimigos políticos derrotados, e nada mais. Portanto, compelir vítimas como essas a arrastar suas vidas sob tais condições constitui uma iniquidade que nenhuma palavra pode marcar adequadamente.

No entanto, as Che-Kas tiveram a audácia de censurar o governo czarista por seus maus-tratos aos prisioneiros políticos, embora eles próprios sejam cem vezes piores!

Em Solovetsky, novamente, encontramos os "bolsões de pedra", ou grutas, que dizem ter sido criados durante o reinado de Ivan, o Terrível. Nessas grutas, os prisioneiros eram jogados de uma semana a quinze dias de cada vez, embora as cavidades fossem totalmente sem iluminação e em um formato que obrigava seus ocupantes a permanecer permanentemente em posição rastejante[274]. Fatos como esses se comparam até mesmo a algumas das atrocidades turcas de 1876. No entanto, Pascal, o comunista francês, escreveu em um panfleto:

> O chamado Terror Russo [...] nunca começou e nunca foi, para minha mente francesa, um Terror de fato. Por isso, dou risada quando ouço a Che-Ka ser chamado de "horrível", pois eu mesmo tive a oportunidade de observar sua discrição e leniência – quase sua bondade!

---

[274]. Alguns dos detalhes acima foram extraídos de uma carta realmente escrita de Solovetsky por um prisioneiro, datada de 8 de março de 1924.

CAPÍTULO 8

O orgulho e a alegria do Partido Comunista

Como o instinto naturalmente leva a escória de todos os partidos políticos e de todas as nuances de opinião política a gravitar em torno das Tulherias e ali se instalar!
— Herzen, 1850.

Certa vez, Zinoviev disse: "A Che-Ka é o orgulho e a alegria do Partido Comunista". Embora o elogio seja uma questão de opinião pessoal, eu mesmo acredito que Latzis chegou mais perto da verdade quando disse: "A Che-Ka é, pelo menos, o melhor que as instituições soviéticas podem desenvolver" – e, assim, pronunciou a sentença de morte do sovietismo.

Uma das principais causas da degeneração da atividade da Che-Ka em tirania e violência foi a qualidade de seu *pessoal*. O fanatismo político, por si só, não explica os horrores que descrevi. Somente os sádicos e os loucos, somente os elementos sociais que a vida rejeitou e que a ganância pelo ganho e a sede de poder atraíram, podem se envolver em derramamento de sangue em uma escala tão colossal. No entanto, a mentalidade até mesmo de um indivíduo de mente sã teria sucumbido em meio à atmosfera que prevaleceu na Rússia nos últimos cinco anos, e, portanto, um estudo tipológico do tipo de funcionário que figurou nas Che-Kas e foi empregado por elas certamente oferecerá tanto ao alienista quanto ao historiador um campo de investigação dos mais interessantes. Sim, apenas um sádico poderia encontrar prazer em um trabalho tão sangrento ou em enaltecer tal trabalho, como fez certa vez o autor de alguns versos medíocres intitulados *The Che-Ka Smile* [O sorriso da Che-Ka] ao cantá-los em Tiflis, quando declarou:

> Não há alegria mais rica nem som mais doce há
> Que o da vida interrompida e de ossos a estalar.
> Meus olhos escurecem, meu coração clama sem fôlego:
> Avante! Contra a parede! Fogo!

Todos nós sabemos como crueldade pode combinar com sensualidade, e um Eidouk se mostra igualmente capaz de escrever lixo histérico e de matar seus companheiros por uma "causa revolucionária". E sabemos que, desde o início, as Che-Kas foram forçadas a recrutar seus funcionários principalmente da população criminosa, e que o memorando de Dzherzhinsky, de 17 de fevereiro de 1922, estava, nesse contexto, descrevendo como as coisas como deveriam ser, e não como eram, ao afirmar que:

> [...] o aparato punitivo de uma autoridade revolucionária deve ser constituído por um instituto de juízes e promotores revolucionários escolhidos pelo povo, e investidos de uma integridade de imaculada pureza (visto que eles são os funcionários em cujas mãos a autoridade suprema deve repousar).
>
> De fato, o pessoal de nossas Che-Kas é escolhido com muito cuidado entre membros testados do Partido Comunista. Portanto, esse pessoal é composto por indivíduos incorruptíveis em sua ideologia e irrepreensíveis em seus antecedentes. Somente empregando tais pessoas é que as nossas Che-Kas podem esperar cumprir os deveres que o proletariado revolucionário lhes confiou.

Bem, mesmo supondo a existência de uma única palavra de verdade nisso, a atmosfera de tirania que logo se espalhou pelo país, ainda assim, teria acabado por desmoralizar não apenas qualquer "instituto de juízes" do tipo mencionado, mas também todos os elementos decentes da população. Não, Latzis, o próprio estatístico da Che-Ka, teve que admitir que eram necessárias mudanças constantes de funcionários.

> Por mais honesto que um funcionário da Che-Ka possa ser, e por mais puro que seja seu coração, as condições de trabalho são tais que, com o tempo, afetam seu sistema nervoso e atrofiam seu senso ético. De fato, muitos jovens comunistas foram impedidos de formar seu caráter e entraram no caminho da deterioração moral.

Um desses jovens comunistas, um ex-encanador que trabalhava para a Che-Ka de Yaroslav como "promotor do povo", começou bem seu trabalho, mas passou se embriagar. Ele tinha um amigo que tocava acordeão, e os dois bebiam juntos. Era principalmente quando estava bêbado que fazia seu interrogatório dos prisioneiros, enquanto seu amigo tocador de acordeão sentava-se ao seu lado para manter o ânimo. No entanto, esse ex-encanador "promotor do povo" era tão analfabeto, que não conseguia nem mesmo escrever suas sentenças de morte, mas tinha que rabiscar no papel: "Para ser morto como um Branco".

A Che-Ka de Toda a Rússia realizava suas sessões em Moscou, e constituía um estado dentro de um estado, podendo requisitar blocos (na verdade, dezenas de blocos) de edifícios para seu uso exclusivo e manter seu próprio alfaiate, lavanderia, restaurante, salão de toalete, oficina de sapateiro, forja de serralheiro, despensas e adegas – estas últimas, é claro, bem abastecidas com o melhor dos alimentos e vinhos "confiscados". Mas não eram apenas os membros reais da Che-Ka que podiam fazer uso dessas regalias sem incorrer na obrigação de prestar contas. Os funcionários da Che-Ka também podiam fazer o mesmo. Assim, quando todos os outros passavam fome, o membro ou funcionário recebia sua ração de açúcar, manteiga, farinha e outros mantimentos, e todos os teatros do local tinham de enviar ingressos gratuitos para cada apresentação. Praticamente a mesma coisa acontecia nas províncias, onde, em toda parte, vemos a Che-Ka local ocupando os imóveis mais desejáveis. Quando um órgão desse tipo foi instituído em Sebastopol, tomou posse, como era de se esperar, do Kist's Hotel. Já em Odessa, a Che-Ka construiu um assentamento inteiro para seu próprio benefício e rapidamente fez surgir ali todo tipo de estabelecimento que pudesse contribuir para o conforto de um "cidadão", desde uma barbearia até um cinema. A Che-Ka de Zhitomir, por sua vez, tinha sua própria sociedade teatral[275]. E embora um correspondente tenha escrito para o *Obstchoyé Dielo* que "o marinheiro bêbado e o rapazinho com cinto e um enorme revólver, nossos dois tipos de funcionários da Che-Ka até então, estão se tornando coisas do passado e sendo substituídos por promotores do povo de modos urbanos e origem jurídica, ou em formação jurídica", a mudança parecia ainda mais revoltante, tamanha era a discrepância entre o aspecto elegante e extravagante dos indivíduos que agora detinham o poder de vida e morte sobre seus semelhantes e o empobrecimento universal da população.

"O nome do nossa Che-Ka não deve apenas se tornar famoso. Ele também deve se tornar, e permanecer, imaculado". Como isso seria alcançado quando só em Moscou havia 20 mil agentes da Che-Ka recebendo rações especiais e organizados em uma série de grupos? Já no ano de 1919, a Che-Ka de Toda a Rússia chegou a ter 2 mil pessoas em sua equipe pessoal, três quartos delas nativas da Letônia. De fato, os letões, desde o início, obtiveram e mantiveram uma posição especial nesse sentido, e eram contratados pelas Che-Kas em grupos de famílias inteiras e prestavam serviços fiéis a essas Che-Kas. Assim, nossos letões modernos podem ser comparados aos antigos mercenários, e tanto era

---

[275]. Como exemplo do gosto dessa Che-Ka pelo drama, pode-se mencionar que uma das mais terríveis fotografias existentes de cadáveres mutilados é a de vítimas mortas por ela.

assim que a Che-Ka moscovita passou a ser conhecido como "a colônia letã". A *propósito* da atração que as instituições de Moscou exercem sobre a população da Letônia, o *Bulletin* do Partido Social-Revolucionário de Esquerda observou: "Os letões afluem à Comissão Extraordinária de Moscou como as pessoas emigram para a América, e pela mesma razão – para fazer fortuna". E o fato de que pouquíssimos letões sabiam uma única palavra de russo não era, de forma alguma, um impedimento para que esses imigrantes fossem encarregados de inquisições e buscas domiciliares, ou até mesmo do preenchimento de relatórios. Daí surgiram anedotas divertidas – que não tinham graça para as vítimas.

A verdade é que, quando os bolcheviques lançaram uma convocação para "idealistas", a maior parte da escória da população os procurou, que até o próprio Krylenko teve de admitir que "nas Che-Kas entraram elementos criminosos". Por falar nisso, seria razoável esperar que um ex-palhaço de circo e um ex-dono de bordel continuassem sendo os únicos oficiais de sua espécie?[276] E embora possa não ter sido a regra invariável que os funcionários da Che-Ka fossem criminosos (por exemplo, Douzirev, o ex-motorista do Grão-Duque Vladimir, que trabalhou para a Che-Ka de Odessa, pode ter sido um homem respeitável), o fato é que, com o passar do tempo, pessoas do tipo ladrão-matador-sonegador se insinuaram em grande número nos melhores cargos, e há dezenas de exemplos disso. Alguns desses casos podem ser encontrados no *The Che-Ka*. Por exemplo, uma vez foi descoberto que o quartel-general de uma quadrilha de ladrões que estava operando na cidade de Ekaterinodar era a residência do "promotor do povo" local, e que um certo Albert, que havia sido empregado do departamento

---

276. O ditado de Lênin sobre o assunto era que "para cada cem membros decentes das Che-Kas, há 99 desonestos". No entanto, esse fato não o deprimia de forma alguma. Já em 1905, ele disse: "Nosso partido não foi criado para ser um internato para moças. Pelo simples fato de que um patife é um patife, ele pode se mostrar mais útil". Naturalmente, ele sabia do que estava falando.

de detetives da Che-Ka local e enviado para a Universidade de Kuban às custas da Liga da Juventude Comunista, era o principal líder da quadrilha. Há casos do mesmo tipo nos materiais coletados pela Comissão Denikin, de modo que constituem uma galeria de imagens perfeita de malfeitores do passado e do presente. Aliás, coube à própria Che-Ka moscovita descobrir que alguns de seus diretores não estavam isentos de ligação com casos de "banditismo" que ocorreram; enquanto, em 1919, um funcionário da Che-Ka de Odessa revelou que "criminosos entre nós têm falsificado ordens para realizar buscas domiciliares, extraído dinheiro das vítimas e as roubado", sendo que as vítimas em questão eram, na verdade, funcionários do próprio "departamento operacional" da Che-Ka! De fato (em parte, talvez, devido ao clima do Sul), Odessa forneceu mais exemplos de "banditismo" por parte de oficiais comissionados soviéticos do que qualquer outra localidade na Rússia; e, certa vez, um advogado local, quando questionado sobre o assunto pela Comissão de Denikin, respondeu:

> Nesta parte do mundo, nunca demorou muito para que nossos elementos criminosos se adaptassem ao governo soviético, pois eles parecem ter uma afinidade natural com ele. Recentemente, surgiu um boato de que o "Camarada Michael", o secretário da nossa Che-Ka, não era outro senão o notório ladrão conhecido como "Mishka[277], o pequeno japonês", e embora as autoridades tenham publicado imediatamente um comunicado oficial sobre o boato (fizeram isso na edição de número 47 do *Izvestia*), afirmando que "Mishka, o pequeno japonês" não tinha nenhuma ligação com o secretário da Che-Ka, não se passaram muitos dias antes que fosse publicada nos jornais (creio que o *Communist* foi um deles) uma carta do próprio Michael Vinitsky ("Mishka, o pequeno japonês"), declarando que, fosse o que fosse no

---

277. Diminutivo russo do nome Michael.

passado, sempre fora um defensor dos ideais comunistas e *roubava apenas da* burguesia. om isso, o "Camarada Michael" (Vinitsky) lançou-se seriamente em sua carreira comunista, transformou seu grupo de ex-ladrões e arrombadores no "54º Regimento Soviético", nomeou-se comandante do regimento e, quando ocorreu a mobilização geral dos comunistas locais, nomeou para o cargo de comissário político do regimento o "Camarada Feldmann", que, durante todo esse tempo, havia sido a alma e o motor do comitê executivo da Che-Ka[278].

Novamente, um ex-ladrão de Odessa, um tal de Kotovsky[279], foi nomeado para o comando de uma Divisão Vermelha[280]. No entanto, pelo menos esse sujeito demonstrou certa decência em seu novo cargo, ao passo que, via de regra, os de sua espécie logo voltaram à bestialidade e, às vezes, ao seu trabalho original. Assim, um certo Ossip Letny atuou por um tempo como chefe administrativo em Tsaritsin, mas deixou esse cargo para voltar a chefiar um bando que praticava inúmeros roubos e assassinatos. Em janeiro de 1921, um tal de Khadzhi-Elias, presidente de um tribunal revolucionário, teve de ser fuzilado por ter participado de uma organização que praticava extorsão e roubo sob o pretexto da frase "Guerra contra a Contrarrevolução", embora, até o momento em que foi descoberto, lhe tenha sido permitido conduzir julgamentos exclusivamente de acordo com seu "senso revolucionário" e proferir sentenças de morte sob sua própria responsabilidade e executá-las com suas próprias mãos. O número de assassinatos que ele teria cometido é realmente assustador[281].

Em uma ocasião, a *Weekly* afirmou que "a dispensa burguesa tardia tinha como seus principais coadjuvantes a corrupção e a

---

278. Veja Margoulies, *Years of Fire*, p. 178 e 179.
279. Tendo em vista a profissão original desse funcionário, é interessante notar que seu sobrenome, de formação patronímica, é baseado na palavra russa para "gato".
280. Veja o *Obstchoyé Dielo*, de 1º de março de 1921.
281. Veja o *Posledniya Novosty*, de 2 de março de 1921.

falsificação". Será que o jornal repetiria a afirmação, agora que o governo soviético teve que organizar "semanas de combate ao suborno"?

Em seguida, vou falar brevemente sobre o julgamento de um homem chamado Kossarev, membro do Comitê de Inspeção e Controle, um órgão formado para analisar a "legalidade" ou não dos decretos emitidos pelas Che-Kas provinciais. Quando acusado perante o Supremo Tribunal Revolucionário de ter substituído um carro carregado de lenha por outro carregado de carne congelada, descobriu-se que ele já havia cumprido uma sentença anterior de dez anos nas minas da Sibéria por ter roubado e assassinado uma mulher idosa! Em 1922, quando o Tribunal Revolucionário de Moscou julgou um certo Taraboukin, ex-bandido e presidente de um dos tribunais provinciais, por extorsão, descobriu que ele e um amigo haviam assassinado um joalheiro e roubado estoques no valor de 20 milhões de rublos!

Assim, os bolcheviques podiam ser impiedosos com seus próprios agentes, mas só quando esses sujeitos eram *muito* descarados em seus roubos ou na aceitação de subornos. Portanto, casos desse tipo eram mais a exceção do que a regra. De modo geral, um funcionário podia cometer um delito impunemente, pois sempre se descobria que, embora apelos pudessem ser apresentados para a "extinção dos patifes que estão destruindo nosso sistema soviético" (como apresentado por Zachs, enquanto servia como substituto temporário de Dzherzhinsky, na Che-Ka moscovita)[282], era preciso perceber que esses "patifes" haviam se tornado indispensáveis para o sistema. Na verdade, eu poderia citar muitos casos em que os oficiais foram acusados de crimes, condenados à morte e, depois, foram libertados e receberam cargos superiores.

---

282. Veja o *Weekly* da Che-Ka, n. 5.

Certa vez, o chefe da Che-Ka de Petrogrado disse orgulhosamente em uma reunião de Che-Kas da Região Norte, realizada em outubro de 1918, que "Meu Che-Ka desaprova os métodos da antiga Polícia Secreta e, em especial, o emprego de *agentes-provocadores*". A verdade é que, começando com o caso do senhor Lockhart, que Peters convidou para participar de uma reunião de um fictício "Comitê de Guardas Brancos" (mais tarde, até mesmo o *Pravda* admitiu que se tratava de um comitê inventado), o trabalho do "aparato punitivo" da Che-Ka foi realizado exclusivamente por meio de um sistema de *provocação* oficialmente (e desajeitadamente) organizado, sancionado e operado. Assim, o quinto parágrafo de uma Ordem Secreta emitida pela Seção Especial, com a assinatura de Dzherzhinsky, em 5 de dezembro de 1920, recomendava que, "para a detecção de agências estrangeiras em nossos territórios, fossem organizadas pretensas associações da Guarda Branca". Essa circular parecia ter estado presente na mente de Latzis quando ele inspirou uma peça especial de provocação política em Kiev, conduzida por supostos "cônsules" do "Chile" e do "Brasil" (que, na realidade, eram funcionários da Che-Ka provincial) e que adotou como plano de operações oferecer ajuda a refugiados para fugir para o exterior, seguido pela subsequente traição desses refugiados como "contrarrevolucionários". O resultado foi que, no devido tempo, o *Krasny Mech*, ou "Espada Vermelha" (o órgão do Departamento Político da Che-Ka ucraniano) publicou (em 18 de agosto de 1918) uma declaração de que uma enorme conspiração contrarrevolucionária havia sido revelada pelo "conde Albert Petrovich Pirro, ministro brasileiro do Governo Soviético Ucraniano", e que esse "conde Pirro" e quatro confederados haviam sido fuzilados, e que as investigações com relação a alguns outros ligados ao caso estavam agora em andamento. Bem, uma senhora de nome Poplavskaya foi fuzilada naquele período, acusada de "ter se preparado para viajar à França e avisar M. Clemenceau sobre uma visita iminente de comunistas para propaganda secreta", mas sabemos que nenhum "conde Pirro", como tal, pode ter sido morto, porque o "conde" não era outro senão um *agente provocador* empregado pela Che-Ka – embora até hoje a sua identidade exata seja mantida em segredo.

Mais uma vez, em 1920, alguns periódicos russos publicados no exterior veicularam relatos de Odessa sobre as ações de uma "baronesa Stern", que se assemelhava ao "conde Pirro" na medida em que seus procedimentos cheiravam a *provocação* bolchevique. Assim que ela desembarcou em Odessa, vinda de Constantinopla, os líderes bolcheviques locais se apressaram em considerá-la uma comunista zelosa, e fazer com que todas as suas declarações fossem citadas na imprensa, até mesmo no próprio *Izvestia*. Em seguida, ela revelou ao agente consular alemão sua "verdadeira missão" – viera da Alemanha, disse, em nome da Cruz Vermelha Internacional, e fora encarregada de ajudar qualquer cidadão alemão na Rússia a ser repatriado, se assim o desejasse, e de *fornecer passaportes falsos a qualquer cidadão russo que desejasse se juntar ao partido. Só que*, disse a senhora, esses russos deveriam primeiro entregar a ela seus objetos de valor para que não fossem confiscados pelos bolcheviques *durante o trajeto*. Quanto ao restante, tendo sido marcado o dia da partida, a Che-Ka interveio e prendeu todos aqueles que haviam aceitado as ofertas fictícias de ajuda.

Outra equivalente ao nosso "conde Pirro" era um "representante da Cruz Vermelha da Dinamarca e da Suécia" que se interessava tanto pelas atividades da Guarda Branca como *hobby*, que tentou entrar em contato com algumas pessoas conhecidas minhas, e conseguiu fazê-lo em relação àqueles que foram ingênuos o suficiente para se deixarem cair nas armadilhas desse cavalheiro.

Um julgamento de refugiados em Anapa também foi planejado por *agentes-provocadores* a serviço da Che-Ka de Vladikavkaz. Primeiro, essa Che-Ka induziu os refugiados a tentarem fugir de Anapa para Batoum. Depois, fez com que fossem presos e fuzilados pela Che-Ka distrital de Ter. O procedimento foi o de sempre. O primeiro grupo de refugiados (doze deles) foi levado por um "coronel barão Zussermann" e recebeu, na cidade intermediária de Vladikavkaz, uma recepção oficial hospitaleira, com bons alojamentos e entretenimento e, após o jantar, uma visita aos teatros e palácios de cinema da cidade. A única circunstância infeliz foi que os refugiados não sabiam que o endereço do "coronel barão Zussermann" era também o endereço do chefe da Che-Ka local. Quando uma festa ainda maior (de cerca de cem pessoas) foi organizada, a tragicomédia terminou com os habituais tiroteios[283].

No *Posledniya Novosty* de 7 de fevereiro de 1922, encontramos uma descrição do método pelo qual, em 1921, certos lugares próximos à fronteira da Bessarábia pegavam burgueses e Guardas Brancos tentando fugir para o exterior. O caso começava com certos "parentes" do fugitivo enviando a ele uma "pessoa de confiança" com a incumbência de garantir o seu salvo-conduto para fora da Rússia; no entanto, no caminho, sempre acontecia, por acidente ou não, de tanto a "pessoa de confiança" quanto a "carta de recomendação" cairem nas mãos da Che-Ka da Romênia. Nesse caso, a Che-Ka enviava outra "pessoa de confiança" com outra "carta de recomendação", que visitava o refugiado em questão e, depois de providenciar sua viagem e obter provas suficientes contra ele, efetuava a prisão habitual.

Foi declarado[284], também, que o comissário ligado à missão médica julgada em Moscou durante o verão de 1920, e fuzilado em circunstâncias dilacerantes, não era um comissário, mas um *agente-provocador*. Certamente, a chamada conspiração da rua Evstafievskaya, em Odessa, em 1921, foi organizada pelo diretor da prisão local[285], e o julgamento de Tagantsev, em Petrogrado,

---

283. Veja o *Posledniya Novosty*, de 14 de outubro de 1921.
284. Em *Obstchoye Dielo*, de 3 de novembro de 1920.
285. Veja o mesmo jornal em sua edição de 18 de outubro de 1921.

por um marinheiro chamado Pankov. E não há dúvida de que a provocação foi empregada no caso dos funcionários da cooperativa de Petrogrado e, novamente, na enorme conspiração pró-polonesa que foi descoberta em Smolensk em 1921, quando mais de 1.500 pessoas foram presas. Além disso, testemunhas oculares afirmaram, em relação ao levante na região de Ishona, em 1921, que *agentes-provocadores* vestindo uniformes de oficiais apareceram nas sessões da Che-Ka de Omsk, e que um estratagema semelhante foi usado para fomentar o levante de Saratov de Social-Revolucionários e Mencheviques[286] em março do mesmo ano[287]. A esse respeito, um caso especialmente instrutivo é o dos anarquistas Lev Cherny, Fanny Baron e outros que, em 1921, foram fuzilados sob a acusação de falsificação de notas soviéticas. Em seu panfleto sobre o julgamento, anarquistas de Berlim escreveram:

> Não pode haver dúvida de que nossos Camaradas assassinados não tinham nenhuma ligação com o crime cuja imputação levou à sua execução. Tampouco pode haver qualquer dúvida de que a ideia de emitir as notas falsas emanou do própria Che-Ka moscovita. Na verdade, o método empregado foi que dois agentes da Che-Ka (Steiner, conhecido como Kamenny, e um motorista) primeiro se infiltraram em um grupo de falsificadores genuínos e, depois, se familiarizaram com nossos Camaradas anarquistas a fim de, para traí-los, envolvê-los na falsificação das notas e na sua distribuição – tudo feito com o conhecimento e as instruções da Che-Ka de Moscou.

Para compreender quão plausível é essa hipótese, basta lembrar o telegrama sobre os anarquistas enviado a Rakovsky.

---

286. Mencheviques eram um braço do movimento socialista russo. Eles defendiam a revolução gradual, seguindo o modelo marxista clássico – a Rússia deveria passar por uma fase burguesa-capitalista antes do socialismo. Após a Revolução de Outubro, eles foram perseguidos, e o partido foi oficialmente extinto em 1921. (N. T.)
287. Veja o *Volya Rossii,* edição número 299, de 1921.

Um correspondente escreveu para o *Obstchoyé Dielo*:

> Aqui, em Odessa, a Che-Ka provincial formou um novo departamento, um setor de estatística que atua para o Comissariado de Saúde Pública, cujo objetivo real é organizar a espionagem no exterior e suprimir a "contrarrevolução militar" em casa. O novo departamento foi oficialmente inaugurado na antiga casa de Konelsky, na rua Fontannaya, e teve como chefe o notório Zakovsky, um letão, membro da Che-Ka de Toda a Rússia e do presídio da Che-Ka provincial. Enquanto o altamente responsável posto de Residente Ucraniano em nome da Bessarábia, Galícia e Polônia foi concedido a Mikhailovsky, um funcionário que a Che-Ka moscovita despachou para Odessa, para atuar como "Agente Especial" local acompanhado de sua amante, Ksenia Vladimirovna Mikhailovskaya (nascida von Gerngross), filha de um coronel, que também se alegrava com os apelidos de "Lialka" e "Adochka". Com seu amante, essa mulher (como "Assistente do Residente Ucraniano em nome de etc." e "Membro da Seção de Espionagem Militar no Departamento de Registro de Toda a Rússia") controla toda uma rede de serviços secretos, uma rede que cobre tanto a Bessarábia quanto a região da fronteira polonesa, e (como seu *souteneur* [cafetão] e seus empregados) vive bem, não nega nada a si mesma e justifica sua existência instigando "conspirações contra o governo soviético" ocasionais. Ultimamente, por exemplo, ela e os seus afirmaram ter descoberto um "sistema de espionagem da Guarda Branca". Eles mesmos organizaram o sistema, pois "Adochka" é bonita o suficiente para conseguir travar conhecimento com oficiais, dizer-lhes (de maneira totalmente inocente) que existe uma "associação de oficiais" para beneficiá-los, e provar sua afirmação permitindo que suas vítimas leiam um falso "apelo secreto para uma combinação de forças contra o bolchevismo, com o objetivo de que esse Poder

cambaleante e detestado caia", e reforçando esse "apelo" com uma referência ao avanço de Wrangel da Romênia. Nem é preciso dizer que o local onde o "apelo" é datilografado é o novo setor de estatística do Comissariado de Saúde Pública. No entanto, se algum oficial persistir em ser estúpido o suficiente para desconfiar de tal "prova", "Adochka" então lhe entrega uma quantia em dinheiro, supostamente proveniente de uma misteriosa "organização para ajudar oficiais em dificuldade" – o que pode ou não levá-lo a deixar suas dúvidas de lado, sair e contar a seus amigos sobre a igualmente ilegal e fictícia organização mencionada, além de formar um grupo de pessoas dispostas a aderir a essa "organização", ou pelo menos apoiar seus objetivos. Se o oficial fizer isso, então o fim desejado foi alcançado e, para sua conclusão, a detestável peça de traição precisa apenas do aparecimento de funcionários enviados pela Che-Ka, algumas prisões e algumas execuções.

Por algum tempo, também, a Che-Ka de Toda a Rússia manteve uma equipe de prostitutas para fins de *provocação*. Da mesma forma, utilizava até mesmo crianças de doze a quatorze anos de idade, e as recompensava com dinheiro, presentes e doces. Além disso, permitia que os prisioneiros (ocorreram centenas de casos como esse) comprassem suas vidas entrando no serviço secreto da Che-Ka. As tragédias que resultaram dessa prática! Certa vez, uma jovem senhora que aceitou esse tipo de serviço para salvar seu pai de ser baleado foi vítima de um remorso tão grande, que acabou se queimando viva. E uma famosa série de ensaios, intitulada *Russia of To-Day* [A Rússia dos nossos dias], que apareceu no *London Times*, conta sobre o enforcamento de uma senhora que havia dado informações falsas[288]. A *provocação* dirigida contra os estratos mais baixos da população foi particularmente extensa;

---

288. Publicado em *The Times*, 1923, e subsequentemente traduzido para o russo.

por isso, a "Oposição Operária" dentro do Partido Comunista não falou mais do que a verdade quando disse que, para as classes trabalhadoras da Rússia, os núcleos comunistas eram conhecidos como "canis de espiões comunistas". "Galinhas reprodutoras", *agentes-provocadores*, também se proliferavam nas prisões, onde promoviam inúmeros julgamentos por aceitação de subornos, falsificação e roubo, além de incontáveis sentenças de morte – pelas quais eram pagos com um percentual: se o caso incluísse peculato, o "promotor do povo" em questão recebia 10% da quantia alegada como recompensa por sua participação na "descoberta" do crime. Eu mesmo tive conhecimento pessoal de uma dessas "descobertas". No caso referido, dois "promotores do povo" compareceram a uma festa oferecida por um senhor R. e sua esposa e os induziram a se sentirem seguros para falar. Em seguida, os prenderam. Quando a esposa enviou a notícia do ocorrido a um advogado amigo de seu marido, este se dirigiu ao presídio da Che-Ka e, para sua surpresa, viu-se incluído como um terceiro prisioneiro sob a acusação de ter ousado dirigir-se à Che-Ka sem permissão prévia. No final, ele foi exilado em Novospassk.

De acordo com *The Che-Ka*, era bastante comum que os funcionários, deliberadamente, realizassem buscas domiciliares, prisões em massa e emboscadas como meio de se abastecerem com estoques adicionais das comodidades da vida. Tanto que, em 9 de dezembro de 1919, o próprio Soviete de Moscou teve de admitir na imprensa que "foi constatado que as casas usadas por nossos agentes para organizar emboscadas nunca deixam de ser completamente saqueadas até os alicerces". Como já mostrei, essas equipes da Che-Ka eram, em sua maioria, meras gangues de ladrões. No entanto, sempre que quadrilhas desse tipo se viam em risco de exposição, encontravam defensores poderosos nos verdadeiros instigadores dos crimes, os principais oficiais da Che-Ka local. Em 22 de setembro de 1918, Peters escreveu na edição de número 2 do *Weekly*:

> Recentemente, certos inimigos do governo soviético têm espalhado histórias de que os comunistas são culpados de suborno, corrupção e falso testemunho. Mas não deixemos que isso nos deprima. É verdade que alguns casos de abuso dessa forma podem ter ocorrido; no entanto, tudo o que isso significa é que o Novo Homem ainda não teve tempo de adquirir o senso legal. [...] Além disso, podemos ter certeza de que todas essas calúnias não passam de mentiras difamatórias de produção burguesa.

E a isso, uma figura de menor importância concluiu com palavras de autossatisfação: "Acusações desse tipo são apenas uma prova de nossa força, pois somos tão inteligentes quanto práticos, e não temos necessidade de untar as mãos de pessoas mais fracas do que nós". No entanto, por que o senhor Alston teria escrito a lorde Curzon: "Frequentemente, as pessoas presas têm que pagar a fiança várias vezes, sob ameaça de morte", ou as Che-Kas de Kuban e Odessa teriam organizado uma indústria regular de jogar pessoas na prisão e colher uma com a liberação dos detidos?[289] Moscou também não constituiu nenhuma exceção à regra da corrupção. A Che-Ka de Tiraspol contrabandeava sistematicamente refugiados através da fronteira, e a mesma coisa era feita por outras convenientemente próximos às linhas demarcatórias. A esse respeito, o *Posledniya Novosty* de 7 de fevereiro de 1922 declarou que a Che-Ka da Romênia estava assumindo a liderança em tais ações, e prosseguiu:

> Em todas as pequenas cidades e vilarejos do Dnieper, há um enxame de "agenciadores" que, por uma taxa, transportam os fugitivos para a Bessarábia "com tanta segurança como se estivessem em um encouraçado" [...][290]. Na maioria das

---

289. Consulte o *British Parliamentary Paper*, "Russia, n. 1 (1919)", p. 36, e os materiais coletados pela Comissão Denikin.
290. O termo real *"dreadnought"* foi usado – traduzido, é claro, para caracteres russos.

vezes, os funcionários da Che-Ka local fazem seu próprio trabalho de agenciamento, e o fazem muito bem [...]. O próximo evento é que, justamente quando o refugiado está prestes a partir para o cais do rio, surge uma abordagem inesperada, e ele se vê, junto com seus pertences, sob coerção. E como esses pertences geralmente consistem em ouro e moeda estrangeira, pode ser usada para fornecer evidências circunstanciais de "um ato de traição" e, assim, fornecer também uma base para barganha. Então, finalmente, a vítima tem permissão para seguir seu caminho. Na verdade, toda cidade ucraniana de qualquer tamanho tem seu próprio pequeno posto de fronteira, de onde a passagem para o exterior pode ser feita como se fosse uma "janela privada para a Europa".

Mas, às vezes, essa "janela" ficava fechada por um tempo. No início de 1920, as pequenas cidades fronteiriças da Podólia eram destinos muito procurados por Odessa e Kiev. Mas quando a primavera chegou, toda a população da região de Dnieperian ficou chocada ao saber que oitenta corpos em decomposição haviam sido encontrados em uma caverna perto de Kamenka, uma das pequenas cidades podolianas envolvidas, que se revelaram ser de refugiados que, supostamente, há muito tempo haviam chegado à Bessarábia em segurança. No entanto, em localidades onde as Che-Kas eram cronicamente pobres e, portanto, cronicamente desejosas de obter clientes ricos, a jornada para terras estrangeiras não apresentava nenhuma dificuldade; porém, no inverno, a Che-Ka de Tiraspol controlava o tráfego por meio de prisões noturnas de pessoas que tentassem atravessar o rio congelado sem antes ter pago à Che-Ka a taxa prescrita de 4 mil a 5 mil rublos Romanov. Qualquer refugiado assim capturado era então levado nu pelas ruas e espancado com paus e chicotes, para "fortalecê-lo contra o congelamento no gelo quando tentasse cruzar novamente". E em Tiraspol a *provocação* também florescia.

Em 16 de fevereiro de 1923, o *Posledniya Novosty* noticiou que um dos principais membros de uma comissão nomeada para investigar o funcionamento da O.G.P.U. havia cometido suicídio no Nikitsky Boulevard e deixado em seu corpo uma carta endereçada à prisão do Comitê Central. A carta dizia:

> Meus Camaradas, embora o Departamento Político do Estado tenha sido concebido como nossa principal instituição para salvaguardar o que as classes trabalhadoras conquistaram, e o Camarada Unschicht tenha demonstrado que ele precisa ser muito fortalecido para que sua posição se consolide, apenas um olhar sobre a maneira como funciona, unido a uma breve leitura dos documentos envolvidos, forçou-me a concluir que devo me livrar imediatamente dos horrores e das iniquidades com os quais, em nome dos grandes princípios do comunismo, fui involuntariamente conivente, como membro do Departamento Político do Estado, e que somente a minha morte pode expiar o erro que cometi. Antes disso, envio-lhes um pedido de que recuperem o juízo antes que seja tarde demais, e cessem de desonrar nosso grande mestre Marx e afastar o povo russo do socialismo.

E já havia casos anteriores de inquietações na consciência bolchevique, especialmente antes que a mentalidade da *intelligentsia* bolchevique tivesse assimilado totalmente a brutalidade do trabalho da Che-Ka, e enquanto ainda havia pessoas "com nervos fracos e corpos efeminados" (para citar Peters), que achavam que o senso de responsabilidade moral pelo derramamento de sangue, perpetrado sob os auspícios do Partido Comunista e sob os do proletariado, como um todo, era um fardo pesado demais. De qualquer forma, até o início de 1919, cartas nesse sentido continuaram a chegar à imprensa oficial, e encontramos o próprio Petrovsky admitindo que, se as Che-Kas persistissem em sua política de se converterem em unidades independentes do Estado, o resultado só poderia ser uma "desmoralização dos trabalhos construtivos do Estado".

Quando os grão-duques Nicolau, George, Dmitry e Paul foram fuzilados, a discussão sobre a conveniência, ou não, de conter as Che-Kas eclodiu com mais virulência do que nunca na imprensa bolchevique. No entanto, embora tenham sido introduzidas reformas *teóricas*, o Terror continuou seu caminho sem restrições, e precisamos apenas lembrar as palavras de Moroz[291], de que "não há uma esfera da vida que a Che-Ka não observe", para percebermos que as condições morais e mentais da Rússia bolchevique nunca mudaram.

Considere, por exemplo, o tipo de *agente-provocador* ou "funcionário do governo" a quem a circular de Dzerzhinsky incentivou e, em grande parte, permitiu que se estabelecesse no Estado. "A vida aqui é terrível", escreveu um correspondente de Pskov ao *Roussky Courier,* em maio de 1921:

> [...] Os espiões pululam como formigas; e podem ser encontrados em todas as casas, cortiços e ruas. Não há uma única residência que não abrigue comunistas empenhados em vigiar seus ocupantes. É como se estivéssemos vivendo em uma prisão. Cada homem tem medo do outro, e o irmão olha de soslaio para o irmão. O lugar é um maldito viveiro de espionagem.

Em 1922, um documento oficial intitulado *Deveres dos Agentes Secretos Para Janeiro*, determinava que, durante esse mês,

> Todos os agentes devem (1) manter sob observação as gerências das fábricas e os trabalhadores instruídos nas mesmas, e certificar-se das opiniões políticas dessas pessoas, e relatar qualquer agitação ou propaganda contra o Poder Soviético em que essas pessoas possam estar envolvidas; (2) investigar qualquer reunião que pareça ter sido organizada apenas para diversão (jogos de cartas e similares), mas que

---

291. Um importante funcionário da Che-Ka.

> na realidade tenha outros fins, e, se possível, participar dessa reunião e relatar às autoridades seu verdadeiro propósito e objetivos, bem como nomes, sobrenomes e endereços de todos os presentes; (3) manter sob vigilância todos os funcionários instruídos das instituições soviéticas, anotar suas conversas, descobrir suas opiniões políticas, onde passam seu tempo livre e, em suma, comunicar às autoridades quaisquer detalhes suspeitos; (4) comparecer a todas as reuniões íntimas ou familiares de uma classe instruída, descobrir sua tendência política e saber quem foram seus organizadores e por que foram organizadas; (5) observar a realização de qualquer comunicação entre pessoas instruídas e a *intelligentsia* de um determinado distrito e pessoas dentro ou fora do país, e relatar sobre isso, de forma precisa e completa[292].

No sexto aniversário do início sangrento da Che-Ka, Zinoviev escreveu:

> Quando o povo confiou a espada à Comissão Extraordinária de Toda a Rússia, foi a mãos dignas que o povo confiou essa arma. E agora, as letras O.G.P.U. se tornaram tão aterrorizantes para nossos inimigos quanto eram antes as letras V.C.K. Elas são conhecidas em todo o mundo.

E, certamente, isso é verdadeiro.

Quando, nos tempos do czarismo, o antigo "Terceiro Departamento" foi renomeado como "Departamento de Polícia do Estado", o ato de renomeá-lo foi considerada um insulto à inteligência da comunidade russa. No entanto, o que mais pode ser dito de uma "reforma" que não fez mais do que converter as letras "V.C.K." nas letras "O.G.P.U." e alcançou resultados brilhantes unicamente para aqueles que possuem a mentalidade de um Zinoviev? Há muito tempo, as massas russas interpretaram as iniciais "V.C.K." como

---

292. Esse documento foi reproduzido no *Golos Rossii* de 16 de abril de 1922.

"*Vsiem Chelovie/cam Konetz!*" ["Um fim para todos os homens!"]; e embora ainda não se saiba como o humor popular interpretará as iniciais "O.G.P.U"[293], por ora, o resto do mundo as considera representativas de uma instituição alheia à democracia e de modo algum sancionando o ditado de Anatole France de que "as revoluções estão fadadas a exigir um número irracional de vítimas".

Certa vez, o *Pravda*[294] moscovita citou uma promessa de Trotsky de que, "se formos forçados a sair daqui, faremos com que o mundo inteiro ouça quando batermos a porta atrás de nós e deixarmos para nossos sucessores apenas ruínas e o silêncio de um cemitério".

Esse silêncio está reinando na Rússia atualmente. E em *The Ship of Death* [O navio da morte], encontramos escrito:

> A razão vacila diante do esforço para compreender; os olhos se turvam ao contemplar coisas que dezenas de gerações anteriores nunca viram ou conheceram, e que as gerações posteriores dificilmente serão capazes de imaginar, mesmo com a ajuda de livros de história. Pois a morte, antes tão misteriosa para nós, antes totalmente além de nossa compreensão, perdeu agora seus terrores e se tornou, ao contrário, a própria vida. O odor pungente do sangue humano, saturando o ar com seu vapor pesado, já não nos abala. Deixamos de tremer ao ver intermináveis filas de seres humanos sendo levados à execução, agora que vimos bebês fuzilados e agonizando em nossas ruas, e corpos frios e mutilados de homens e mulheres, vítimas de um terrorismo insano, amontoados em pilhas. Além disso, não uma, mas muitas vezes, nós mesmos estivemos na Linha Divisória. Por isso, conhecemos esses espetáculos como um nativo conhece as ruas de sua cidade familiar e ouvimos

---

293. Desde que escrevi essas palavras, ouvi dizer que uma versão já em circulação é "*Gospody, Pomilouy Oumershikh!*" ["Senhor, tem piedade dos mortos!"].
294. *Pravda*, de 13 de julho de 1921.

o som dos tiros como ouviríamos as vozes humanas. No entanto, só porque a morte triunfante está sempre diante de nós, a terra tornou-se silenciosa e sua alma esmagada não emite sequer o grito elementar de angústia e desespero. Fisicamente, essa terra viveu anos inesquecíveis de conflitos civis, mas espiritualmente está esgotada, acorrentada e extinta – uma mera Rússia muda de torturas e execuções.

No entanto, embora os vivos possam estar mudos, os mortos não estão. Eles estão gritando para nós da ravina de Saratov, das masmorras de Kharkov e Khuban, e do "campo da morte" em Kholmogory.

Pois os mortos nunca poderão ser silenciados!

FIM

Referências bibliográficas

DAS OBRAS CONSULTADAS PELO AUTOR ATÉ MARÇO DE 1924

I. Publicados na Rússia Soviética

BULLETINS of the Central Committee of the Party of Left Social Revolutionaries (Internationalists). Publicado ilicitamente em Moscou, 1919.

CIVIL WAR. Materials for a history of the Red Army. Conselho Militar Superior. Moscou, 1923.

GORKI, M. (ed.). The New Life. Petrogrado, 1918.

LATZIS, M. Y. Two Years of Warfare Conducted upon the Inner Front: A Survey of the Activities of the All-Russian Extraordinary Commission during Two Years of Its Struggle with Counter-Revolution.. Moscou: The State Publishing Dept., 1920.

PARTIDOS Social-Revolucionário e Social-Democrata. Proclamations. Anarquistas e "Oposição Trabalhista. Partido Comunista. 1919-1923.

RED COMMUNIST Newspapers. Pravda (Moscou e Petrogrado), The Newspaper (Petrogrado), The Northern Commune (Petrogrado), and others.

THE BANNER of Labour. Publicado ilicitamente pelo Partido Social-Revolucionário de Esquerda. Moscou, 1920.

THE INFORMATION Sheet. Publicado ilicitamente pela Union of Regeneration. Moscou, 1918.

THE OFFICIAL Organs of the Soviet Authorities. Comissão Extraordinária de Toda a Rússia (Mscou); Izvestia (Kharkov, Kiev, Odessa, Tambov, Voronezh, Ryazan, Stavropol, Saratov, etc.).

THE PROLETARIAN Revolution. A historical review dealing with the history of the Communist Party.

THE RED BOOK of the All-Russian Extraordinary Commission. Moscou, 1919.

THE RED SWORD. The official organ of the Ukrainian Extraordinary Commission. Kiev, 1918.

THE REVOLUTIONARY Cause. Publicado ilicitamente pelo Partido Social- Revolucionário de Esquerda. Petrogrado, 1922.

THE WEEKLY of the All-Russian Extraordinary Commission. N. 1-6. Moscou, 1918.

TROTSKY, L. Terrorism and Communism. Moscou, 1920.

II. Publicados no estrangeiro

AICH, V. The City Which Was Wiped Out. vladivostok, 1920.

AVERBUCH. The Extraordinary Commission of Odessa. Kishinev, 1920.

CHERNOVA-KOLBASSINA, O. Reminiscences of Soviet Prisons. Publicado pelos Social-Revolucionários. Paris, 1921.

CHRONIK der Verfolgungen in Sowjet Russland. Berlim, 1923.

CONFÉRENCE des Membres de l'Assemblée Constituante de Russie. Paris, 1921.

DAVYDOVA, N. Six Months in Prison. Berlim, 1923.

DENIKIN, A. I. Essays upon the Russian Revolution. Vol. III. "Slovo". Berlim, 1924.

GORKI, M. About the Russian Peasantry. Berlim: Ladyzhnikov, 1922.

KOROLENKO, Vl. Letters to Lunacharsky. Berlim: Zadruga, 1922.

LOCKERMANN, A. Seventy-four Days of Soviet Rule. Comitê Don do Partido Social- Democrata. Rostov-on-Don, 1918.

MARGOULIES, M. S. A Year of Intervention. Vol. II. Berlim, 1922.

MARGOULIES, Vl. Years of Fire. Berlim, 1923.

MARTOV. Down with Capital Punishment. Publicado pelo Socialistichesky Vestnik. Berlim, 1923.

MASLOV, O. Russia After Four Years of Revolution. Paris: Russian Press, 1922.

MEMORANDUM des Prisons Soviétiques. Comité Exécutif de la Conférence des Membres de l'Assemblée Constituante de Russie. Paris, 1921.

MEMORANDUM Présenté par les Délégués du Parti Socialistes-Révolutionnaires au Congrès des Trois Unions Internationales. Berlim, 1922.

OSSIPOV, I. The Drive. Przemysl, 1922.

PESHEKHONOV, A. The Reason Why I Did Not Emigrate. Berlim: Obelisk, 1923.

STEINBERG. The Moral Aspect of the Revolution. Berlim, 1923.

SUMMARY of Materials Collected by the Special Commission of Inquiry into the Outrages Committed by Bolshevists. Essa Comissão estava vinculada ao Comandante Supremo das Forças Armadas do Sul da Rússia. Vols. I-III. Rostov-on-Don, 1919.

THE CHE-KA. Materiais sobre as atividades da Comissão Extraordinária. Publicado pelo Bureau Central do Partido Social-Revolucionário. Berlim, 1922.

THE KREMLIN Behind Prison Bars. Publicado pelo Partido dos Social--Revolucionários de Esquerda. "Skify." Berlim, 1922.

THE PERSECUTION of Anarchists in Soviet Russia. Publicado por um grupo de anarquistas russos na Alemanha. Berlim, 1922.

THE TWELVE Condemned to Death. Berlim, 1922.

USTONOV. Memoirs of a Chief of the Anti-Bolshevist Intelligence Department, 1915-1920. Berlim: Maier, 1923.

VAISHER, T. Things Seen and Suffered in Soviet Russia. Berlim, 1923.

VISHNIAK. The Black Year. Paris: Povolotzki, 1922.

VORONOVICH, N. The Green Book. Praga, 1921.

III. Artigos publicados em jornais russos no estrangeiro

ARGUNOFF. Peasant Russia. Berlim e Praga.

AVKSENTIEFF; RUDNEF et al. (Eds.). Contemporary Notes. Paris.

ESSEN (Ed.). Archives of the Russian Revolution. Berlim.

LEBEDEFF et al. The Will of Russia. Praga.

MELGUNOV; MIAKOTIN (Eds.). In Strange Lands. Berlim-Praga.

REVOLUTIONARY Russia. Praga.

RUSSIAN History. The organ of Monarchists. Paris.

STRUVE (Ed.). Russian Thought. Praga.

THE ANARCHIST News.

THE BANNER of Strife. Berlim.

THE DAWN. Berlim.

THE HISTORIAN and Contemporary. Berlim.

THE KOSSACK"S Thoughts. Sofia.

THE NEWS of the Russian National Committee. Paris.
THE SOCIALIST News. Berlim.
THE WAYS of the Revolution. "Skify". Berlim.

IV. Artigos publicados em jornais
BURTZEFF. La Cause Commune. Paris.
BURTZEFF. The Common Cause. Paris, 1920-1922.
GESSEN. The Helm. Berlim.
KERENSKY, A. Days. Berlim.
MILIUKOFF, P. The Latest News. Paris.
PHILOSOPHOV; ARTZIBANSTIEV. Freedom. Warsaw.
RUSSIA To-day. The Times.
SUVORIN. New Times. Belgrade.
THE NEW Russian Word. Nova York.
THE UKRAINIAN Tribune. Warsaw, 1923.
THE VOICE of Russia. Berlim, 1920-1922.
TO-DAY. Riga.

V. Fontes estrangeiras
A COLLECTION of Reports on Bolshevism in Russia. N. 1. 1919.
AXELROD, A. Das Wirtschaftliche Ergebnis des Bolschewismus in Russland. Zurich, 1920.
HERRIOT, E. La Russie Nouvelle. Paris, 1923.
INTERIM Report of the Committee to Collect Information on Russia. 1920.
KAUTSKY, K. Terrorism and Communism. Ladyzhnikoff, Berlim, 1920.
KEUN, O. Sous Lénine. Paris, 1922.
KOHRER, E. Das Wahre Gesicht des Bolschewismus. Berlim.
KOHRER, E. Unter der Herrschaft des Bolschewismus. Der Firn, Berlim, 1920.
MAZON, A. Prisons Russes. Paris, 1919.
MINK. Rote Russland Not. Verlag Gesellschaft, Berlim, 1920.
NIEMANN, A. Fünf Monate Obrigkeit von Unten. Der Firn, Berlim, 1920.
NILOSTONSKY. Der Blutrausch des Bolschewismus. Neudeutsch Verlag, Berlim, 1920.
REPORT of the Committee to Collect Information on Russia. 1921.

STRATZ. Drei Monate als Geisel für Radek. Berlim, 1920.

VOLSKY, S. Dans le Royaume de la Famine et de la Haine. Paris, 1920.

VI. Trabalhos não publicados

ARQUIVOS da Comissão Especial de Inquérito sobre os Atos de Violência Cometidos pelos Bolcheviques. Protocolos das reuniões da Comissão Extraordinária; declarações feitas pelas vítimas; descrições dos locais onde ocorreram fuzilamentos e das prisões; instruções para os advogados de acusação etc.

DECLARAÇÕES feitas pelos senhores Shmelov, Lowkin e outros durante o Julgamento de Lausanne.

MATERIAIS coletados pelo autor na Rússia. Levados para um local seguro no exterior em 1922. (Cartas, apelos, documentos da Comissão Extraordinária etc.).

MATERIAIS do Cruz Vermelha Política na Rússia.